Elhanan Helpman
Understanding Global Trade
グローバル貿易の
針路をよむ

本多光雄・井尻直彦・前野高章・羽田 翔 訳

文眞堂

UNDERSTANDING GLOBAL TRADE
by
Elhanan Helpman
Copyright©2011 by the President and Fellows of Harvard College
Japanese translation published by arrangement with
Harvard University Press through The English Agency
(Japan) Ltd.

目次

序 ……………………………………………………………………………… iii

第 1 章　はじめに ………………………………………………………… 1
第 2 章　比較優位 ………………………………………………………… 12
　2.1　技術 ………………………………………………………………… 15
　2.2　要素比率 …………………………………………………………… 29

第 3 章　勝者と敗者 ……………………………………………………… 47
　3.1　分配上の対立なし ………………………………………………… 49
　3.2　2 つの事例研究 …………………………………………………… 53
　　3.2.1　アメリカ ……………………………………………………… 53
　　3.2.2　日本 …………………………………………………………… 54
　3.3　分配上の対立 ……………………………………………………… 57
　3.4　敗者の補償 ………………………………………………………… 63

第 4 章　規模と範囲 ……………………………………………………… 69
　4.1　規模の経済性 ……………………………………………………… 73
　4.2　独占的競争 ………………………………………………………… 80
　4.3　貿易利益の追加的な源泉 ………………………………………… 96

第5章 産業内における企業間の問題 ……………………99
- 5.1 輸出企業対非輸出企業 …………………………………99
- 5.2 数量的評価 ……………………………………………108
- 5.3 失業と不平等 …………………………………………112

第6章 オフショアリングとアウトソーシング …………126
- 6.1 オフショアリング ……………………………………129
- 6.2 伝統的アプローチ ……………………………………132
- 6.3 水平的FDI ……………………………………………134
- 6.4 垂直的FDI ……………………………………………142
- 6.5 複合型FDI ……………………………………………146
- 6.6 内部化 …………………………………………………153

終章 ……………………………………………………………164

訳者あとがき ……………………………………………………171

- 注 …………………………………………………………173
- 参考文献 …………………………………………………187
- 索引 ………………………………………………………204

序

　グローバリゼーションを理解するためには，国際貿易や国境を越えた生産組織がどのように形成されているかをまず理解をする必要がある。しかしながら，過去2世紀に亘り展開されてきたこの問題に関する学術的文献は膨大に存在し，専門家でない者にとっては専門的すぎて理解することが困難なものばかりである。けれども，それらの文献は幅広い読者，とりわけ，政策立案者，政治学者，その他の社会科学者，そして国際問題に興味をもちながらも科学的なバックグラウンドのない人々にとって，興味深い多くの重要な洞察と研究結果を盛り込んでいる。そのような特定の人々にとって，それらの問題の理解を深める手助けすることが，本書を読む読者への目的である。そのため，最小限の専門用語を使って分かりやすい言葉で本書は書かれている。そして，専門用語が使われているときは，その意味に説明を加えている。

　私の期待するところは，経済学を学ぶ学部生や大学院生，そしてその他多くのプロの経済学者がこの論文に関心を持つようになり，本書がこれら諸問題に専門的思索の全体像を提供することである。国際貿易や海外直接投資を形づくっている複雑な影響力についての見通す力を得るため理論や実証研究を活かした学者による計り知れないほどの努力の結果として，グローバル貿易に対する我々の理解は世代を越えて改善した。世界経済は絶えず変化してきているため，経済学者はこれらの課題に対して繰り返し既存の見識を再検討し，新しい実証的な研究成果の視野への分析的フレームワークを根本的に変え，そして，理論から生まれる仮説を検証する新しい手法を考え出している。このような研究活動は，変わり続ける世界経済とその現状の変化に対する経済学者の分析的・実証的フレームワークの適応性との間の絶え間ない競

争を引き起こしてきている。

　できる限り迅速に国際貿易論の分野に関する最新の情報を読者に提供するため，現行の経済事象を理解するための重要なテーマに関する旧来の文献の議論に焦点を当て，そして，ごく最近の研究により多くの紙面を割いている。そのため最近十数年の研究がより詳細に検討されている。結果的に，本書が示す確実な結論は，すでに時の流れに耐えうることができていないと感ずる知識ある読者もいるし，他方，異なっている課題がより詳細にカバーされるべきだと感ずる読者もいるかもしれない。私は異なる著者が別々の選択をなぜしたのかを理解できる。それにもかかわらず，本書は私の先入観を反映しているけれども，バランスのとれた見解を提供できるよう努めた。言い換えれば，これは国際貿易論の分野に対する判断力に欠ける見解ではない。つまりこれは，何が重要であり，何が有益であり，そして（願わくは）何が永続的であるかという，私の最良の判断を反映するものである。

　この原稿を改善するために自発的に時間を割いた多くの関係者に対して心から感謝している。本書で使われているデータを寛大に提供してくれ，そしていかなる場合にも必要なデータの使用を積極的に認めてくれた多くの学者に加え，Pol Antras, Harry Flam, Adam Guren, Oleg Itskhoki, Kevin O'Rouke, Gianmarco Ottaviano, Stephen Redding, Daniel Trefler という方々から私は多くの有益なコメントを頂いた。私の長年の共同研究者である Gene Grossman からは，原稿の価値を高めるような詳細にわたる有用なコメントを特に頂いた。そして，つねに言葉上の曖昧さなどを指摘してくれた編集助手，Jane Trahan には非常に感謝している。最後に，出版のプログラムに参加する機会を与えてくれた Canadian Institute for Advanced Research と財政的援助を提供してくれた全米科学財団に対して，私は心より感謝を申し上げたい。

第 1 章
はじめに

　国際的相互依存は世界経済の重要な特徴である。諸国における経済的富は貿易，海外直接投資，そして金融資本移動を媒介として絡み合っている。ある国の製品の供給は複数の外国における経済活動に大きく依存して，生産ネットワークが諸国や大陸をまたいで展開されている。2008年のグローバル危機は最も鮮明な形でこの相互依存関係を説明しているものであり，その危機は健全な金融システムを保持している国にマイナスの影響を与え，世界貿易の4分の1以上の減少を引き起こした。さらに，遠隔地交易が複雑な形で経済発展と影響し合っていることを歴史的文献は示しており，しかもそれは世界経済の進化の中心的役割をも担っている。それゆえに，何が国際貿易を促進し，どのように貿易が経済効果に影響を及ぼすのかを理解することは非常に重要である。本書は多くの研究文献をもとに，この種の理解を提供している。

　重要な研究対象は時間とともにさほど変化しない自然科学とは異なり，一般的に社会科学，特に経済学においては，研究対象は様変わりし新しい形になる。この点において，国際貿易も例外ではない。経済的・技術的・政治的あるいは制度的な変化として諸国や地域が変容を遂げるとき，国際貿易の本質もまた変化するのである。さらに，そのような変化は歴史的観点において稀ではなく，むしろたびたびおこる。結果として，この問題に関する考え方は変化する状況に合わせて繰り返し順応してきている。この主題は本書を構成している原理をまとめるものとして役に立つものであり，その発端から現在の形に至るまでの世界貿易の構造に関する学術研究の進化を説明している。

遠隔地交易が近代経済において重要な役割を担っているけれども，農作物の生産に特化した定住社会に進化した狩猟採集民のように，遠隔地交易は新石器時代革命後の経済発展の顕著な特色でもあった。貿易の重要性は都市や初期文明の発生をさらに増加させた。キャラバンは肥沃な三日月地帯を移動し，メソポタミアとレバント地方の間で貿易をし，長い期間をかけてアジアやヨーロッパの離れた地域にまで貿易ルートを拡大した。神聖ローマ帝国は貿易の大規模な交易網を形成し，McCormick（2001, p.778）によると，それはヨーロッパ，西アジア，北アフリカの3大陸を結びつけていた。交易の多くはそのローマ帝国から支援を受け，海路と陸路の両方から石油や穀物を含む大量の財が伝えられた。商品は主に南北ルートでヨーロッパを横断し，地中海へと渡った。

5世紀に起きた神聖ローマ帝国の西部地域の崩壊はこれら発展の大部分を中断させた。Word-Parkins（2005）はそのローマ帝国地域における生活水準の衰えを詳細に記録している。彼は以下のようにローマ人が高度な世界で生活していたことをあらわす考古学的研究を報告している，即ち「ローマ時代のイタリア北部の農民はナポリ近くの地域からの食器で食事をし，北アフリカからのアンフォラ型容器に液体を貯蔵し，瓦屋根の下で寝ているという高度化された世界」（pp.87-88）でローマ人は生活していた。遠隔地交易はこのような生活水準を維持するための手段であり，それはエリートだけに限ったことではなく，質の高い機能的な製品の入手可能性を通して一般大衆にまで及んでいた。Word-Parkinsの図5-4（2005, p.98）では，ヨーロッパ全土から北アフリカにまたがって，南部フランスで大量生産されたある種の陶器の広範囲にわたる流通が描かれている。長年にわたる一般的な見解によると，神聖ローマ帝国の崩壊がその後の「暗黒の時代」を伴った[1]。

McCormick（2001）は，コミュニケーションの発展や離れた地域間の人々の移動について極めて詳細にまとめている。彼は，商業に関する十分なデータが不足しているにもかかわらず，特に8世紀のカロリング朝時代に公表されたこれらの発展が広範な遠隔地貿易の存在を指摘している。ヨーロッパの香辛料輸入は，外国産の薬やアラブの薬理学によりもたらされた新しい

薬により取って代わられ，一方で絹は北西ヨーロッパに流れ込み続けた。McCormick は以下のように言及している。「これらの輸入に対する支払いのために，ヨーロッパは高価で少量の財のやや狭い範囲の生産をおこなった。かろうじて記録されているとするならば，おそらく，織物やスズといったものがそのようなものであろう。毛皮やフランク剣は間違いなくイスラム世界に輸出されていた」(p.791)。しかし，およそ 800 年頃の主要な輸出はヨーロッパ人の奴隷であり，彼らはスペインやアフリカやアジアの発展した経済地域において大きな需要があった。この交易はヨーロッパ経済の発展の中心的な役割を担っていた。

Findlay & O'Rourke（2007，表 2.1）は，およそ 1000 年頃に 8 つの地域にまたがって交易された製品のマトリックスをまとめている[2]。これらのデータによると，例えば，西ヨーロッパは剣を東ヨーロッパに，奴隷と剣をイスラム世界にそれぞれ輸出し，一方で東ヨーロッパは奴隷，毛皮，銀を西ヨーロッパとイスラム世界に輸出し，毛皮と剣を中央アジアに輸出していた。イスラム世界は，胡椒，香辛料，織物，絹，銀を西ヨーロッパに輸出していた。中央アジアへも織物を輸出し，サハラ以南のアフリカには織物，剣，馬の輸出を行っていた。最後の例として，東アジアは絹をイスラム世界，中央アジア，南アジア，東南アジアへ輸出を行っており，イスラム世界と南アジアに磁器を，中央アジアにお茶を，そして東南アジアに銅をそれぞれ輸出していた。

中世はヴェネチアやジェノアのような都市国家の勃興や，商業革命の到来と共に交易の拡大を経験した時期である（Findlay & O'Rourke, 2007, 第 3 章）。量的データは手に入り難いけれども，Findlay と O'Rourke（p.140）は香辛料交易に関する Wake（1986）の調査結果を報告している。胡椒の輸入は 1400 年から 1500 年の間にわずか 20% 上昇し，一方でこの間の時期，胡椒以外の他の香辛料の輸入（例えば，丁香やナツメグ）は 2 倍以上である。ヴェネチアはその時期の初めに，全体の香辛料輸入のうちおよそ 60% を胡椒で占め，他の香辛料の輸入はその半分以下であった。

1492 年の Christopher Columbus によるアメリカの発見や，1498 年の

Vasco da Gama による喜望峰経由の東インド航路の発見は，世界史や遠隔地交易に不朽の影響を及ぼしたけれども，歴史学者はこれらの発見の直接的な影響に異論を唱えている。ポルトガルのイベリア地方，カスティーヤ地方，アラゴン地方は明らかに影響を受けて，世界のその他の地域は次の世紀に影響をうけた。しかし，これらの発見はグローバルな市場の統合にどの程度重要なものであったのだろうか。大航海時代以前に世界市場は統合されていたと主張する歴史学者もいる一方で，そのちょうど後に世界統合が本格的に始まったと主張する歴史学者もいる。たしかにこれらの発見の結果，アメリカやインドへの航海の数は顕著に増加し，そして，出荷トン数もまた増加している。しかし，O'Rourke & Williamson（2002）は，市場の統合の重要な測定である地域間の価格収斂は 19 世紀以前には起こっていないことを明らかにしている[3]。

　Findlay & O'Rourke（2007, 図 4.5）は，de Vries（2003）の研究をもとに，10 年当りのアジアへ航海する船舶の数とヨーロッパへ戻るそれらの船舶のトン数のデータを示している。それらの図のパネル（a）が図 1.1 で再現されている。明らかに，16 世紀にはポルトガルがこのルートを支配していたが，その後オランダが先導者としてその地位に取って代わった[4]。そのうえ，ポルトガルから出港した船舶数は時間の経過とともに減少していった。それにもかかわらず，それらの船舶がポルトガルへ持ち帰ったトン数は 16 世紀には減少していない。なぜなら，その船舶がますます大きくなり，出航した船の大部分は帰港したからである（Findlay & O'Rourke, 2007, p.185）。しかしながら，オランダやイギリスやフランスとの競争が重なるにつれ，ポルトガルの出荷トン数は減り始めた。

　新世界の発見やインド航路の発見は来たる世紀におけるヨーロッパ経済の進展に大きな役割を果たしたが，所得に比べた世界貿易量は，19 世紀まで，O'Rourke & Williamson（2002）での価格収斂の論拠に一致して，非常に小さいままであった。Estevadeordal, Frantz & Taylor（2003）によると，図 1.2 で示されているように，輸出と輸入を合わせた貿易額は 1800 年時点では GDP のわずか 2 ％にしか達しておらず，第一次世界大戦前の

第 1 章　はじめに

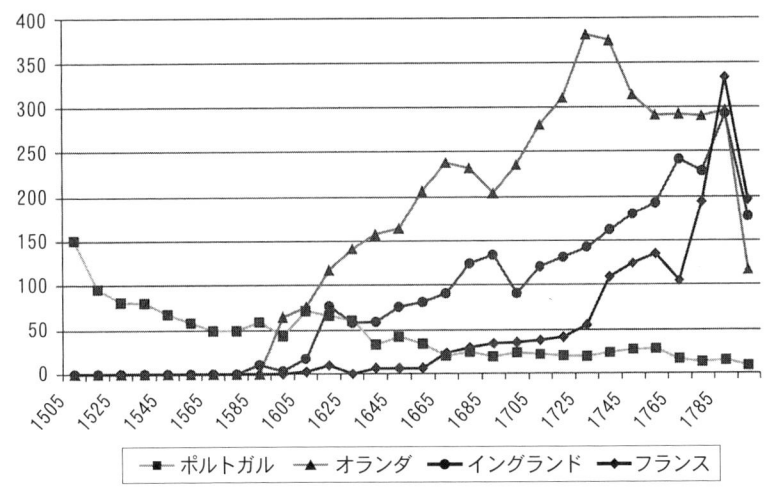

図 1.1　10 年当りのアジアへの船便数
データは Findlay and O'Rourke (2007) の図 4.5 より。

1913 年になり最初のピークとして 21％に増大し，2 度の大戦の間で減少した[5]。このデータを提供し，本書で使用する図の作成を認めてくれた Kevin O'Rourke に私は感謝の意を示したい。図 1.3 からわかるように，第二次世界大戦の後，貿易は所得よりも早く増加し，そして，1970 年代初期には 1913 年のピークを過ぎると，所得に占める貿易の比率は上昇した。今日では，その比率はかつてないほど高くなっている。

O'Rourke & Williamson (2002) によると，遠隔地交易は 18 世紀以前にはその大部分を非競争的製品で占めていた。つまり，それは例えば，香辛料や絹や毛織物といった輸入地域では生産されていなかった製品であった。19 世紀初頭になると，遠隔地交易は小麦のようなかなりの量の生活必需品や織物のような単純な工業品もカバーしていた。19 世紀の間，貿易は急速に拡大し，一部は輸送費用の驚異的な減少により，また一部には製造業の興隆によるものであった。結果として，市場間の価格差が大きく縮まった。非競争的財から生活必需品への移行によって貿易が速いペースで拡大が可能となった。製造業産業のさらなる成長や多様化，そして製品差別化の高まりから構

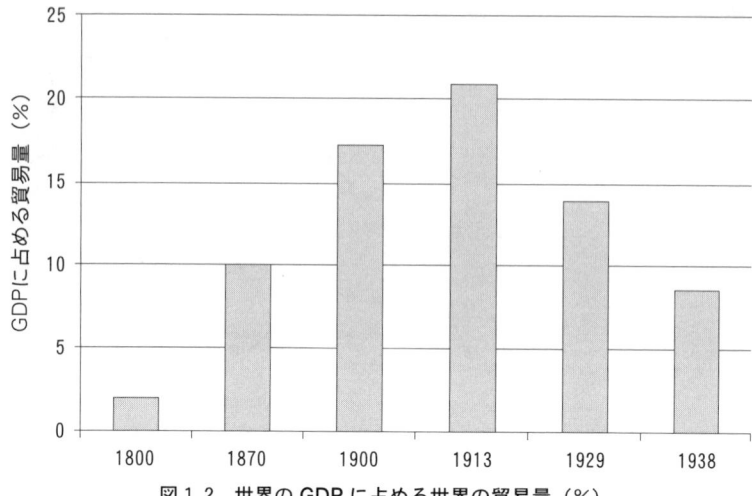

図 1.2　世界の GDP に占める世界の貿易量（%）
データは Estevadeordal, Frantz & Taylor（2003）より。

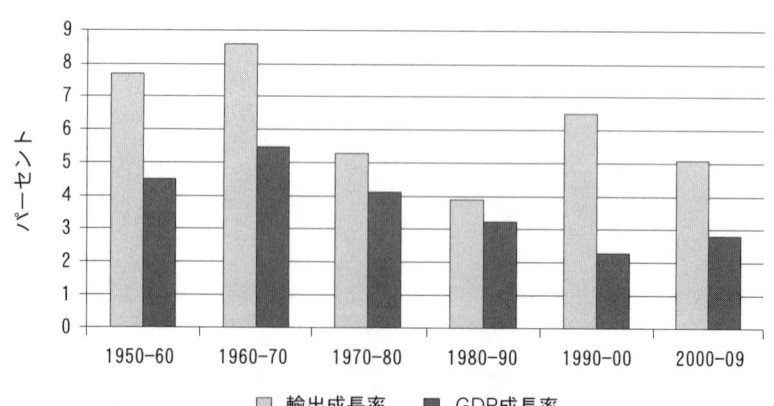

図 1.3　10年当り世界の輸出量と GDP の平均成長率（%）
データは世界貿易機関（WTO），国際貿易統計，2009年版より。
（2010年 4 月 6 日時点でのデータ）。

成される最終局面は世界貿易の成長をさらに高めた。つまり，はじめに少ない貿易量とその後の貿易の成長は生産と消費の変質によって著しく影響を受けた。

　遠隔地交易の進展は経済発展と関連づけられたけれど，それらの間の相互依存関係は複雑であった。特に，その効果は一方向的であった（つまり経済発展は貿易の拡大で引き起こされた）ことを立証できなかった。なぜなら遠隔地交易は経済発展に影響を与え，経済発展が貿易に影響を与えたからである。さらに，経済発展における貿易の影響は制度的手段や政治的手段を含む複数の経路を通じて作用した。

　アメリカ大陸発見の余波での遠隔地交易は，ヨーロッパと中国間における経済情勢における相違の一因となった主要な出来事としてしばしば引用された。ヨーロッパと中国は18世紀中ごろには同じように発展していたけれども，ヨーロッパで産業革命がおこり，その結果としてヨーロッパは中国より早い経済成長を成し遂げ，最終的に1人当り所得の格差をもたらした (Pomeranz, 2000)。当然ながら，産業革命は貿易それ自体によって動かされたわけではなく，貿易はむしろ1つの貢献要因であった。Allen (2009) によると，イングランドの安い石炭や高い賃金の入手可能性が労働の代わりに機械と代替する技術の発展を促し，そしてそれらの技術がイギリスの経済成長を活気づけた[6]。新しい技術がヨーロッパ大陸に広がるにつれ，はじめにオランダ，そしてそれからその他の西ヨーロッパ諸国の経済成長を促した。

　Acemoglu, Johnson & Robinson (2005) は，1500年以降のヨーロッパの成長が大西洋を利用する諸国に集中していたことを指摘している。つまり，それら諸国は，イギリス，フランス，オランダ，ポルトガル，スペインといった新世界との貿易に従事し，海外植民地を獲得した諸国がこれにあたるということを彼らは指摘している。これらの商業上の機会は商人集団や企業家の政治的権力を強め，君主の権力を弱めさせた。結果として，行政府にかかっている制約は拡大し，財産権は社会の多くの部分でより安定したものになった。新世界との貿易がもたらしたこれら意図せぬ結果は，大西洋の貿

易者が他のヨーロッパ諸国より有利であることを可能にした[7]。

　まだしばらくはスペインでは新世界との貿易はマイナスの影響をもち、そこではキャステリア制度がPhilip 2世の権力を制約する力に欠けることを立証した。戦争に従事するためにPhilip 2世を奨励したアメリカからの銀の流入は、結果的にはあまりに費用がかかりすぎ、また国内での課税や外国の銀行家からの大量の融資を受け入れることとなった。Drelichman（2005）やDrelichman & Voth（2008）によると、国王の支配と議会間のその後の紛争は国内のもろもろの制度を弱め、そしてスペインの経済成長の不幸な結末をもたらした[8]。

　遠隔地交易と国際貿易はまったく同じ現象というわけではないけれども、遠隔地交易の多くが国際貿易でもあるということとは密接に関連している。カリフォルニアとマサチューセツ間（アメリカの2つの州）は遠隔地交易であり、ブリティッシュコロンビアとケベック間（カナダの2つの州）の交易も遠隔地交易であるということは事実であるが、両方とも国際貿易ではない。そして、トルコとシリアあるいはイスラエルとヨルダンの間の貿易は、国際間であるが、比較すると短距離なものである。それにもかかわらず、我々の議論は、国境を越える製品の動きを強調し、国際貿易に焦点をあてるだろう。

　諸国は外国貿易の構造を形づくる国の特徴とは異なっている一方で、地理的特性は1国内の地域間貿易フローを形づくるに際してより重要である。さらに、1国内の地域は異なる国々の地域以上により統合が進んでいる。それにもかかわらず、Ohlin（1933）によりすでに強調されているように、国際貿易と地域経済学の分野は、輸送費、経済活動の集積、そして消費から生産の非関連性のような共通の特性を共有している。

　私の本書での議論は理論と現実の間で互いに作用しあうことに強い光を当てながら、国際貿易の分野の歴史的進展を追跡している。特に、私は文脈の中で展開された理論的議論を説明し、それらの検証のため、あるいは批判するために集めた証拠について説明し、そして、新たな事実を取り入れるために発展させた理論的議論の修正について説明していく。理論的見解や、理論

のある部分を裏付け，他のある部分を否定する実証的検証や，そして新たな事実の観点からの理論の更新，というこの一連の流れの考察は国際貿易を理解するにあたり有意義な思考様式である。さらに，この思考様式は国際経済の相互作用の変化する特性を考慮する際に避けることのできないものである。別の言い方をすれば，ある時には適切であった理論が国民経済の変化につれ，つまりはそれらとともに国際分業パターンが変化するにつれ，新たな時点の経済を説明するには不十分なものとなった。

第2章では19世紀初頭と20世紀それぞれの時期に展開された外国貿易の2つの主要なパラダイムを議論する。前者がDavid Ricardoであり，後者はEli HeckscherとBertil Ohlinである。各パラダイムはその時代に照らし合わせて啓発されてきた。前者は諸国間における労働生産性の差異から貿易フローを説明し，一方で後者は要素賦存（労働，資本，土地といった生産資源の入手可能性）の差異から外国貿易を説明している。それぞれのケースで，貿易の根本的な原因は特殊な論点に対処するよう立案されている。これら2つのパラダイムはほぼ20世紀の間に広範的に研究され，そして，貿易の利益，市場の開放の妥当性を意識している社会での異なる集団間の利害関係の衝突，自由貿易協定や多角的貿易交渉を含む貿易政策の影響，国際貿易と経済成長間の関係，という多くの課題に対して適用されてきた。貿易の利益や分配上の衝突は第3章で検討される。1国の経済への貿易政策の影響はそれだけで本1冊分に値する大きなテーマであるため，本書ではあえて取り扱ってはいない。貿易と成長の関係はHelpman（2004, 第5章）で詳細に扱われている重要なテーマであり，その論文で扱われているものに加える新しいテーマはそれほど多くないと考えたため，本書では取り入れないこととする。

20世紀の大半の間，外国貿易に対する考えを支配していた新古典派貿易理論は多くの長所をもっているが，第二次大戦以後特に顕著になった多くの経済現象に対処するには不十分であることがわかった。これは，1980年代初頭における，貿易理論の最初の大きな革命を導き，私が4章で議論している「新」貿易理論と呼ばれている理論的発展を導いた。この革命の動機づけ

は実証分析であり，そして新しい実証分析に引き金を引いた「新」貿易理論であり，それらは規模の経済性や独占的競争を強調している。しかしながら，世界貿易の特徴が変化し続け，そして1990年代には新しいデータセットが利用可能となるにつれ，1980年代からの理論的モデルの不十分さが明らかにされた。結果として，2000年代初頭に2回目の貿易理論の革命が起き，この時は，企業個々の特性に焦点をあて，企業がどのように国際取引に従事しているのかを明らかにしている。この革命の初期の段階は，財の貿易に焦点をあてている第5章で議論されている。次の段階は第6章で議論され，そこでは海外直接投資（海外における子会社の所有），オフショアリング，アウトソーシングについて焦点をあて議論されている。

なぜ海外直接投資（以下FDIとする）はこれまで議論されてこなかったのだろうか。かなり遠い過去ではFDIは重要ではなく，なぜそれは1990年代に入りようやく重要視されるようになったのか。当然ながら，その答えは，FDIを含む国際資本移動が経済史において重要な役割を担ってきたということであり，そして特にそれは新世界の発見後の植民地を拡大していったことからである。FDIや海外金融資産という形で海外資産の保有は，貿易の拡大と並行して19世紀に急激に増え，そして，19世末にはGDPに比べてそれらの規模は拡大した。第一次世界大戦の後，海外資産の保有は外国貿易のように崩壊したけれども，それらは第二次世界大戦の後に再び急激に広がった（Obstfeld & Taylor, 2004, 表2.1）。

戦後期の海外資産保有の拡大の多くは，本書では詳細には扱わないポートフォリオ投資である。外国貿易と密接に関連しているFDIの議論は第6章で集中され，そこでは前章までで得た知識によって広範囲な見解を提供することを可能にしている。第二次世界大戦の後にFDIフローは急成長し，2001年のITバブルの崩壊より前にピークに達している。FDIフローは2006年から2007年の間に2001年のピーク時まで回復した（UNCTAD, 2009参照）。重要なことに，多国籍企業が中心的な役割を担っている世界的な生産ネットワークの出現は，第4章と第5章で議論されているより幅広いフレームワーク内でのみ理解することができる。

最終章では，将来の方向への反映に加えて，この本で扱われていない2つの現在進行中の研究プログラムに関する簡潔な議論を提供している。国際貿易や海外直接投資の研究は高度に専門化されてきているため，私はこの問題に関して知られている専門外の注釈が我々の周りの世界をより理解するために読者には役立つであろうことを心より望んでいる。

第 2 章
比較優位

　古代から，世界の国々はお互いに貿易を行ってきている。約 3000 年前，Solomon 王はエルサレムに神殿を建設するためにツレの王 Hiram からレバノン杉を取り寄せたが（旧約聖書，列王記上，5 章 9 節），現代のエルサレムに住む多くの居住者はイタリア製のタイルから自分たちの床を作っている。

　「何が国際貿易を駆り立てているのか。」経済学者は長い間この問いについて思いを巡らせてきた。レバノン杉については，答えは単純であるように思える。つまり，もしエルサレムの地においてこの香りのよい木材で神殿あるいは宮殿を建設することを求めるならば，レバノン杉はレバノンで栽培されているため，その木材をレバノンから輸入しなければならない。また同様に，もしエルサレムでイタリア製のタイルから床を築こうとするならば，そのタイルはイタリアから輸入しなければならない。けれども，これらの答えは十分に満足のいくものではない。確かに，レバノン杉はレバノンで栽培されており，それはこの地域の自然条件がこれらの樹木の栽培を支えているからであり，従って，レバノン杉を使用したいと望む人々はレバノンからそれらを輸入しなければならない。しかし，何故他の木材よりもレバノン杉の使用を求めるのであろうか。おそらく，財を代替するための相対費用がそれほど低くないためであろう。しかし，もしそうであるならばそれは何故か。

　イタリア製のタイルの場合はなおさら難しい問題である，何故ならこれらのタイルはイタリア産の石からできており，エルサレムでも生産可能だからである。つまりそれは，イタリア産石材を輸入し，輸入国でタイルを切断す

ることが可能だからである。では，何故イタリア産石材の輸入よりもイタリア製タイルを輸入することを選択するのであろうか。そして同じくこの場合でも，「何故トルコのようなイタリア以外の国々で生産されたタイルや，地元の石材で作られたタイルよりもむしろイタリア産のタイルを使うのか。」を問うこともができる。

　これらの問いに対する答えはもちろん1つではなく，むしろ国際貿易に多数の理由が存在する。その答えの多くは分業パターンを形成する影響力に関連している。即ち，いくつか例を挙げると，技術，要素賦存，嗜好，制度または市場構造における諸国間の相違である。1例として，Adam Smith は200年以上も前に，著書である『諸国民の富』(1776年刊行) の中で，国内での分業と国際間での分業の類似性について言及している。

　　「買うよりも自分で作るほうが高くつくものは，けっして自分で作ろうなどとはしないというのが，分別ある家長のやり方である。仕立屋は，自分の靴を自分で作ろうとはしないで靴屋から買う。靴屋は，自分の服を自分で仕立てようとはしないで仕立屋に作らせる。農民は靴も服も自分で作ろうとはしないで，それぞれの職人に作らせる。かれらはみな，自分の労働のすべてを隣人よりも多少とまさっている方向に用い，その生産物の一部をもって，またはそれと同じことだが，その価格をもって，自分たちが必要とする他の品質を買うほうが有利であることを知っている。
　　およそ私人が一家を治めるにあたって思慮分別あるやり方とされるものは，一大王国を治めるうえにおいても，まず，愚かなことであるはずがない。もし外国が，ある商品をわれわれ自身が作るよりも安く供給できるならば，われわれは，かれらに比べて多少とも勝っているような生産物の一部をもって，その商品を当の国から買うほうがよい。」(Smith, 1937, p.424)
　　＊大河内一男監訳「国富論II」，中央公論新社，2010年，318-319ページ

　しかし，この類似性は完全に納得のいくものではない。まず初めに，労働者や熟練工レベルでの分業は異なる国々で容易に発生する。イタリアにおいて仕立屋が存在することは，フランスやドイツにいる仕立屋にとっては不利益または望ましくないことであろうか。もしそうであるならば，イタリアは

フランス人やドイツ人が身に着けているすべての衣服を供給するであろう。この結論は，いくつもの製品が多くの国々で生産されている現実とは大きく異なっている。たとえある国が特定の財の生産に関して優れていても，そのような財の唯一の生産者になる可能性はありそうにもないため，分業は決して完全ではない。次に外国人にとって「我々自身がそれを作れるよりも安く商品を我々に供給することを可能にする」のは何であろうか。過去にレバノンではレバノン杉であり，現在イタリアではタイルであるように，いくつかの国々は特定の財において生来の優位性を持っており，それらの財は他の国で生産するにはとても費用がかかるであろう。Adam Smith は以下のように述べている。

> 「ある一国が，特定の商品の生産上，他の国よりもはるかに優れた自然の利点を有していて，これと競争するのは無駄だ，と全世界が認めているようなことも往々にしてある。たとえば，温室，温床，温壁を用いれば，スコットランドでも，ごく上質の葡萄ができるし，また，外国から葡萄酒を輸入する費用の三十倍ほどもかければ，この葡萄から輸入品と同質のごく上等の葡萄酒もつくることができよう。だが，スコットランドでクラレット酒（フランスのボルドー特にジロンド地方産の赤葡萄酒）やブルゴーニュ酒（フランス，ブルゴーニュ地方産の葡萄酒）の醸造を推奨するというだけのために，外国産の葡萄酒の輸入をすべて禁止するというような法律は，はたして合理的なものだろうか。自国で必要とされている商品を製造するために，これと同量の商品を外国から買うのに要するよりも三十倍も多くの資本と労働をその製造にふり向けるということが明白に不条理ならば，この資本なり労働なりを，三十分の一，いや三百分の一でも余分に，この種の用途に向けることも，上例ほどにはっきりと目立ちはしないにしても，まさしく同種の不条理なのである。(Smith, 1937, p.425)
>   ＊大河内一男監訳「国富論Ⅱ」，中央公論新社，2010 年，321-322 ページ

つまり，外国から同じ財を入手するために必要とされる量を上回って生産に資源を使うある国では，その製品を作るために支払いはしない。しかし，次にまた新たな問いが発生する。即ち，これらに取って代わる供給チャンネル，つまり，国内生産対輸入の相対的な費用を何が決定するのか。そのよう

な相対的な費用は神によって与えられたものではなく，少なくとも多くの製品のためでもなく，それらは特定の製品市場で何が起きるかに大きく依存している。一般に，それらは他の製品，労働市場，機械設備のための市場などに何が起きるかに依存している。何故ならば，生産費用は入手可能な技術，様々な投入財の入手可能性，そしてすべての源泉からのこれらの投入財に対する需要に依存しているからである。言い換えれば，相対的費用は多くの部門と異なる種類の市場との相互作用を通じて，経済学者たちが言うところの「一般均衡」の中で決定されている。この種の相互依存関係は国際貿易と海外直接投資の研究への意欲をかきたてている。

伝統的な比較優位の説明は*産業の貿易パターン*に焦点を合わせ，そして部門の供給を決定する影響力を強調しており，そこでは産業は自動車または衣服のような類似した製品によって補われている。各国間での貿易フローは確かに供給システムの特徴に依存しているが，それのみに依存しているわけではない。1国の貿易は，その国における産業の供給レベルと需要レベルの違いによって決定されている。小麦の消費量よりも生産量が多い国は小麦を輸出し，その一方で小麦の消費量が生産量よりも多い国は小麦を輸入する。この理由から，需要パターンを形成する影響力は外国貿易の構造も形成している。

しかしながら，需要への考慮の役割は，初めに比較優位の技術的な側面に関する理論の創始者である David Ricardo であまり強調されず，それに続く比較優位の要素比率論の創始者である Eli Heckscher と Bertil Ohlin によってもあまり重きを置かれていない。我々はこれらの理論を次節で調べる。

2.1 技術

David Ricardo は彼の著書である『経済学及び課税の原理』(1817年刊行) の第7章で比較優位に関して最初に包括的な理論を展開した。彼は同じ章の

中で，経済活動に関して，同じ国の地域間の差異と各国間の差異を何によって明確にされているのかを明らかにしている。もしヨークシャーで使用されている物的資本の利潤率が，ロンドンで使用されている物的資本の利潤率を上回るなら，資本は直ちにロンドンからヨークシャーへ移動するだろう。労働においても同様に，もしある国の1地域の実質賃金率がもう1つの地域の実質賃金率を上回るなら，後者の地域からの労働者は前者の地域での雇用を求めるだろう。しかし，人々や物的資本はある国から他の国へは素早く移動しない。結果として，同じ国の地域間の多くで異なることのできない生産に使用される投入要素の価格は，諸国間では異なることはありうるし，また実質的に異なる。この前提は比較優位に対する彼の見解の中心であり，そしてその後ずっとそれは多くの学者たちから採用されてきている。

　Ricardoが例に挙げたイングランドとポルトガルにおけるワインと布の貿易の例を考察しよう。その例は彼の労働価値説に基づいており，その理論では財の相対価格はその財の生産に体化された相対的な労働量によって決定される。ポルトガルをはじめとして，彼はポルトガルとイングランドにおけるワインと布の交換比率は，"もし両方の財がイングランドもしくはポルトガルで生産されている場合，それぞれの財の生産に従事する労働量によって決定される"(Ricardo, 1971, p.153)，としている。言い換えれば，国内の財の相対価格を決定している要因は，貿易関係における相対価格は決定していない。そして彼は以下のように述べている。

　「イギリスは織物を造るのに一年間百人の労働を要し，もしブドウ酒の自産を企てれば同じく一年間百二十人の労働を要する，という事情にあるものと考えてみる。そうするとイギリスはワインを輸入することにして，それを織物の輸出で買う方が得だと見るであろう。ポルトガルでブドウ酒を造るのには，所要労働はわずか一年間八十人，同国で織物を造るのには，所要労働は同じく一年間九十人であるかもしれない。従って，ポルトガルにとっては，織物と交換にブドウ酒を輸出する方が有利であろう。この交換は，ポルトガルの輸入する織物が同国でイギリスよりも少ない労働で造りえても，それに拘らず，ありうるであろう。ポルトガルは九十人の労働で織物を造りえても，それを生産するのに百人の労働を要

第 2 章　比較優位　　　　　　　　　　　　　　　　　　　　　　　　　　　　17

する他国からそれを輸入するであろう，けだしポルトガルにとってはむしろブドウ酒の生産にその資本を使う方が有利で，ブドウ酒を出してそれで，その資本の一部をブドウ作りから織物製造に転用して造りうるよりも，イギリスからもっと多く織物を入手しうるであろう。

　かくしてイギリスは，八十人の労働所産と交換に，百人の労働所産を与えるであろう。こんな交換は同じ国の個人間ではありえないであろう。イギリス人百人の労働が同じイギリス人八十人の労働と交換に与えられる筈はない，がイギリス人百人の労働所産は，ポルトガル人八十人，ロシア人六十人，或は東印度人百二十人の労働所産と交換に与えられることがありうる。単一国内の場合と多数国間の場合とで，この点に違いのあるのは左の事情によってたやすく説明がつく，即ち資本がヨリ有利な用途を求めて一国から他国に移動するのは困難であること，そして資本が同一国内では一地方から他地方へ常に来往することが活発に行われること，を考えてみれば簡単にわかるのである。」(Ricardo, 1971, pp.153-154)

　　＊竹内謙二訳「経済学及び課税の原理」，東京大学出版会，1973 年，130-131 ページ。

　そして Ricardo は，このような状況においてイングランドは布の生産に関してより効率的な国，つまり布の生産に*絶対優位*を持つ国，で布を生産するために使用されている資源をポルトガルへ移動させることは有益であると継続して注目している。しかし，諸国での資源の移動が不可能な場合，これらの効率性の向上は実現できなくなる。

　この議論は，経済学の中で最も世に知られている結果の 1 つを含んでいる。つまりそれは，分業と貿易のパターンは*絶対優位*ではなく*比較優位*により決定されているということである[9]。イングランドは，同じ量の布を生産するためにはポルトガルよりも多くの労働を必要とするにも関わらず布を輸出する。何故なら，イングランドにおいてワインの生産に使用する労働と比較して布の生産に使用する労働は 100／120 であり，その一方でポルトガルのそれは 90／80 であり，90／80 は 100／120 よりも大きいからである。言い換えれば，イングランドの労働者は相対的に布の生産に関してより効率的であり，一方ポルトガルの労働者は相対的にワインの生産に関してより効率

的である。この技術的なデータは2国の賃金にどのように影響を与えるのか。ポルトガルの労働者の賃金は，100／90 とイングランドの労働者の賃金に 120／80 を掛けた値との間のどこかに決まるはずである。何故なら，もしポルトガルの労働者の賃金がその範囲よりも高ければイングランドにおいて布とワイン両方の生産費用が低いことになり，そしてその範囲よりも低い場合はポルトガルにおいて布とワイン両方の生産費用が低いことになるからである。どちらの場合においても，どちらか1つの国において労働に対する需要はなくなり，このことはその国の賃金率を引き下げるだろう[10]。どこで相対賃金がしっかりと落ち着き，即ちワインの価格に対する布の価格がどこで安定するかは需要条件に依存している[11]。布への相対的に高い需要はポルトガルの労働者の賃金を 100／90 近くまで押し上げ，その一方でワインへの相対的に高い需要は 120／80 近くまで押し上げる。それにもかかわらず，その結果生じた相対賃金とは無関係に，イングランドは布を輸出し，一方でポルトガルはワインを輸出する。Ricardo のシステムは貿易のフローの*方向*，つまり定性的結果を予測するものであり，貿易量そのものを予測するものではない。イングランドとポルトガルの技術的特性は認識するにしても貿易量を予測するためには十分でない。即ち，我々は彼らの布とワインに対する選好をも知らなければならない[12]。

Ricardo の洞察はどれほど広く適用されているのか。その答えは，彼の議論における核が何であるかを考えることに依存している。もし諸国間の産業ごとにおける生産性レベルの違いが国際貿易フローの重要な決定要因であることを議論の核と捉え，しかも*相対的な生産性*が比較優位の主要な源泉であるならば，彼の洞察は非常に普遍的である。反対に，もし貿易フローの*方向*の正確な予測を議論の核と捉えるならば，そのとき Ricardo の洞察は普遍的ではなくなる。なぜなら，多くの製品と国を伴う複雑な世界の中では，Ricardo 型の比較生産費分析はこの目的に対して不十分だからである。

この所説を理解するために，多くの国々と多くの製品の世界を考慮しよう。そこではすべての製品が最終消費財である[13]。あらゆる国は労働サービスを伴う工業製品に対してその国独自の技術を持っており，そして他の投入

財はこの目的に必要とされない。さらに，生産レベルに関係なく，あらゆる製品は産出1単位当りに一定の労働量を必要とする。Ricardoの例のように，相対的必要労働は諸国間で異なり，また労働者は他の国々へ移動しない。もし我々がすべての国の賃金率を知っていたならば，各国の賃金率を産出1単位当りの生産に必要となる必要労働に掛けることにより，あらゆる国のそれぞれの製品を生産する費用を計算するために，必要労働に関する情報を使うことが可能であった。そのときには，我々はこれらの単位費用を諸国間で比較することが可能であった。このような方法で，我々はあらゆる製品に関してどの国が最小費用をもつのかを確認することができたであろう。もし1つの製品（ここでは布とする）に関して最小費用を持つ国がたまたまただ1つの国であった場合，そのときこの国（ここではイングランドとする）は布の唯一の生産者になるはずである。そのことは，イングランドが布の消費を欲する世界のあらゆる国々へ布を輸出することを意味している[14]。そして，もしすべての産業において最小の生産費用を有する生産者がたまたま1つの国のみとなった場合，この推論はその財の唯一の輸出者としてすべての製品の最小生産費用国とみなされる。Ricardoの例の中で，イングランドは布に関して最小の生産費用を有する国であり，従って布を輸出し，一方で，ポルトガルはワインに関して最小の生産費用を有する国であり，それゆえワインを輸出する。

　この推論から2つの疑問が浮かび上がる。即ち，その1つ目は，ある製品に関して最小の生産費用を有する国が1カ国以上存在するとき何が起きるのかという疑問である。2つ目は，何が賃金率を決定し，そして特に，賃金率が分業パターンからは独立しているのかという疑問である。

　最初に，同一の最小費用を有する複数国の場合を考えよう。具体化のため，ポルトガルとフランスはワインの生産において同一の低い単位費用を持ち，しかもその他のすべての国がより高い単位費用を持つと仮定しよう[15]。そのとき，我々はポルトガルとフランス以外のすべての国がワインを輸入し，しかもポルトガルかフランスのどちらかあるいは両国が，ワインを輸出することを予測できる。つまり，ポルトガルとフランスの両国がワインを輸

出するかもしれないし，フランスがワインを輸出する一方でポルトガルは輸入するかもしれない，またはフランスがワインを輸入する一方でポルトガルはワインを輸出するかもしれない。ポルトガルとフランスの貿易の方向を決定するために，我々はワインの生産と消費に関する追加的な情報が必要となる。例えば，もしポルトガルがワインに関して最小の生産費用を有する唯一の生産者であった場合，ポルトガルが生産していない他の財の輸入にかかる費用を支払うため，ワインを輸出しなくてはならない[16]。しかし，もしポルトガルがワインに加えて種々の財の最小生産費用生産者であるならば，そのとき我々は，ワイン生産とワイン消費との間の差異を計算するために，ワインをどのくらい生産し，どのくらい消費するかを知る必要がある。もしワインの生産量が消費量を上回ったならば，ポルトガルはワインを輸出するが，もしワインの消費量が生産量を上回った場合には，ポルトガルはワインを輸入する。明らかに，最小の生産費用を持つ国が複数存在することは，純粋なRicardoの考えに基づいた貿易フローを予測するのに曖昧性を持ち込む。これらの曖昧性は生産と消費に関する追加的な情報によってのみ解決できる。

次に，賃金と分業パターンの関係を考察しよう。そこではイングランドとポルトガルという2国のみと2国が4つの産業のみで構成されるとする。図2.1は相対的な必要労働投入量を表している。この例では，布生産にイングランドではポルトガルより50%以上の労働を必要とし，ワイン生産においてイングランドではポルトガルで生産するよりも4倍の労働を必要とする。2つの追加的な産業，つまり木材と革製品という極端な状況の間に位置する産業が存在する。即ち，イングランドは木材製品の生産にポルトガルよりも2倍の労働者を必要とし，革製品生産に2.5倍の労働者を必要とする。図の中では，その産業は順序に応じて配置され，その中でイングランドの相対的な必要労働量は高まる。

Ricardoの例のように，ここでもまたポルトガルの経済はより効率的である。結果として，ポルトガルの賃金率はイングランドの賃金率よりも高くなるはずである。特に，ポルトガルの賃金率は1.5倍と4倍の間になるはずで

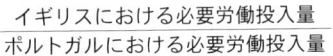

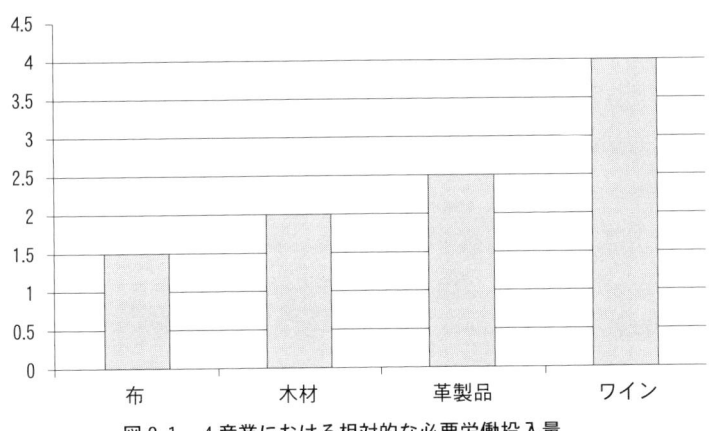

図 2.1　4 産業における相対的な必要労働投入量

ある。なぜなら，もしポルトガルの賃金が 50％以下の高さであるなら，ポルトガルではすべての製品の製造が安いであろうし，またもしポルトガルの賃金率が 4 倍以上であったなら，イングランドにおいてすべての製品の生産で安くなるであろう。次に，もしポルトガルの賃金率が 50％以上高く，100％以下であるならば，イングランドは布において最小生産費用の生産者であり，ポルトガルは木製品，革製品そしてワインの最小生産費用の生産者であろう。このような状況の下では，布に対する世界需要はイングランドに吸い上げられ，そしてその他の製品に対する世界需要はポルトガルで吸い上げられるであろう。イングランドはこれらの需要を満たすために，布の生産である程度の労働量を雇用する必要があり，他方でそれに対してポルトガルはその他の製品の生産である程度の労働量を雇用する必要があるだろう。そのとき，需要された布を生産するために必要とされた労働がイングランドの労働力を上回ることがたまたま起こるかもしれないし，一方で他の製品を生産するために必要とされた労働がポルトガルの労働力以上であることがたまたま起こるかもしれない[17]。この場合では，ポルトガルの相対賃金が非常に低いからであろう。

同様の推論によって，我々は，もしポルトガルの賃金がイングランドの賃金の2倍以上高くかつ2.5倍以下であるような上昇ならば，イングランドは布と木製品において最小の生産費用生産者であり，ポルトガルは革製品とワインで最小の生産費用生産者であろうと結論を下せるであろう。結果として，布と木製品に対する世界需要はイングランドでは労働需要を発生させ，その一方で革製品とワインに対する世界需要はポルトガルで労働需要を発生させる。そのとき，イングランドの労働に対する需要はその供給に等しく，またポルトガルの労働の需要がその供給と等しいという範囲での相対賃金が存在し，そこでは1国の労働需要はその供給者から要求されたその財を生産するために必要とされた労働量である。もしこのようなケースが存在せず，そしてこの範囲にある相対賃金すべてでイングランドにおける労働需要が供給を下回り，ポルトガルの労働需要が供給を上回っていることを我々が今なお見出したならば，我々はポルトガルの相対賃金が高いに相違ないという結論を下すであろう。特に我々は，ポルトガル人の賃金がイギリス人の賃金の少なくとも2.5倍以上高く，4倍以下であるはずだと結論を下すであろう。その場合には，イングランドは布，木製品，と革製品の最小費用生産者であり，ポルトガルはワインのみの最小費用生産者であろう。

　この事例が示していることは，賃金が分業パターンから独立して決定されることはあり得ないということである。つまり，どの国がどの財を生産するかは賃金構造とは連帯して決定されており，そしてMill（1909）で述べられているように，その結果はそれぞれの国で入手できる労働の量にも同様に依存している。

　Dornbusch, Fischer & Samuelson（1977）では，多数の製品を生産するための技術的ノウハウを持った2国間での貿易を研究するための明快な分析フレームワークが展開された。彼らは，支出シェアがすべての国で同一であり，そしてそれらは価格と所得からは独立しているときに，相対賃金はどのように分業パターンと連帯して決定されるかを明らかにした。つまり，もしある国の人々が彼らの所得の3分の1を衣服に費やし，その他すべての国の人々も同様に行動し，さらに彼らが食料品，自動車，そしてその他すべて

の財に関しても同じであるならば，ということである[18]。相対賃金を見出すために，一般には多くの製品を考慮しながら，図2.1で描かれている方法と同様に，諸国の1つの製品の順位を上げる際の相対的な必要労働量を順序づけることによって始められる。すべての相対賃金のために，そのときイングランドがより低い費用で生産する製品とポルトガルがより低い費用で生産する製品を見分けることは可能である。非常に多くの財により，両国で同一の生産費用でとるに足らない数が生産されることは起こりうるし，これらは無視され得る。そのとき，イングランドは最小費用の生産者である製品での世界的出費からイングランドにおける労働需要を計算できるし，ポルトガルが最少費用の生産者である製品での世界的な出費からポルトガルの労働需要を計算され得る。もしこれらの労働需要がその国の労働供給と一致するならば，我々は均衡相対賃金を得る。代替的に，もしイングランドの労働需要がイングランドの供給を上回ったならば，賃金は市場の需給均衡のためにポルトガルと比較してイングランドで上昇するに違いない。そして，もしイングランドの労働需要がイングランドの供給を下回るならば，賃金は市場の需給均衡のため，ポルトガルと比較してイングランドでは下落するに違いない。どちらのケースにおいても，我々は相対賃金がどの方向に向かって調整されるかを知っている。この手順に従うと，我々はそれぞれの国で労働の需要と供給を一致させる唯一の相対賃金を見出す。

　この分析から明らかなように，外国貿易は分業を引き起こす。つまり，すべての国は下位グループの製品に特化し，そしてそれは自国で生産しない財やサービスの供給のために他の国々に依存する。この分業の形式は応用分析に使用するには極端すぎるが，それは便利な方法でRicardo流の比較優位を説明している。さらに，ここで貿易は分業と*相互依存関係*をもたらす。相互依存関係は，1つの国での出来事がその国の貿易相手国に影響を与えることを意味している。ときには，これらの効果は望ましく，また他のときはそうでない。例証するために，2つの貿易国であるイングランドとポルトガルでのDornbusch＝Fischer＝Samuelson型の世界を考察しよう。はじめに，あらゆる国がその国の比較優位とすべての市場が需給均衡であることに

応じる製品範囲で分業する相対賃金が存在している。この構成から出発して，例えば，労働供給は結果的にはイングランドで，より多くの女性が労働力に加わることで増大する。このことは賃金と分業パターンに対してどのように影響するのか。そして，このことはポルトガルにとって有益なのか，もしくは害を及ぼすのか。

労働供給増加の影響を理解するために，はじめに次の事象に注目しよう。つまりもし相対賃金が彼らの初期状態のままであったならば，分業パターンは変化しないであろう。なぜなら，あらゆる国はそれまでと同様に，同じセットの製品の最小費用供給者のままであろうからである。しかしこの状況下では，イングランドの労働供給は需要を上回るだろう。それゆえ，市場バランスは今では，イングランドに比べポルトガルでより高い賃金を必要とする。しかし，イングランドのより低い相対賃金により，イングランドでより多く製品を生産し，ポルトガルでわずかしか生産しないことで一層費用がかからなくなる。当然，以前にイングランドでより安く生産できていた全ての財やサービスは，今もイングランドでより安く生産できる。しかし，かつてはポルトガルが最小費用生産者であったために製品が存在しているが，現在ではイングランドが最小費用生産者になったために，製品が存在している。つまり，それらの生産はポルトガルからイングランドへ移ることになり，それによって分業パターンが変化している。この再配分は時間を要する，なぜなら，取って代わられた産業に雇用されていたポルトガル人労働者は，ポルトガルが依然として費用上の優位性を持っている産業での雇用を見出さねばならないためである。そして新しいイギリス人労働者は，同様にイングランドが費用の優位性を持つその他の産業で新たに獲得されたイングランドの産業で職を見つけなくてはならない。しかしながら，最終的にはより多くの製品がイングランドで生産され，少数の製品しかポルトガルでは生産されない。

相対賃金におけるポルトガルの利益は，その調整が完了した後に，ポルトガル人労働者の生活水準が改善することである。その理由は，新たな賃金によって彼らはポルトガルで依然として生産されている同量の財を購入することができ，しかし彼らはまた，ポルトガルからイングランドへ生産が移った

彼らの生産した財も含めたより多くのイングランドの製品を購入する余裕ができることである。言い換えれば，ポルトガルの賃金の購買力は増加している。同時に，イギリス人の賃金の購買力は減少している。イギリス人労働者は，彼の新たな賃金によって本来イングランドで生産されてきたイギリス製の製品を同量購入できる。けれども，彼は現在イングランドで生産されている製品も含め，本来ポルトガルで生産されていた製品を少数しか購入することができない。もちろん，新たなイギリス人労働者，即ち，労働力に加えられた労働者，は彼らが以前は得たことのなかった所得を得る。しかし，以前は雇用されていたイギリス人労働者はイギリス人の労働力の拡大で損害を受ける。

　イギリス人労働者の拡大からポルトガルが受ける利益を理解するためのもう1つの方法は，その拡大が2つの国で生産された財の相対価格のどのように影響するかを考慮することである。イギリス人労働者と比較してポルトガル人労働者の賃金率が上昇した結果，ポルトガルの輸出価格はポルトガルの輸入価格と比較して上昇する。このことを経済学者は交易条件の改善と呼んでいる[19]。この状況下で，ポルトガルは彼らが輸入可能なすべての単位に対してわずかの輸出可能な単位分しか支払っていない，これはその居住者がより有益な消費量を獲得することが可能となるということである。輸出が輸入に対して支払をするという理由で，輸出が価値を有するという理解は，国際経済関係の広範囲な評価の中では重要な構成要素である。輸出は1国が他国に「ただみたいに安く売る」という形での財やサービスからなることに注目しよう。ここで留意すべきことは，輸出は1国が他の国々に対して「(無償で) 提供する」財とサービスで構成されていることである。この理由から，輸出はそれ自体で価値があるものではなく，むしろ輸出が輸入への支払いを行う際の交換の対価である[20]。

　私は，貿易相手国の厚生を改善させるような1国の進展の結果—その国の労働力の拡大—についての説明を行ってきた。また，この事象はもとからその国で働く労働者の生活水準を低下させる。もちろん，1つの国におけるあらゆる進展の結果が同じ方法で貿易相手国に影響を与えるわけではなく，ま

た，あらゆる進展の結果が貿易相手国の繁栄に非対称的効果を持つわけではない。後者の要点を例証するために，前回の例での労働の拡大をイギリス人労働者の生産性の改善に置き換えてみよう。特に，もし革製品生産に必要とされるイギリス人労働量が5％減少し，その結果，木製品生産に必要なイギリス人労働量を保持するならば，この改善はすべての産業が均等に影響すると仮定しよう。ひとつの水準では，このことはイングランドの労働供給の拡大と類似している。なぜならば，生産性の改善は*効率的*に多くの労働を賦存するイングランドとみなされ得るからである。結果としてポルトガルの労働者は利益を得る。なぜならば，彼らの賃金の購買力が上がるからである。しかしながら，以前の例とは異なり，今，イングランドにおける労働の単位当りの有効な賃金率は減少するが，しかし，それは1人当りの賃金ではない。すべての労働者が労働のより有効な単位を賦存されているので，何が厚生に適切なものかは有効単位当りの労働者の賃金ではなく，むしろ彼が持つすべての*有効な*単位に対する補償である。この計算はイギリス人労働者が生産性改善から得る利益を示している。つまり，彼らの賃金が実質的に上がる。確かに，この場合，イングランドにおける進展はイギリス人と同様に，ポルトガル人のすべての労働者の利益となる。生産性により引き起こされた成長の適切な例こそが成長する国とその貿易相手に利益をもたらす。貿易相手国への利益は貿易相手国の交易条件の改善を経由して伝播される。輸送費用と貿易へのその他の障害もまた，世界貿易フロー形成の際には重要な役割を果たしている。この理由のため，そのデータを説明するどんなモデルにおいてもそれらを説明することは重要である。Dornbusch, Fischer & Samuelson (1977) は，単純な公式を提案した。その中では輸送費用が生産費用に比例し，また同じ比例因子がすべての製品に適用される[21]。このような状況下では，あらゆる国はその国が最大の比較優位を持つ製品に特化し，他方で，どの国も十分に大きな比較優位を持っていない製品は国際的には貿易されない。即ち，貿易されない製品はあらゆる国では自国でのみ利用されるために造られる。必然的に，製品が貿易されなければされないほど，輸送費用はますます高くなる。

第 2 章　比較優位　　　　　　　　　　　　　　　　　　　　　　　　　　　　　　　　27

　様々な研究では，Ricardo の洞察力がどの程度データによって支持される
かを検討することが試みられてきた。この追跡での困難性は互いに貿易する
多くの国をもつ世界に対する Ricardo 理論の実証的な帰結的意味を操作で
きるようになることである。Eaton & Kortum（2002）は最も成功裏なア
プローチを展開した [22]。彼らは対になる貿易相手国間で異なっている「溶解
する氷山」という貿易摩擦の世界を考慮している。例えば，イングランドか
らフランスへの財出荷はポルトガルからフランスへ財を出荷するよりいっそ
う費用が掛かることがあり得る。さらに，彼らは製品間の労働生産性の特定
の分配，つまり 1 つは国特殊的で，もう 1 つはすべての国で共有されるという
2 つのパラメータを持つこと，を仮定している [23]。国特殊的構成は諸国間の
全要素生産性（以下 TFP）の差異を説明するために必要とされ，そこでは
TFP が，いかに効率的な投入財が生産に結合されるかという単純な基準で
ある。つまり，TFP における変動を認めない 1 つのモデルをデータに適合
させることは非常に困難である。共通の構成成分はすべての国で，製品間で
同じ生産性のばらつきを課している。これは主要な制約であるけれど，それ
は推定されなければならないパラメータ数を減らしている。重要な仮定は 1
つの国で達成された生産性レベルがもう 1 つの国で達成された生産性レベル
からは独立しているということである。溶解する氷山型貿易費用と一緒にこ
れらの仮定を使うことで，あらゆる国にとってすべての潜在的供給者からの
製品を調達する最小費用の分配を計算することが可能となる。これらの最小
費用は国内価格とあらゆる国の産出への国内支出シェアを決定する [24]。その
結果生じる方程式は，OECD19 カ国のサンプルからのデータに基づいて
推定され，そしてその推定は種々の経済関係を定量的に測るために使われ
る。

　1 つのそのような関係への洞察を得るために，アメリカの技術での均斉の
とれた改善に関する Eaton と Kortum のシミュレーションを考えよう。
我々は，両方の国々（技術的勝者とその貿易相手国）が利益を得るという判
断を下して，2 国世界のそのような改善に関する密接な関係を議論した。貿
易相手国が利益を得るメカニズムはその国の交易条件の改善である。多くの

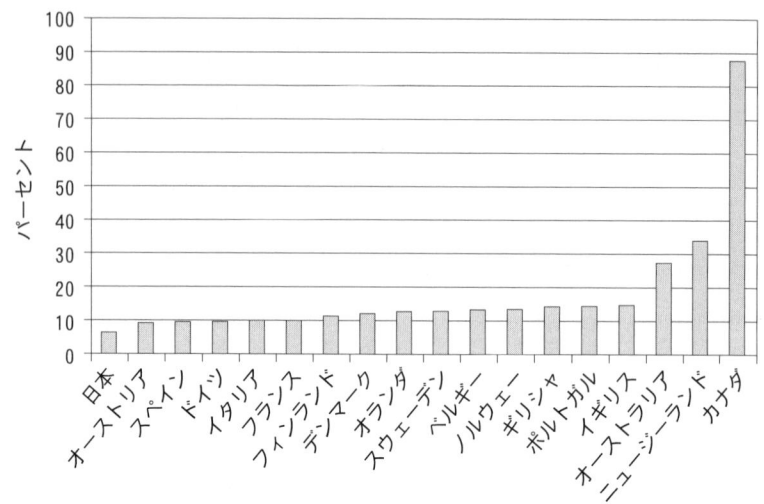

図2.2　アメリカにおける生産性改善からの厚生利益の割合
（アメリカを100％とした場合）Eaton & Kortum（2002）より。

　貿易相手国との間で改善された交易条件の利益が，国の特質と技術的な勝者が持つ貿易障害に依存して諸国間で変化することを除くと，同じ伝播の経路が多数国世界で機能する。図2.2は，アメリカの厚生の利益の割合として，国の厚生という利益の形で描かれた Eaton＝Kortum シミュレーションの結果を示している。

　明らかに，その厚生の利益は均等に分配されてはいない。アメリカとの貿易で障害をほとんど持っていない小国であるカナダは，他のいかなる国よりも利益を得ている。即ち，その厚生の利益はアメリカの厚生の利益の87.4％である（そこでは両国はともに初期の厚生レベルに比例して測られている）。その反対に位置するのが，厚生の利益がアメリカのそれのわずかに6.6％でしかない日本である。オーストラリアとニュージーランドもまたアメリカの技術改善から大きな利益を得ており，他方で，他の諸国はより少ない利益しか得られないが，それにもかかわらずかなりの利益を引き出している。

2.2 要素比率

外国貿易に関する Ricardo の見解はまる1世紀の間，経済学上の論議を独占した．1919年に唯一彼の教義への重大な挑戦が出現した．その任務は Eli Heckscher という名のスウェーデンの経済史学者によって導かれ，彼の最も卓越した学生，Bertil Ohlin によってその教えが奉じられた[25]．Heckscher と Ohlin は現代の価格理論の基礎となった古典派の公式である労働価値説に基づいた Ricardo の比較優位の古典派の公式化に取って代わる提案を行った．Ricardo の古典的な公式化の中での労働は資本と土地のような他の生産要素と同様に扱われた．このアプローチでは，要素比率は中心的舞台を演じ，生産要素の相対的入手可能性における諸国間の相違が分業や貿易の主要な決定要因である．

Heckscher は生産要素間での所得の分配に基づく外国貿易の影響に関心を持っていた．それゆえ，彼は主要な投入財（あるいは要素）として労働，資本そして土地をもつ経済モデルを展開し，そして2国間の貿易がいかにこれらの投入財の報酬に影響を与えるかを調査した．その過程の中で，彼は貿易構造に対する要素賦存の各国間での差異の潜在的重要性を引き出した．Heckscher は方程式を使わなかったが，彼の言葉による分析は正確である．

Ohlin はその研究よりもさらに一歩進めた．Flam & Flanders (1991, p.13) の言葉では，Ohlin の貢献は「Heckscher の有名な論文の貿易理論と Walras が Cassel から学んだ Walras 型公式とを独創的に結合することであった」[26]．実際に，「数理的例証」という題の彼の論文の第 III 章で，Ohlin は多くの生産要素と多くの産業を考慮して，あらゆる貿易国に満足させられる必要がある方程式を詳しく説明している．さらに，Ohlin は Heckscher がなしえなかった要素価格に反応するため，産出1単位当りの要素利用を可能にすることによって，Heckscher のモデルを改善した．

我々が前節で論じたように，外国貿易に関する Heckscher と Ohlin の見解の基本的な論理は，多くの産業を持つ2国の世界を再検討することによって知ることができる。しかしながら，要素構成の考え方を取り込むために，労働のみよりむしろ2つの主要な投入財である労働と資本が存在するとしよう。Heckscher と Ohlin はともに技術的な可能性がすべての国で一定であると論じている。このことによって，それらはどこのだれもが1産出当りの同じ投入財選択へのアクセスを持つということを意味する。規模の経済性または規模の不経済性が存在しないことは[27]，製造の単位当り費用が生産立地にではなく，要素価格に依存することを意味している。これは，Ricardo の考え方の主要な出発点であり，その中で財の費用は相対的な必要労働が異なるために各国間で変化する。それと対照的に，Heckscher と Ohlin の見解の世界では，もし2つの国が同じ要素価格を持つなら，その2国もまた個々の製品とあらゆる製品で同じ単位費用をもち，そのケースでは，いかなる製品においても国は相対的な費用優位性を持っていない。2つの条件はこれらの状況下で起きるためには貿易で満たさなければならず，またその両方の条件は Heckscher によってわかりやすく述べられている[28]。即ち，「ある国とその他の国の間の生産要素の相対的な希少性の相違が，比較生産費の差異とその結果としての国際貿易のための必要条件である。さらなる条件は，生産要素が組み合わされる比率はある商品とその他の商品とでは同じではないということである。この2番目の条件がないならば，他の商品と比べた1つの商品の価格は，相対要素価格の差異にかかわらず，すべての国で同じである」(Heckscher, 1919, in Flam and Flanders, 1991, p.48)。即ち，要素価格は各国間で異なり，また要素集約性は部門間で異なる。もし要素価格が異ならないなら，各国はすべての産業で同じ費用を持つ。そしてもし要素価格は異なるが，すべての製品が同じ投入財成分，つまり同じ要素集約性を持つなら，その時その2つの国はすべての産業で同じ相対費用を持つ。

　相対要素価格（相対的希少性）を論じるとき，Heckscher と Ohlin の2人とも，その国々が孤立しているときの貿易前の状況を言及している。彼らはそのとき，貿易が各国間の相対要素価格における相違を減らし，しかも貿

第2章 比較優位

易が要素価格均等化を導いて,(同じ単位で測られるとき)要素価格におけるすべての差異すら除去されるかもしれないということを指摘する[29]。しかしながら,しばらくは,イングランドとポルトガルという2つの国が要素価格均等化なしにお互いが貿易をするという状況を考慮しよう。以前のように,布,木,革とワインという4つの産業が存在すると仮定しよう。さらに,布が最も資本集約的製品(即ち,それが他の3つの部門より労働1単位当り多くの資本を使う)であり,木が次に資本集約的産業であり,そしてワインが最も資本集約的ではないと仮定しよう。また資本がイングランドでより安く,そして労働がポルトガルでより安いと想定しよう。そのとき,ポルトガルと比較して,最も資本集約的製品である布をイングランドで生産する相対費用は,イングランドでその他のどの3つの財のうちのどの財を生産する相対費用よりも低い。そして イングランドで木を製造する相対費用はイングランドで革あるいはワインを製造する際の相対費用より安い。そして最終的に,イングランドで革を製造する際の相対費用はワインを生産する相対費用よりも安価である。

これらの相対費用は図2.3で描かれる。どの国が木あるいは革における生

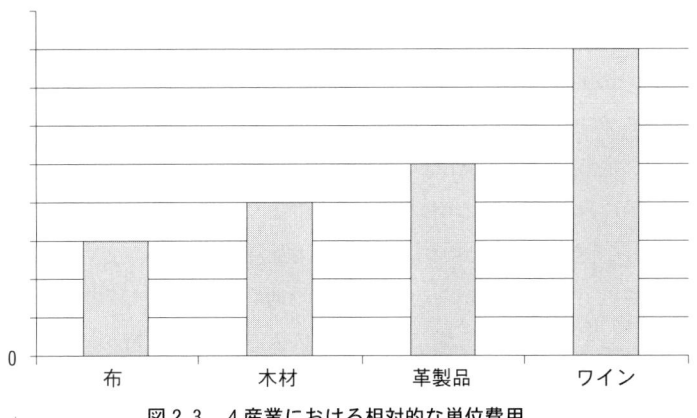

図 2.3　4 産業における相対的な単位費用

産費の優位を持っているかは，図2.3の縦軸上の損益分岐費用比率1の場所に依存する。つまりその場所はイングランドでの単価での費用比率がポルトガルでの単価と同じである費用比率である。

　もし「1」がたまたま布と木の線の間にあるなら，イングランドは布に特化し，ポルトガルは木，革とワインに特化する。もし「1」がたまたま木と革の線の間にあるなら，ポルトガルが革とワインに特化するが，イングランドは布と木に特化する。そしてもし「1」がたまたま革とワインの線の間にあるなら，ポルトガルはワインに特化し，そしてイングランドは他の3つの製品に特化する。必然的に，「1」が布の線の下，あるいはワインの線の上には位置しない，なぜならそれぞれのケースでは，1つの国がすべての製品で生産費優位を持ち，他の財がその労働と資本で有益に使用され得ないからである。その状況下では，要素価格は，すべての製品で費用劣位を持つ国で下落する資本レンタル率と賃金率で変化するであろう。それゆえ，もしその数字が均衡の結果を示すなら，「1」は布の線とワインの線間のどこかに位置されなければならない。

　この分析は相対的に資本費用が低い国は資本集約製品に特化し，相対的に労働費用が低い国は労働集約製品（あるいはそれほど資本集約的ではない製品）に特化することを示している。比較生産費の連鎖における正確な切片が正確な特化パターンを決定するが，しかしその特化パターンの質的な特徴は，貿易のRicardoモデルと類似し，この切片の位置とは関係がない。実際に，Dornbusch, Fischer & Samuelson (1980) は比較生産費の連鎖における切片がいかに一般均衡で決定されるかを示し，多くの財と固定された支出シェアを持つHeckscher=Ohlinモデルを分析している。重要なことに，その切片は2つの国の相対要素報酬により同時に決定される。

　これはどの国が資本において最低の費用を持っているかという疑問を回避する。貿易に対する障害がないとき，国際通商は各国間での商品価格を等しくしている。それゆえ，労働に比べ資本に大きな賦存を持つ国が，もし要素価格が等しくなければ，資本における低いレンタル率と高い賃金率を持つというケースであるに相違ない。この観察を前回の議論と組み合わせること

は，イングランドがポルトガルより資本・労働比率が高く，資本での低いレンタル率と高い賃金率を持っていることを意味する。結果として，その予測は資本が比較的に豊富な国は資本集約的製品を輸出するということであり，他方，労働が比較的に豊富な国は労働集約的な製品を輸出するということである。これは Heckscher＝Ohlin 定理として知られている。Ohlin のこの結果の所説はより明晰にはできない。即ち，「要するに，特に希少な要素を大量に包含する商品が輸入され，相対的に豊富な要素に集約している商品は輸出される」(Ohlin, 1924, Flam and Flanders, 1991, p.90.) ということである[30]。

　私の論議は貿易体制での財と要素の価格付けに中心を置くけれど Heckscher と Ohlin の両者は，1 国が外国貿易に参加しない時，自給自足における財と要素の価格付けに関する分析に集中していた。特に，彼らは資本で相対的に低い自給自足費用を持つ国が資本集約的製品を輸出し，労働で相対的に低い自給自足費用を持つ国が労働集約的製品を輸出するだろうということを指摘した。貿易前の要素価格に基づいたものと，貿易後の要素価格に基づいたものという 2 つのタイプの予測が常に同じであるとは限らないけれども，それらは文献の中で明らかにされている幅広い一連の環境の下では同時に起こる[31]。

　私は要素価格が各国間で異なり，しかもこれらの差異が相対費用の序列を生み出すという仮定の下で貿易構造を議論してきた。さらに，Heckscher と Ohlin の両者は外国貿易に反応して収斂する要素価格の趨勢を指摘した。この趨勢は，Samuelson (1948) の著述に端を発して，その後の学者によって公式に研究されている。それらの主要な研究結果は，貿易相手国の要素構成成分における差異があまり大きくないとき，障壁のない国際貿易は要素価格を等しくするということである。これは要素価格均等化定理として知られている。さらに，すべての国が同じ相似拡大的選好，つまり，種々の財における支出シェアが価格（各国がお互いに貿易するときに共通である）にのみ依存し，所得に依存しないとき，あらゆる国はその国が豊富に供給される生産要素に平均して集約的である製品を輸出し，そしてあらゆる国はその国の

希少な生産要素に平均して集約的である製品を輸入する[32]。

要素価格均等化は国際貿易の新古典派理論の発展で重要な役割を果たした。実際には，要素価格はあらゆる国で同じではなく，そして賃金のようなわずかな要素価格に非常に大きい相違がある。それゆえ，このモデルが現実性のすべての側面を十分に記述することができないことは明白である。しかしながら，いっそう重要な問題は，それが世界貿易の構造を十分に理にかなったかたちで描写するかどうかである[33]。

妥当性のある意見を形成するために，最初に Leamer (1984) の研究を考察しよう。そこでは彼はこのモデルの注目すべき潜在的重要性を調査している。すべての国々が同じ技術のプールをうまく利用しているときはいつでも，また，製造者が同じ要素価格に直面しているところではどこでも，そのとき所与の産業での産出一単位当りに使用された投入財の構成要素成分はあらゆる国で同じであるという観察結果から彼は出発している。その状況の下で，もしその国の生産要素の完全雇用を保証する産出レベルが独自に決定されるなら，あらゆる国の産業別の産出レベルは，それらの要素賦存と同じ線形関数である[34]。即ち，1国の産出レベルはその生産要素によって決定され，そして革製品のような特定の産業の産出に関する生産要素の限界効果はあらゆる国で同じである。後者は，もしイングランドでの労働1単位の追加が，イングランドの革製品の産出を5単位高めるなら，その時，ポルトガルの労働1単位の追加もまたポルトガルの革製品の産出を5単位高めるということを意味する。そのとき，Leamerは，この仕様と結びついている。つまり，すべての国々はあらゆる産業の純輸出（輸出と輸入間の差）がその国の要素賦存の線型関数であることを示すために，同一の支出シェア（例えば，1国は食料にその所得の10%を費やす）をもつという仮定である[35]。この純輸出関数の強い特性はそれらの係数の簡易推定を可能にする。推定された限界効果の影響のいくつかが表2.1で提示されている[36]。

この表は資本が労働集約的製造業，資本集約的製造業，機械類および化学という4つのすべての製造業で純輸出に正の効果を持っていることを示している。同時にそれは，石油，原材料，森林製品，熱帯産品と穀物のような残

表 2.1 純輸出に対する資本，鉱物，原油の限界効果（1975 年）

出所：Leamer (1984)，表 6.1。

	資本	鉱物	原油
石油	−18.4	−0.4	0.6
原材料	−8.9	0.86	0.04
林産品，林産物	−1.7	0.53	0.08
熱帯農業	−2.9	0.44	0.05
畜産物	−0.5	0.28	0.05
穀物	−4.5	0.97	0.24
労働集約的な製造業	1.9	−0.09	−0.07
資本集約的な製造業	17.9	−0.46	−0.17
機械	29.1	−1.1	−0.27
化学薬品	4.1	−0.15	−0.04

された産業での純輸出に負の影響を与える[37]。鉱物は石油以外すべての産業で純輸出に対して反対方向の影響を与える。これはより巨額の資本ストックを持っている国々が製造業では一層純輸出をし，石油，原材料そして農産品においてはわずかな純輸出しか行われないが，より大きな鉱床を持った国々は，より多くの原材料と農産品を純輸出し，わずかの石油と製造品を輸出するということを意味する。この表はまた，より多くの鉱物を多く持つ国々と同様に，より大きな油層を持つ国々も，製造業ではあまり輸出をせず，多くの原材料や農産品を輸出することを示している。より多くの原油を持つ国々がより多い石油を純輸出することを除くと，一方でより多くの鉱物を持つ国々はそれほど石油を輸出しない[38]。

すでに説明したように，純輸出関数の線形性は線形の産出関数と共通の支出シェアの組み合わせに起因する。これらの仮定のいずれも正確に現実を記述していない。消費パターンは多くの諸国間で同じであるけれど，貧しい国と富んだ国の間で本質的な相違が存在している。例えば，1975 年にオーストリアとスイスという 2 つの富んだ国は，食料にそれらの国々の所得のおよ

そ20%を費やした。同じ年に，より貧しかった国であるインドとフィリピンは食料にそれらの国々の所得の半分以上を費やした（Leamer, 1984, 表1.6参照）。これらの数字は，よく知られている現象，つまり，食料の予算シェアは所得とともに下落し，即ち，富んだ人が貧しい人ほど比例して食料に費やしてはいないということを例証する。1人当り所得の相違の結果として，予算シェアが諸国間で変化するとき，消費選好は貿易フローとは無関係なものとなる。なぜかを知るために，貧しい国が富んだ国と貿易するとき，その貧しい国は食料に対し不相応に大きな需要をもち，そのことは要素賦存での食料輸入とは無関係にその貿易に偏向していることに注目しよう。同じ議論は予算シェアが所得に依存する他の製品にも当てはまる。Hunter (1991) は貿易に対するこのような選好の影響を研究し，そしてそれらが貿易量のかなりの割合を説明することができることを発見した[39]。

　Leamerの線形の純輸出関数の導出は生産関数の線形性を必要とするけれども，Heckscher=Ohlin定理はこの制約を受けない。それにもかかわらず，線形の生産関数は普及している[40]。産出レベルに対する要素賦存の限界効果は，2つの産業と2つの生産要素の単純なケースにおいて，この関係を最初に指摘したイギリスの経済学者に敬意を表して，しばしばRybczynski係数であると述べられる（Rybczynski, 1955参照）。2つの生産要素が労働と資本であるとしよう。そのとき，Rybczynski定理は，各産業で資本・労働比率一定を保持しつつ，資本賦存の増加が資本集約的産業では不相応に産出を高め，そして労働集約的産業の産出を縮小させるであろうと述べている[41]。同様に，労働力の拡大は，労働集約産業では不相応に産出を高め，資本集約産業で産出を縮小するであろう。言い換えると，1国の産出の構成はその国が相対的に十分に賦存されている生産要素が，比較的に集約して使用される産業に向かって偏向される。支出パターンが貿易相手国間で同じである時，これは以下のことを意味する。即ち，貿易は産出物の構成要素における偏向によって動かされ，それゆえ，HeckscherとOhlinによって示唆されるように，相対的な要素賦存における差異によって動かされることを意味する[42]。

Rybczynski の洞察は，Jones & Scheinkman（1977）によって多くの産業と多くの生産要素のケースに拡張された。その主要な結果は，すべての部門における生産技術（即ち，産出1単位当りの生産要素の構成要素）一定を保持しつつ，要素賦存量の増加がいくつかの産業の不相応な拡大を導く場合もあれば，また縮小に導かれる産業もあるということである。単純な2産業2要素のケースと異なり，一般的なケースでは要素集約性による産業の望ましい順位付けは存在せず，そのために1つの産業が最も資本集約的であり，別の産業が最も未熟練労働集約的で，3番目の産業が最も耕作地集約的であるということを我々が述べるような生産要素を持つ諸産業の明確な提携関係は存在しない。それでもあらゆる要素は，その要素が増大するときにその産出が拡張するという同一帰属性のある産業もあり，またあらゆる要素はその要素が増大するときに縮小を強いられるという対立関係にある産業も存在する。実証に基づいた含意は，Rybczynski 係数の推定が以下の特性を持っているであろうということである。即ち，すべての生産要素は表2.1における貿易フローに対する生産要素の効果と同様に，産出レベルに対して正の効果を持つものと負の効果も持つものがある。このパターンは実際に実証研究で見いだされた。例えば，Fitzgerald & Hallak（2004）は資本，熟練労働，未熟練労働そして耕作地のための Rybczynski 係数を推定している。彼らは資本が木製品とは同一帰属性があり，織物とは同一帰属性がなく，他方で，耕作地は，非鉄金属と同一帰属的であり，電気機械類とは同一帰属的ではなく，その反対の関係であることを発見した（彼らの表4参照)[43]。

その研究は国際分業と貿易の興味あるパターンのベールを剥がすが，それは直接 Heckscher＝Ohlin 定理を検証したものではなかった。Heckscher＝Ohlin 定理によれば，1国がその国で比較的豊富な生産要素を集約的に使用する製品を輸出し，その国で比較的に希少な生産要素を集約的に使用する製品を輸入する。明らかに，この予測を検証するためには，要素賦存が輸出・輸入部門の要素集約性を説明しながら，貿易フローに与える要素賦存の影響を研究することは必要であるが，しかしこの最後の要素が上で言及された研究からは見落とされている。

要素賦存，要素集約性と貿易パターンの間の 3 方向の関係の直接的検証は入手することが難しかった。結果として，鍵となる 3 つの関係を間接的に利用する代替的アプローチが定式化された。即ち，要素コンテンツアプローチである。製品の輸出と輸入を直接に調べる代わりに，その起源を Ohlin の論文に持つこのアプローチは，貿易された製品に暗に具体化された要素サービスを含んだ輸出と輸入を調査している。Ohlin は次のように述べた。即ち，「それぞれの地域は他のものより低費用で生産することができるそれらの財生産に従事するようになる，即ち，それらの財は低価格の生産要素に集約的である財である。また，相対的に希少な要素を大量に必要とするそれらの財は，それらの要素がそれほど希少でない地域から輸入されるであろう。それゆえ，間接的に豊富な生産要素が輸出され，希少な要素が輸入される」(Ohlin, 1924, p.91 in Flam and Flanders, 1991) としている。

　鍵となるのは，その最後の文にある。つまり，そこでは Ohlin は製品の国際貿易は生産要素貿易の間接的手段として取り扱われる，即ち，より厳密には，生産要素がサービスとしての役目を果たすと述べている。財は移動できるが，生産要素は各国間で移動できないとき，財貿易によって各国は間接的に生産要素のサービスと交換することができ，あらゆる国はその希少な要素のサービスを輸入し，その豊富な要素のサービスを輸出している。

　産業連関表の開発者である Wassily Leontief は国際貿易フローの要素コンテンツとして知られるようになったものについての経験的な可能性に注目している最初の人であった。1953 年に American Philosophical Society で書かれた論文の中で，彼はアメリカの 1947 年の貿易フローの労働コンテンツと資本コンテンツを検討した (Leontief, 1953 参照)。自らの産業連関表を使って，Leontief は百万ドルの価値に相当するアメリカの輸出が 2,550,780 ドルの価値に相当する資本のサービスと年当り 182.3 人に相当する労働のサービスを直接的，間接的に具体的に表現したものを計測した。言い換えると，アメリカの輸出における資本・労働比率は人／年当り資本で 14,000 ドルにほぼ近づいた。同じ年に，アメリカの産業連関表に基づくと，百万ドルのアメリカの輸入は直接的にまた間接的に 3,091,339 ドルの価値で

ある資本と170人／年の労働がサービスとして具体化された。結果として，アメリカの輸入に具体化された資本・労働比率は，人／年当りの資本18,000ドルをわずかに越えていたに過ぎず，アメリカの輸出の資本・労働比率よりきわめて大きい額であった。これらの結果は，要素比率貿易理論の予測と矛盾するものとして見なされることができる。なぜなら，アメリカは第二次世界大戦直後，はるかに高い資本・労働比率を持っており，それゆえアメリカは資本集約的製品を輸出し，労働集約的製品を輸入しているはずであったけれども，Leontiefの計測は反対を示していたからである。これはLeontiefの逆説として知られるようになった。

　Leontief逆説を論じる前に，Vanek（1968）において最も際立った形で定式化されている国際貿易フローの要素コンテンツの見解をさらによく理解することが必要である。Vanekは多くの国と多くの生産要素から構成される世界を想定している。すべての国は同一の規模に関する収穫一定の技術，即ち，すべての投入の比例的な増加が同じ比率で産出を引き上げる技術へアクセスでき，そして，すべての国が同じ相対価格に直面しているとき，同じ消費構成を選択する，即ち，すべての国は同一の相似拡大的選好を持っている。諸国は障壁なしでお互いに貿易をし，そして要素価格は結果的に均等化される[44]。結果として産出1単位当りの利用投入量はあらゆる国で同じである。これは布1単位を生産するためにアメリカが利用した投入量構成がイングランド，ポルトガル，フランスあるいは他のいかなる国での布1単位を生産に利用した投入量構成とまったく同じであることを意味する。これらの必要投入量は産業間で異なっていて，しばしば所与の産業においてそれらは諸国間で異なってはいない。このような状況下ではあらゆる国は同一の産業連関表となる。

　もちろん，同一の産業連関表の仮定と要素価格均等化の仮定はデータと矛盾する。賃金率と資本レンタル率が諸国間で異なるだけではなく，同じ開発レベルであるOECD諸国の産業連関表もまた異なっている（Trefler, 1993, Hakura, 2001参照）。産業連関表は先進国と開発途上国間ではなおさら異なっている。それにもかかわらず，Vanekのシステムは明らかに利用可能な

データセットで検証され得る密接な関係を持っているため有用である。特に，それは貿易フローの要素コンテンツを一意的に予想している[45]。それは何故か。

あらゆる国は所与の製品を生産するために同じ投入財を利用するので，我々は1国の輸出入の要素コンテンツを計算するために産業連関表の共通の係数を使用できる。例えば，生産において土地と資本を使用する小麦と布を考えよう。我々は，小麦の輸出と小麦1単位当りの土地利用量を掛け合わせ，それに1単位当りの土地利用量と布の輸出を掛け合わせたものを加えることで，これら製品のアメリカの輸出に取り入れられた土地サービスの総量を計算できる。そして我々は，小麦の輸出と小麦1単位当りの利用資本量を掛け合わせ，それに布1単位当りの資本利用量と布輸出を加えることで，我々は，輸出に具体化された総資本量を同様に計算できる。ごく一般的には，我々は産出1単位当りの土地利用量のすべての産業間の合計に輸出レベルを掛けることで，アメリカの輸出の総土地利用量を計算でき，また我々は産出1単位当りのすべての産業の資本利用の合計に輸出レベルを掛けて資本の総利用量を計算できる。同じ計算はその経済の輸出での利用統計量の推定にたどり着くために，あらゆる生産要素に使用できる。同じ手続きに従って，我々はまたアメリカ輸入の要素コンテンツを計算することができる。輸出の要素コンテンツと輸入の要素コンテンツ間の差異は，アメリカの*純輸出*の要素コンテンツの推定を生み出す。特定の投入がプラスの差異，即ち，例えば人的資本でプラスの差異を持つとき，それはアメリカがこの投入のサービスを純輸出することを意味する。そしてその差異がマイナスのとき，それはアメリカがこのサービスを純輸入していることを意味する。これらの計算はすべての製品の輸出と輸入に具体化された要素サービスのネットのフローを表している。

貿易フローと技術についての情報は，産業ごとの要素集約性を含めて，純輸出の要素コンテンツの計算に含まれる。Vanek の卓越した業績は，そのモデルの仮定の下で，純輸出の要素コンテンツがその国の要素賦存と世界の要素賦存に比例したシェアとの間の差異に等しくなければならないことを示

すことであった。例えば，アメリカにとって，このことは，もしアメリカの支出が世界総支出の25％に等しい場合なら，そのときその純輸出の耕作地コンテンツがアメリカの耕作地賦存量から世界全体の耕作地賦存量の4分の1を差し引いた値に等しくなければならないことを意味する。つまり，その純輸出の未熟練労働コンテンツは，アメリカの未熟練労働賦存から世界の未熟練労働賦存の4分の1を引いた値等々に等しくなければならない。そしてこの注目に値する一連の関係は，あらゆる国におけるあらゆる要素賦存によって満たされなければならない。

　Vanek の方程式の背後にある論理は次のことである。ある製品の純輸出は国内生産から国内消費を差し引いた値に等しい[46]。それゆえ純輸出の要素コンテンツは国内生産の要素コンテンツから国内消費の要素コンテンツを差し引いた値に等しいはずである。完全雇用の経済では，国内生産の要素コンテンツはその経済の要素賦存に等しい。それゆえ，純輸出の要素コンテンツは国内要素賦存から国内消費の要素コンテンツを差し引いたものに等しい。今，相似拡大的選好によって，すべての国々は同じ消費構成を持つ。そのため，すべての国での産出1単位当りの同一の要素利用が与えられると，1国の消費に具体化された投入の構成はいたるところで同じであり，唯一の差異は消費の規模から生ずる。つまり，他国より多く消費する国があり，それゆえ，投入がそれらの消費に比例して具体化される。このような状況下では，世界消費で具体化される総生産要素量は生産要素の世界賦存に等しい。結果として，あらゆる国の消費の要素コンテンツは生産要素の世界賦存のほんの一部であり，この一部は総世界支出のその国のシェアに等しい。それゆえに，Vanek 方程式となる。Vanek の方程式は要素賦存，要素集約度そして貿易フローという要素比率理論の3つすべての要素とつながる。この理由のため，Vanek 方程式はその理論を検証するための便利なフレームワークを提供する。Leamer（1980）は Leontief のデータを再検討するためにこれらの方程式を使った。彼は均衡した貿易，あるいはほぼ均衡した貿易によって，投入の純輸出の要素コンテンツが正のものもあれば，要素コンテンツが負であるはずであることを指摘した。言い換えると，生産要素のサービスが

純輸出されなければならないものもあるが，そのサービスが輸入されねばならないものもある。このことは，2つの投入，即ち労働と資本のみを持つ世界では，もし労働サービスが純輸出されるならば，そのとき資本のサービスは輸入され，あるいはもし労働サービスが純輸入されるなら，そのとき資本サービスが輸出されるということを意味する。前者のケースでは，輸出で具体化された資本・労働比率は輸入で具体化された資本・労働比率より小さいが，その一方で後者の場合には，その反対のことが起こる。結果として，もし労働と資本の2つが唯一の生産要素であったなら，Leontief の計算はアメリカが 1947 年に資本豊富国であったという仮定に矛盾する。必然的に，労働と資本の2つだけが唯一の生産要素ではなかった。土地や天然資源の異なるタイプに加えて，熟練労働や未熟練労働のような異なるタイプの労働と機械や構造物のような異なったタイプの資本も存在する。それゆえ，必ずしもこれら2つの投入，即ち資本と労働，の1つが純輸出され，もう一方が輸入されるという必要性はない。実際に，Leontief のデータではアメリカは 230 億ドル以上の価値に相当する資本を純輸出しており，それは 20 億人近くを純輸出したことになる。即ち，アメリカは資本と労働の両方のサービスを輸出していた。資本と労働の両方での純輸出によって，もしその労働の*純*輸出に比べその資本の*純*輸出の比率が消費に具体化された労働に占める資本の比率を上回るならば，アメリカは，輸入での資本・労働比率が輸出でのその資本・労働比率を上回るときですら資本豊富であり得るだろう。Leamer は労働の純輸出に占める資本の純輸出の比率が人／年当り 12,000 ドルに近づくと計算し，他方，そのケースでは，消費での資本・労働比率は人／年当り 7,000 ドルに近づき，そのケースではその条件は満たされると計算した。それゆえ，Leontief の調査結果は逆説的ではない。つまり，アメリカは 1947 年に資本豊富国であり得たが，それにもかかわらず，輸出以上に輸入で労働に占める資本の比率が高かった [47]。

　Leamer の分析は，理論が証拠をどのように解釈するために使われるかを指摘したが，しかしそれは要素比率理論の検証を提供したわけではなかった。理論が正しいと支持されてきた仮説の下で，彼はアメリカが 1947 年に

資本に富んでいたという概念をもつ Leontief の証拠に適用される条件を引き出した。しかしながら，その理論を検証するために，Vanek の要素豊富の基準の変化—即ち，1国の要素賦存とそれに比例した世界の要素賦存のシェアとの間の違い—を純輸出における要素コンテンツの変化と一致させることが必要である。このためには，各国において非常に大きなサンプルの要素賦存と貿易フローに関するデータが必要とされる。このタイプの最初の検証は Bowen, Leamer & Sveikauskas（1987）の中で提供されている。彼らはアメリカの産業連関表を共通の技術マトリックスとして使用して，1967年における純輸出の要素コンテンツと要素豊富性の基準を計算するために，12 の要素と 27 カ国を利用した。そして彼らは純輸出の要素コンテンツと要素豊富性の基準の間での関係性の貧弱さを見いだしている。要素コンテンツと要素豊富性の基準のサインが一致する度合いを検討する粗い検証—即ち，要素コンテンツは，要素豊富性の基準がプラス（マイナス）である時，プラス（マイナス）であるかどうか，あるいはそれらが同様に順位付けされるかどうか—は十分に果たされていない。つまり，そのサインの検証は，そのケースのおよそ3分の1で当てはまらず，順位付けの検証は約半分のケースで当てはまっていない。言い換えると，Vanek 方程式はこれらのデータの妥当な記述を提供していない。

　Trefler（1995）は 1983 年における 33 カ国と 9 つの投入財から成り立っているデータセットで，Bowen, Leamer と Sveikauskas が行った分析を再び検討し，そして同様の結論に到達した。しかしながら，彼は要素コンテンツと要素豊富性間の不整合の源泉を確認した。第1に，要素コンテンツ基準は要素豊富性との比較において，体系的には，絶対値であまりにも小さすぎる。これは要素賦存における差異によって予測された貿易が，要素サービスにおいて観察された貿易を大きく超えていることを意味しており，このことは「失われた貿易」として知られている現象である。第2に，貧しい国にとっての要素豊富性の基準が富んだ国にとってのものよりも純輸出の要素コンテンツを過大に予測している。従って，そのことは，貧しい国が十分な要素コンテンツを輸出せず，またその国々が富んだ国と比較して，多すぎる要

素コンテンツを輸入するように思われる。最後に，貧しい国は富んだ国より多くの投入財で豊富であるように見える。これらの調査結果は生産性レベルが理論モデルの仮定とは正反対に，諸国間で異なるかもしれないことを示唆する。もし発展途上国が先進国ほど生産的でないならば，要素賦存の標準的基準は富んだ国と比較して，それらの投入財の有効な量を誇張することになり，そのことはそのデータの第2および第3の特徴を説明できる。言い換えると，すべての国が同じ技術のプールを活用することができるという仮定はあまりにも厳しすぎる。実際に，多くの証拠はTFPが諸国間で大きく異なり（Dollar & Wolff, 1993, Helpman, 2004参照），お互いに発展レベルが近い先進経済7カ国の間ですら，TFPにおける実質的な差異が存在する(Helpman, 2004参照) ことを示している。

　生産性の相違の説明能力を検討するために，Trefler（1995）はVanek方程式の2つの修正版を展開している。1つの修正版で，Treflerは諸国間におけるHicksの中立的全要素生産性の差異を考慮に入れている。つまり，彼は各国が投入財を分散配備させることによる効率性において比例的な方法で異なっていることを可能にしている。これは次のことを意味する。もしアメリカが特定の投入財の組み合わせの利用に際して，イタリアより20%効率的であるなら，つまり，アメリカがこれら投入財によって20%以上を生産するという意味では，アメリカはこれら投入財のすべてに対する他の潜在的な組みあわせを利用する際に，イタリアよりも20%以上効率的であるということを意味している。2つ目の修正版では，彼は諸国を2つのグループ，つまり，1人当り所得の高い諸国から成る北側と貧しい諸国からなる南側，に区別している。富んだ諸国はアメリカと同じ技術を共有すると仮定される。貧しい国々は，また彼らの技術が要素偏向的であるという点で，アメリカの技術とは異なる以外，共通の技術を共有する。即ち，南側諸国ではあらゆる生産要素は，異なる程度で北側諸国より生産性が低くなる可能性がある。これは，もしアメリカの高校卒業生が1時間に生産する量と同じ程度の生産を得るために南側諸国の高校卒業生が2時間を要するなら，そのときこの2対1の比率はまたすべての他の南側諸国の高校卒業生にも当てはまるこ

とを意味する。さらに，それはまたその比率が大学卒業生に対して異なることがあり得ることを意味する。例えば，それはアメリカの大学卒業生が1時間に生産する量と同じ程度の生産を得るために，南側諸国の大学卒業生が3時間を必要とするというケースであるかもしれない。しかし，あらゆる投入財の効率的な単位が適用されたなら，要素価格均等化が従来どおり維持される可能性はない。高校卒業生の例では，*効率的な*単位の要素価格均等化は，南側諸国の高校卒業生の賃金の獲得が北側での高校卒業生が獲得する賃金の半分であることを意味する[48]。

修正した両方のモデルを推計し，Trefler は技術の相違に関する Hicks 中立技術型がうまく機能していることを見出している。この修正が実施されると，要素コンテンツと要素豊富性間のずれは，非常に小さいが，しかしそれにもかかわらず重要である。言い換えると，技術の差はデータを説明する手助けとなるが，「失われた貿易」をなくすのには十分ではない。

それはその理論モデルでは具体化された仮定がデータ分析にはあまりにも厳しいことがこの研究の過程で明確になった。Trefler (1995) は最低でも，各国間の TFP における比例した相違を最低でも考慮に入れなければならないことを示しているが，他方で Hakura (2001) は輸出（純輸出ではなく）の要素コンテンツを計算するために，個々の国の産業連関表を利用することがそのデータとの適合度を大きく改善することを示した。

産出高1単位当りの要素利用における各国間の差異は，技術変化と要素価格の変化という2つの源泉から生じている。両方とも潜在的に重要である。実際に，Trefler がデータで見出したように，要素価格の差異は純輸出額の要素コンテンツがゼロとなるようにバイアスをかけることができる。なぜかを知るために，労働と資本を考慮に入れ，そしてアメリカは他の各国より資本が安く労働がより高いことを仮定しよう。そのとき，アメリカの産業連関表を使用したアメリカの輸出の要素コンテンツの計算は，アメリカに対して正しい基準を提供している。けれどもアメリカの産業連関表を使ってアメリカの輸入の要素コンテンツを計算することは，偏った基準を提供する，なぜなら要素価格の差の結果として，その他の諸国はアメリカよりも産出1単位

当りでより少ない資本とより多い労働を利用しているからである。結果として，アメリカの産業連関表から入手できるアメリカの純輸出の要素コンテンツの推定は，資本コンテンツを過小評価し，また純輸出の労働コンテンツを過大評価している。この場合には，それはその要素豊富性基準と比較して，アメリカが非常にわずかしか資本を輸出せず，わずかしか労働を輸入していないということが見えるであろう。Davis & Weinstein（2001）は労働と資本の入手可能性において，諸国間の差異の影響に対する要素コンテンツ基準を修正することは，要素豊富性基準とそれらの一致をかなり改善することを見出している。さらに，中間投入財や非貿易財の存在を説明することはまたその適合度を改善する。要するに，Hicks の中立的技術差，要素価格に対する要素賦存の影響，またそれによる投入産出係数に対する要素賦存の影響および中間投入財や非貿易財を説明することはそのデータを合理的にうまく説明する。我々はこの章で貿易フローがどのように生産性の差異と各国間の要素賦存に依存するかを見てきた。貿易フローの追加的な決定要因は後の章で検討する。しかしながら，これらの論点に着手する前に，私は次の章で誰が利益を得て，だれが損失を被るかという国際貿易の分配上の影響を論じる[49]。

第 3 章
勝者と敗者

　SmithとRicardoは分業と貿易が交換のすべての個人に役立つと信じた。特に，Ricardoは貿易制限が害を及ぼすと論じて，この見解を諸国に広げた。彼は，彼の最高傑作である経済学および課税の原理を出版する2年前の1815年に土地所有貴族に対するイギリス議会で通過した保護貿易主義の主要な一部となる穀物法に関する討論に携わった[50]。現実には，Ricardoは自由貿易の利益を例証するために彼の比較優位の理論を展開させた。

　布とワインによるRicardoの貿易の例を思い出してみよう。即ち，それはイングランドが一定量の布を生産するために年当り100人の労働を必要とし，ポルトガルはそれを生産するのに年当りわずか90人の労働しか必要としない。そしてそれはポルトガルがわずか80人／年で一定量のワインを生産するのにイングランドが生産するのに120人／年を要する。具体的にするために，この例で生産された布の量は100でワインの量が120であるという測定単位を選択しよう。産出1単位当りの使用労働は両財の生産において一定であり，これはイギリス人労働者が1年に布1単位あるいはワイン1単位を生産できることを意味し，一方で，ポルトガル人労働者は1年に布9分の10単位あるいはワイン1.5単位を生産できることを意味する。そのため，イングランドは労働者を布の生産からワインの生産に1年間移動させることで，布1単位でワイン1単位を転用でき，他方でポルトガルは労働者を布からワインの生産に1年に10分の9を移動することで，ワイン1.35単位を布1単位で転用できる。このような状況下では，2国で貿易がないとき，布の価格はイングランドのワインの価格と同じであり，布の価格はポルトガルの

ワイン価格を35%上回る。そして布の価格は少なくともワインの価格と同じ高さであるが，しかし2つの国がお互いに貿易するとき，それは35%高いだけにすぎない。

　説明を理解しやすくするために，2つの国が貿易するとき，布の価格がワインの価格を20%超えると想定しよう。貿易利益の背後にある論法は目下の事情では次のように記述が可能である。イングランドが貿易しないとき，その国は一定量の布とワインを生産し，そのワインは布と等しく高価である。貿易を開始することによって，イングランドは布の生産に特化でき，そしてイングランドはポルトガルから消費するすべてのワインを購入する。特に，イングランドが自給自足経済で消費していたすべての量の布を保持し，そして残っている産出高をポルトガルに売り渡すと想定しよう。ポルトガルとの布交換において，布はワインより20%以上多く費用がかかるため，イングランドは自国労働者が自給自足経済で生産したより1.2倍多くのワインをポルトガルから得る。この場合，イギリス人は彼らが自給自足経済で持っていたものと同じ量の布を享受し，そして彼らはより多くのワインを飲める。さらに，上で示されたよりも少なくポルトガルに布を販売することで，イギリス人はより多くのワインとより多くの布の両方を持つことができる。言い換えると，ポルトガルとの貿易は自給自足経済での消費水準をしのぐ消費可能性を入手可能にしている。自給自足経済の消費バスケット近辺での消費可能性の拡大は貿易利益の要であり，そしてそれはより複合的な生産構造を伴う経済に広く適用している。同様の議論は，ポルトガルにも適用できる。つまり，ポルトガルはワインに特化することで，自給自足経済での消費レベルより多くの布とワインをもたらす消費可能性を実現できる。より一般的には，各国が比較優位に従って特化するとき，貿易はより望ましい消費可能性をもたらす。

　その議論を完成するために，より望ましい消費可能性が貿易を利益のあるものにすることを示す必要がある。言い換えると，1国はより高い厚生レベルを引き起こす消費可能性を入手するとき，より低い厚生を持つことはありえない。議論のこの部分は，取るに足らないものと考えることはできるけれ

ども，それらは良い機会が失われるであろうとは想像できないため，そのことは実際には見てわかることからは程遠い．第1に，その議論は我々はどのような状況が*1国*の厚生を意味しているかという明らかな主張を必要としている．第2に，いくつかの深い経済的洞察は，もっとも単純なケースですら証明される必要がある．その理由は生産資源の配分，所得レベルそして消費機会が市場の影響力によってすべて支配されるということである．この理由のため，疑問は望ましい結果が入手可能になるか否かではなく，それらが市場の影響力によってもたらされるか否かである（第4章参照）．

この章の残りにおいて，私は，勝者と敗者間の分配の対立を強調して，より詳細にこの問題を議論する．けれどもこれらの対立を分析する前に，私は分配上の対立を伴わない経済の貿易利益に関する一般的な結果を説明する．

3.1　分配上の対立なし

自給自足経済で動いている国を考察しよう．そのためには，国内消費があらゆる財の国内生産と等しくなる．産出レベルは種々の活動への生産資源の配分とその国の技術的ノウハウのそれらの使用に起因する．この点で，我々は財，選好，投入財，あるいは技術の性質に制限を設けない．

次に，ある機会が他の国々と貿易のために生ずると想定しよう．最初の疑問はこの機会が自給自足経済の消費レベル付近での消費可能性を拡大するかどうかである．この目的のため，生産的な機会と個々の選好についてのすべての情報を持っている中央当局が，その国の経済の監督権を持つと仮定しよう．そのとき，当局は他の国々と貿易しないことを選択でき，また，あらゆる個人に彼らが自給自足経済で持っていた消費バスケットと雇用を割り当てることを選択できる．明らかに，このような状況下では，あらゆる個人は自らが自給自足経済でいるのと同じように新しい状態の中で裕福である[51]．言い換えると，貿易をする機会は自給自足経済の成果を組み入れている．

この出発点から始めると，中央当局は2つの選択を試すことができる．第

1に，中央当局は自給自足経済での雇用と産出レベルを固定し，一方で，他の国々との財の交換機会を試すことが可能である。そのとき，他の製品と引き換えに特定の製品を外国人に販売することによって，その経済のすべての個人の生活をより裕福にすることができるという意味で，中央当局は利益をもたらす貿易を見いだすかもしれない。1つの例として，この経済におけるすべての個人が—多くの他の製品の中でも—パスタとチーズを消費し，しかも外国との間で1ポンドのチーズと1ポンドのパスタを交換することが可能であると想定しよう。そのとき，パスタの消費を1ポンド下げ，そしてチーズの消費を1ポンド引き上げることによって，中央当局はすべての個人の生活をより裕福にする方法を見いだすかもしれない。また，もしこのことがうまく働かないなら，反対の貿易，即ちチーズの消費を1ポンド下げることと，パスタの消費を1ポンドに高めることが検討される可能性がある。そのことによりこれらの貿易の1つが有益であることが判明するであろう。必然的に，いっそう複雑な交換はまたすべての個人を裕福にする術の発見という希望の中で熟考される可能性もある。

　第2に，中央当局は生産を削減しようとする製品もあり，また生産を高めようとする製品もあり得る。それは前者の活動から後者の活動に資源をシフトすることによって可能となる。例として，再度，パスタとチーズを考えよう。中央当局はパスタの生産で使用された生産要素のいくらかを選びそしてチーズを生産するためにそれらを割り当てることができる。具体化のために，パスタの産出を2ポンド下げることによって，中央当局がチーズの産出を1ポンド引き上げることができると想定しよう。必然的に，もしチーズがパスタに対して，同じポンドで外国人と交換されるなら，この種の資源の再配分は良い取引ではない。しかしながら，この場合，逆の再配分は良い取引である。つまり，資源をチーズの生産からパスタの生産に動かすことである。資源をチーズからパスタの生産へ動かすことによって，中央当局は1ポンドのチーズを断念して，そして2ポンドのパスタを得る[52]。その時，自国はチーズ2ポンドと交換に外国にパスタ2ポンドを販売することができる。結果として，余剰分のポンドが存在するであろうチーズを除くと，自国はす

第3章 勝者と敗者

べての財で自給自足経済時と同じ量を持つであろう。そのとき，このチーズの余剰分のポンドは国民すべてに利益をもたらすために，個人すべてに分配され得る。さらに，それは，単に中央当局がより多くのチーズ消費を確保することができるだけではなく，チーズの余剰ポンドのいくらかを他の製品と交換することによって，他のすべての商品の消費をも確保することができるという主張から明らかである。その状況の下で，大量の財は自給自足経済よりすべての人々を裕福にするために，個人に分配することができる。

これは，その国が国際貿易に従事するとき，いかに多くの財が消費に対して入手可能であるか，またそれらがいかにあらゆる人の厚生を高めるために使用され得るかを例示している[53]。大きな問題は次のことである。即ち，厚生を改善する成果の利用可能性は，資源の配分が市場メカニズムによって支配される市場経済で，そのような結果の実現化を保証するのか，ということである。そしてそれは税金と補助金のような市場媒介的な政策によって，あるいはそのような政策なしに達成できるのか。なぜなら結局のところ，我々は市場経済に関心があり，その経済が一般的に行われている経済活動の組織的な様式を表すからである。その答えは，ある状況下で，その通りである。

同一の需要パターンをもつ個人を仮定する新古典派経済学は有用な基準点を提供する。このタイプの経済では，技術は投入の限界生産性逓減を表し（つまり投入財が入手可能になればなるほど，その投入財の最終単位が産出に寄与する度合いがますます少なくなる），財産権が明確に定義され，外部性が存在しておらず（つまり，企業あるいは個人が直接的に利益をうけることはなく，彼らは別の企業や個人の活動によって害を受ける），製品や要素市場で競争があることを示している（つまり，すべての企業と個人は価格受容者であり，この意味で彼らは価格が自らの活動とは関係なく決定されるものとして考える）。このような経済は競争均衡を持ち，そして厚生経済学の第1定理によって，この均衡はパレート効率的である。後者は，あらゆる人を裕福にするための実行可能な資源配分の変更方法が存在しないことを意味する（Arrow & Hahn, 1971 参照）。このタイプの経済では，あらゆる個人はすべて同じ選好を持ち，また彼らは生産資源の同一の組み合わせを所有す

るため，等しく裕福である[54]。

今，あらゆる国がこれらの特徴を持つと想定しよう。特に，個人は各国間では相違するが，あらゆる国は同一の労働供給，選好そして資産の所有権をもつ個人によって構成されている。そのとき，厚生経済学の第1定理は，あらゆる個人が貿易均衡では少なくとも自給自足経済と同程度裕福であるということを意味する[55]。そのことはつまり，1国が国際貿易に携わる選択をするとき，それは国際的価格で製品を交換する選択を自ら利用するという理由からである。パスタとチーズの例では，これらの価格は1ポンドのチーズと1ポンドのパスタを交換することを可能にしている。より一般的には，貿易は，生産工程と似た状況で，国が一組の財ともう一組の財を交換することを可能にする。こうして，上述したパスタとチーズの価格で，その国がパスタ1ポンドとチーズ1ポンドを交換でき，またその逆も可能である。これは，パスタが投入財でチーズが産出財であるか，あるいはチーズが投入財でパスタが産出財であるという生産工程と類似している。この理由のため，一般的に，国際貿易においてそれは生産可能性の拡大として考えることができ，そこでは国際価格は様々な財が他の財と交換され得る割合を決定する[56]。この方法で考えると，国際貿易は厚生を減らすはずはない。その理由は，貿易を媒介とした財の交換率が一定であるという仮定の下で，1国が貿易するとき，その競争均衡はパレート効率的であるからである。なぜならば，これらの変換率が与えられると，貿易を行わず，そして自給自足経済の厚生レベルを達成することが常に実行可能であるためである[57]。そのために貿易均衡での厚生は少なくとも自給自足経済と同程度の高さである。さらに，外国貿易を利用することによって，中央当局があらゆる財をより一層利用できるという主張は，与えられた国際価格によってパレート効率的であるという貿易均衡の中で，実際に個人が明確に裕福になることを意味する。

あらゆる人が政府干渉なしに貿易利益を得るという結論は，決定的に，すべての個人が等しいという仮定に基づいている。我々がこれから知るように，個人が同一の需要パターンをもたないとき，貿易は多少害になるかもしれない。しかしこのケースさえ，すべての人に貿易利益を保証するため，政

第3章 勝者と敗者　　　　　　　　　　　　　　　　　　　　　　　　　53

府が介入できるという方法が存在する。

3.2　2つの事例研究

　自給自足経済体制に関するデータを得ることはほぼ不可能であり，それは貿易利益を評価することを難しくする。この理由から，経済学者は，その代わりとして，それらの制限の程度に相違がある種々の貿易政策の厚生効果に焦点を当てるが，それは貿易フローの完全な削除には程遠い。しかしながら，これらの制限からの厚生の損失の推定は，国際市場からの完全な排除の結果を，信頼を持って予測するために使われることができない。それにもかかわらず，貿易から自給自足経済までと自給自足経済から貿易までの動きをうまく説明している2つの歴史的逸話が存在する。即ち，それはそれぞれ1807-1809年のアメリカの貿易禁止と1859年の日本の貿易開始である。両方のケースで，その知識は自給自足経済の厚生費用，あるいは貿易利益を測定するには十分である。

3.2.1　アメリカ

　ナポレオン戦争期における海上でのアメリカの大型船に対するイギリスの略奪—大陸を封鎖するため，そして中立国からフランスへの出荷をさまたげるためのイギリスの一部の企て—の期間の後，Jefferson大統領はアメリカ貿易禁止を実施することを議会に納得させた。Irwin（2005，p.632参照）によれば，「イギリス海軍はアメリカの東海岸をパトロールし，そして定期的にアメリカの大型船を捕え，捜索と没収を行い，船，貨物，その他の財産を国のものとし，そして兵役から逃げてきた強制徴募された船乗り（イギリスの問題点であるといわれた）の徴兵さえ行った」。通商停止の目的はイギリスに罰則を科し，イギリスの海軍の政策を変えさせようとイギリスに仕向けることであった。1807年12月に始まった通商停止は，この目的を達成し

ないまま，14 カ月後の 1809 年 3 月に廃止された。

　歴史的証拠は，その通商停止が貿易をゼロにはしなかったけれど，貿易の流れを妨げる際に非常に有効であったということである。例えば，イギリスの港へのアメリカの出荷トン数は 80 ％下落し，アメリカ国内の商品輸出が 1808 年に 4,870 万ドルから 1808 年の 940 万ドルに下落し，そしてアメリカの国内消費のための輸入は 1807 年の 8,510 万ドルから 1808 年の 4,510 万ドルに下落した（Irwin, 2005 参照）。

　アメリカの輸出財は原綿，小麦粉，タバコそして米に集中していたが，他方，その輸入財はより多く多様化されていた。これら 4 つの主要な輸出可能財の国内価格の輸出加重平均は，1 年未満で 27％下落し，他方，輸入可能財の価格指数は通商停止期間の終わりには 30％以上増加した。明らかに，その通商停止はアメリカの交易条件を実質的に悪化させた。

　Irwin（2005）はこの貿易制限から生じる厚生の損失の理論ベースの尺度を考慮して，その主要な構成—通商停止後の価格において評価された純輸入額—が合計して 4,690 万ドルになることを見出している。追加的厚生の構成を説明するとき，この数字は 3,310 万ドルまで下方に調整され，それは国民総生産の 4.9％に達している。これが Irwin の主要な推計である[58]。通商停止が完全ではなかったため，GNP の 4.9％は貿易利益の下限である。それは Jefferson の政策がアメリカ経済に非常に高くついたものであったことを暗示する。この高い費用とイギリスの政策を変える際の通商停止の有効性の欠如を考えると，その通商停止が短期間で撤回されたことは驚くことではない。

3.2.2　日本

　日本の徳川時代の統治者は 1639 年に自給自足経済に近い政策を採用し，そしてこの政策は 1859 年まで，200 年以上もの間うまくいっていた。1868 年の明治維新までの大変動期を経て，日本は諸外国との通商を急速に拡大させた。いくつかの推定によると，1870 年代初期を通じて 1 人当りの日本の

第3章　勝者と敗者　　　　　　　　　　　　　　　　　　　　　　　　　　　55

輸入は100倍に広がった（Bernhofen & Brown, 2005 参照）。1870年代の間，日本の輸出額の大部分は絹と茶から構成され，他方で輸入財はより多様化され，鉄，鉄道と鉄道車両，機械，毛織りの製品，綿製品，粗砂糖など多くを含んでいた。これらの輸入可能財のいくつかは日本では生産されていなかった。

　1846-1855年と1871-1879年の間に，日本の主要な輸出可能財は世界に比べて実質的に増大した。特に，日本の生糸の価格は26％増大し，安い茶の価格は50％増大し，そして高価な茶の価格は64％増大し，それによって，日本とその他世界との価格格差は実質的には縮小した（Huber, 1971 参照）。さらに，日本の輸入可能財の価格は世界価格に向かって収斂し，そしてHuberは日本の交易条件，つまり輸入競争製品に比べた輸出可能財の価格指数，が3.5倍に増大し，実際に非常に大きな改善があったことを計測している。同時に，国際的な商業システムへの日本の統合は，世界価格にわずかな影響を与えた。江戸（今日の東京）における都市賃金のデータと共にこれらのデータを使って，Huberは実質国民所得の65％の貿易利益を推定している。

　Huberの推定は，その方法論と江戸時代の賃金データの利用の両方の理由で批判された[59]。それとは対照的に，日本の貿易利益に関する理論ベースでの上限を導き出しているより満足のいく分析がBernhofen & Brown (2005) で提供されている。彼らは貿易開始からの厚生の利益が，自給自足経済の価格で評価された産業ごとの純輸入（つまり（輸入−輸出））の額を超えることができていないことを示している。その貿易均衡の産業ごとの産出レベルが自給自足経済価格で推定されるとき，もし貿易が産業ごとの産出レベルにあまり影響を与えないなら，あるいはより一般的に，もし自給自足経済でのGDPが貿易均衡における産出額をそれほど超えないならば，この上限はきびしいものがある[60]。GDPデータの欠如によって，これらの推定された利益の額を日本の所得レベルと比べて評価することは難しくなっている。しかしながら，合理的な所得レベルの範囲のため，BernhofenとBrownは貿易利益に関する上限がGDPの5.4％と9.1％の間で変化すること

を見出している。実際に，これらの数値は Huber の推定よりずっと低いが，しかしそれにもかかわらず，それらの数値は大きい。

　自給自足経済における価格データが信頼でき，また貿易の開始が速やかであったため，日本のケースは興味深い。その状況下では，1860 年代の価格や貿易量の変化は技術あるいは要素賦存の変化のようなその他の原因とは対照的に，それは合理的に貿易に帰すると考えられる。

　この章で論じられた貿易利益は自給自足経済より高い価格で輸出し，安い価格で輸入するといった開放経済の可能性から生じる。貿易利益のこれらの情報源は直感的であるので，それらの潜在力の証明は非常に複雑な分析を必要とする，なぜなら，自分の裁量に任されているとき，市場の影響力がどのように望ましい結果を達成するかは明白ではないからである。また，一旦貿易によって各国は安く買って，そして高く売ることが可能になるということが理解されれば，この洞察は貿易フローの構造に対する直接的な係り合いを持つ。即ち，我々は各国がそれらの貿易価格と比較して自給自足経済で生産に費用がかかる製品を輸入し，そしてそれらの貿易価格と比較して自給自足経済で生産費用が安い製品を輸出することを期待する。多くの産業と複雑な技術を持つ経済では，この予測は単一の製品すべてに適用されるわけではない。なぜなら，異なる財の単価は複雑な方法で相互関係を有するからである。それにもかかわらず，Deardorff (1980) と Dixit & Norman (1980) はこの関係が平均して維持されねばならないことを示している。特に，国が自給自足経済から貿易へと変化するとき，結果として生じる商品価格の変化は，純輸入とは負の相関があるかあるいは同じになるか，その結果生ずる商品価格の変化は，純輸出とは正の相関があるはずである。平均すると，これは次のことを意味する。つまり，その国はその価格が低下する製品を輸入し，その価格が上昇する製品を輸出することを意味する。

　Bernhofen & Brown (2004) は日本貿易開始時の 19 世紀中頃からの日本のデータによってこの予測を検証している。図 3.1 は彼らの主な調査結果を再現している。即ち，Deardorff, Dixit と Norman の結果で示唆されるように，それは価格上昇と純輸出額の間に明確な正の相関を示している[61]。平

第 3 章　勝者と敗者　　　　　　　　　　　　　　　　　　　　　57

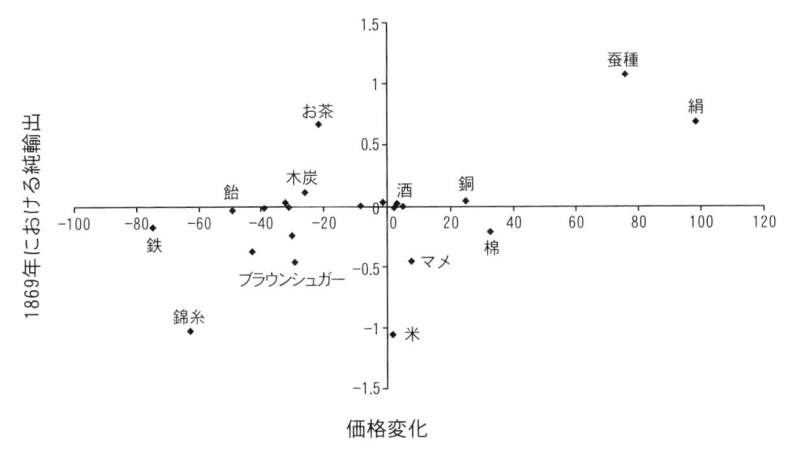

図 3.1　1869 年の日本における価格変化純輸出
Bernhofen & Brown（2002）より。

均すると，日本は貿易が開始されたときにその価格が上昇する製品を輸出し，価格が下落する製品を輸入した。

3.3　分配上の対立

　一般的には，1 国の居住者がすべて同じようではないとき，分配上の対立は貿易に対する個人の考え方に影響を与えるということが存在する。これらの考え方は経済的状況，また雇用の特性によって個人間では変化し，そしてそれらは個人の所得に及ぼす貿易の影響と関係がある（O'Rourke & Sinnott, 2001, Scheve & Slaughter, 2001, Mayda & Rodrik, 2005, 参照）。これらの考え方における変化を理解するために，貿易がどのように所得分配に影響を与えるかを理解することは必要である。
　Ricardo の世界では，彼の仮定がすべての所得が労働者にもたらされ，すべての労働者が等しく支払を受けることを保証するため，分配上の対立は存在しない。結果として，たとえすべての労働者が異なった消費選好を持って

いるとしても，彼らは貿易から利益を得る[62]。明らかに，分配上の対立を導入するために，異なったタイプの労働者，あるいは資本と土地のような他の生産要素と労働を区別することは必要である。

　明らかにするために，Ricardo のイングランドとポルトガル間での布とワインにおける貿易の例のもう 1 つの選択肢として，あらゆる国で 2 つのタイプの労働者，つまり布専門家とワイン専門家が存在する場合を考察しよう。布専門家はワインの生産の仕方を知らないし，ワイン専門家は布の生産の仕方を知らない。これは労働者の不完全な代替性に関して明らかに極端な仮定であり，そしてそれは Ricardo によって採用されたもう 1 つの極端な仮定である完全な代替性とはまさに反対である。しかしながら，Ricardo の世界と同様に，産業間，または各国間で異なるかもしれないが，1 労働者当りの産出があらゆる産業内で一定であると仮定しよう

　この世界ではあらゆる国の産出レベルは専門化された労働者の供給とそれらの生産性によって決定される。布専門家の賃金率は布労働者 1 人当りの布の産出高によって決定され，ワイン専門家の賃金率はワイン労働者 1 人当りのワインの産出高によって決定される。これらの産出レベルは自給自足経済と貿易体制で同じであることが重要である。

　具体化するために，2 つの国が貿易しないとき，ワインの価格を布の価格より，イングランドで 50％，ポルトガルで 35％高くさせるとしよう。我々がここで使う正確な数は重要ではない。即ち，唯一重要なことはワインがイングランドで相対的により高価であるということである。ワイン価格の 50％の割増価格は イギリス人による布に対する需要がちょうど布の供給に等しく，そしてワインに対する需要がワインの供給に等しくなるよう保証しなければならず，そしてポルトガルのワイン価格における 35％のプレミアムはポルトガルでの需給均衡を保証しなければならない。

　次に 2 国間の貿易を考えよう。それら 2 国が貿易するとき，ワインの価格は布の価格より 35％〜50％の間で高くなるに違いない[63]。それが 40％高いと想定しよう。このような状況下では，イングランドはワインを輸入し，布を輸出する。一方，ポルトガルはワインを輸出し，布を輸入する。そしてこ

の均衡において，イギリスの布専門家は自給自足経済よりも暮らし向きが向上し，他方でイギリスのワイン専門家は暮らし向きが悪化し，そしてポルトガルの布専門家は自給自足経済よりも暮らし向きが悪化し，一方でワイン専門家は暮らし向きが向上する。言い換えると，あらゆる国で，輸入競争産業に特化した生産要素は，貿易によって利益を失うが，一方で，輸出産業に特化する生産要素は貿易によって利益を得る。この例では，あらゆる国でその国の輸入と結びついた専門家と輸出と結びついた専門家の間で，分配上の対立が存在する。実際に上記した例によりこの対立は明確なものとなっている。

その対立がどのように生ずるか理解するために，イングランドを考察しよう。つまり，イングランドの布専門家は購買力が布を単位として固定されている賃金を得るが，他方でワイン専門家は購買力がワインを単位として固定されている賃金を受け取るとする。

布専門家の布により換算される賃金（即ち，彼らが自らの賃金で購入できる布の量）は貿易均衡のときでは自給自足経済と同じであり，そしてワイン専門家のワインにより換算される賃金（即ち，彼らが自らの賃金で購入することができるワインの量）は貿易均衡のときでは自給自足経済と同じである。しかしながら，布専門家のワイン賃金は貿易と自給自足経済の間で異なり，そしてワイン専門家の布賃金もこれらの貿易体制間で異なる。自給自足経済でワインは布より50%高価であり，他方で貿易においてワインはわずかに40%高いことから，その布専門家は貿易体制では自給自足経済よりいっそう両財を購入することができる。同様に，ワイン専門家の賃金の購買力は貿易体制ではより低い。なぜならそれらの賃金は自給自足経済の際と同様のワインの量をこの貿易体制では購入できるが，布では少ない量しか購入できないからである。結果として，布専門家は貿易利益を受けるが，ワイン専門家が貿易利益を失うということが起こる。ポルトガルに対する同様の議論は，布専門家が貿易で利益を失うけれどもワイン専門家が貿易から利益を得ることを示している。要約すれば，あらゆる国で，輸出と結びついた専門家は貿易の利益を得，輸入と結びついた専門家はそれらを失う。

極端ではあるが，この例はより幅の広い点を例証する。即ち，輸入競争産業と結びついている生産要素は貿易の利益を失う傾向にあるけれど，他方で，輸出産業と結びついている生産要素は貿易から利益を得る傾向にある。その例では，協力関係は極端である。即ち，1つの投入は輸入競争産業にしばられ，もう1つの投入が輸出産業にしばられている。これらの利益と損失が具体化するメカニズムは，投入財の実質所得につぎ込まれる相対価格の変化である。国際貿易を開始することは輸出可能財の相対価格を引き上げ，輸入競争製品の相対価格を減少させる。価格のこれらの変化は輸出と結びついた投入財に利益をもたらし，輸入と結びついた投入財に損害を与える要素報酬の変化として現れる。

投入財の産業ごとの関係を強調する枠組みの中での所得分配に関する貿易の影響は，我々の事例より一層複雑で，そのことは Jones (1971) によって展開された。規模に関して収穫一定で布とワインを生産する経済を仮定しよう（即ち，技術は，すべての投入が比例的に増加すれば産出は生産要素と同じ比率で高まるという性質を持つ）。その中で布は資本（機械）と労働で生産され，他方で，ワインは土地と労働で生産される。Ricardo の例のように，労働は同質的で（つまりワインも布も専門家が存在せず），また労働者が産業間を自由に移動する。このタイプの経済が外国貿易を開始するとき，そのタイプの経済は布かワインを輸出することになるだろう。もしその経済が布を輸出するなら，資本の所有者は貿易の利益を受け，他方で土地の所有者は貿易利益を失う。労働者は厚生条件では利益を受けるかあるいは損失を被るであろう。なぜなら，貿易は彼らのワイン賃金を高め，そして布賃金を減少させるからである。この条件の下で，労働者は，もし彼らが多くのワインを飲みあまり布を消費しなければ利益を受けるが，もし彼らの支出パターンが布に向かって偏っているなら，彼らは損失を被る。しかしながら，前の例と異なり，今，賃金はワインに関して固定されておらず，また布に関しても固定されていない。つまり，それは貿易が開放されるとき，両財に関して変化がある。そして同じことが他の生産要素の報酬にも当てはまり，そのことはそれらのそれぞれの産業で困難な立場に追い込まれる。土地所有者が利

益を受け資本の所有者が損失を被る場合を除くと，同じ結論はその国がワインを輸出するときに現れる。一般的な結論は，輸出産業と結びついている産業特殊的投入が貿易からの利益を受けるが，他方で，輸入競争産業とむすびついている産業特殊的投入は損失を被るということである。どちらの産業とも結びついていない身軽な投入である労働は，利益を受けるかもしれないし，損失を受けるかもしれない。

　これまでのところ私は投入の産業ごとの協力関係という極端な概念を使ってきた。つまり，もし投入がこの産業では雇用できるが，他の産業での雇用できないなら，その投入は1つの産業と結びつく。他の産業における雇用の可能性の欠如は少なくとも2つの理由で生ずる可能性がある。即ち，第1に，他の産業の技術が異なった投入を使用するように設計されたため，そして第2にその投入が他の使用に再配分されえないため，である。どちらの場合も部門特殊性が存在する。1つの有力な見解は，いくつかの特異性が，産業間に投入を素早くまた費用を掛けずに再配分することのむずかしさのため，短期的には生ずるが，長期的には生産要素が産業間で生産的に，再配置され得るということである（Mussa, 1974, Neary, 1978 参照）。この理由のため，すべての生産要素がすべての産業で生産的に使用され得る経済を研究することは興味がもてる。そのとき，このような研究からの結論は，長期の結果に関係するものとして解釈できる。

　そのようなことがあるかもしれないが，生産要素が産業間で自由に移動するとき，投入財の産業ごとの密接な関係という概念はその有効性を失うのか。その答えは，この協力関係の性質が異なっていることを除くと，否である。説明のために，要素比率理論を議論した前章で，我々が検討したタイプの2産業2要素の経済を考えよう。具体化するためには，規模に関する収穫一定の下で生産された布とワインを想定し，布が資本集約的で，ワインが労働集約的であり，しかも資本と労働の両方がこれらの産業間で自由に移動するとしよう。もしイングランドが布を輸出するなら，これは貿易体制ではその布の相対価格が自給自足経済でのイングランドのものより高いということを意味する。これは労働者と資本所有者にとっての貿易利益について何を暗

示するか。その答えは Stolper & Samuelson (1941) によって提供される。彼らは製品価格の上昇がその生産で集約的に使用された投入財の報酬をより大きな割合で引き上げ，その他の投入財の報酬を引き下げることを示している。結果として，前者の投入財の実質所得が上昇し（なぜならばこの所得が今両財をより多く買うことができる），他方で後者の投入財の実質所得は下落する（なぜなら，その要素報酬の購買力が両財に関して今より低くなる）。これは，イングランドで資本所有者が貿易利益を得るが，他方で労働者が損失を被ることを意味する。産業ごとの協力関係に関して，我々は輸出産業（これは資本集約的である）と結びつくものとして資本を考え，輸入競争産業（これは労働集約的である）と結びつくものとして労働を考えることができる。

　Mayda & Rodrik (2005) は貿易に対する個々の考え方に関連する彼らの研究で，産業間の協力関係の両方の概念のための実証的研究の支持を見出している。第1に，教育あるいは職業上の範疇のどちらかによって測定された高レベルの人的資本を持っている個人は，人的資本の大きな賦存を持つ各国では貿易制限に反対する傾向を持つが，人的資本の賦存が低い各国では貿易制限に反対しない傾向にある。その解釈は人的資本の大きな賦存を持つ各国では，高度に教育を受け高い熟練を持つ個人がより自由貿易から利益を得ると期待され，それはこれら各国の輸出財が人的資本集約的であるために輸入価格に比べ輸出価格を高めるということである。それと対照的に，人的資本賦存の低い各国では，高い教育と熟練を持つ個人が高い輸入財の価格から利益を得ている。なぜなら，これら各国では輸入競争産業が人的資本集約的であるからである。第2に，個人は産業間の協力関係を基礎にして貿易制限を支持するか，あるいは反対する。特に，非貿易産業で働く人々が貿易促進の選好を持ち，他方顕示的比較劣位を持つ産業で働く人たちは強力な反貿易偏向を持っている。その解釈は要素報酬が産業特殊的であるということである。一方で，その産業が高い価格で製品を販売するとき，その産業における要素の実質所得は高く，そしてこの理由として，貿易の下でより高い価格を持つ輸出産業（顕示的比較優位を持つ産業）で働く個人は貿易制限に反対

し，他方，非貿易産業で働いている個人は，低い輸入価格の結果，貿易から利益を得，それ故，彼らはまた貿易制限に反対する。

我々は小規模モデルで要素報酬に関する貿易のインパクトをやや詳細に検討した。即ち，このモデルは少数の産業と少数の投入財を持つモデルで，それらは商品価格から要素価格への伝播のメカニズムを示している。これらの小規模モデルは鋭い予測を生んでいる。問題は，これらのどの予測が多くの財と多くの生産要素によるより複雑な環境に適用するかである。Jones & Scheinkman（1977）は1つの答えを提供する。彼らは，すべての財が規模に関して収穫一定の技術で生産される経済では，製品価格の上昇は少なくとも1つの要素報酬を比例的に高め，少なくとも，1つの要素報酬を減らすことを示している[64]。必然的に，報酬が価格上昇以上に比例して上昇する生産要素は，価格上昇から利益を得，他方でその報酬の下落する生産要素は損失を被る。これはすべての価格上昇が生産要素に利益をもたらすものもあり，また害を被るものもあるということを意味する。国際貿易は輸入競争製品にくらべ，輸出可能な製品の価格を引き上げるために，貿易は所得の機能的分配，即ち異なる生産要素の所得に，影響することに疑いはない。そのプロセスで利益を得る財もあれば，損失を被る財もある。

貿易が利益をもたらす個人もいれば，貿易から損失を被る個人もいるとき，関心ある問題は，その利得者が損失者を補償することができるかどうかである。私の議論は貿易に応えて政府が所得再分配を義務付けられる可能性から引き出された。けれども，政府はすべての人に貿易利益を保証する方法で所得を再分配することができるのか，ということを求めることができる。この問いは次の節で扱われる。

3.4 敗者の補償

投入要素の限界生産性逓減とすべての市場で価格受容をもつ新古典主義の経済では，国際貿易はあらゆる国の消費機会を拡大する。この観察（上に論

じられた）は小さな価格受容国を研究した Samuelson（1939）にまで戻り，そしてまた大国への Samuelson 独自の洞察を拡大した Samuelson（1962）と Kemp（1962）にまで立ち戻る[65]。けれども，我々が前節で見たように，1国のさらなる消費機会が必ずしもそのすべての居住者に対する一層良い消費機会となるとは限らない。政府はこのような状況下で介入でき，そしてこれら利益のより公平な分配に影響を与えるために，貿易から利益を得る個人から貿易で損失を受けるかもしれない個人へ所得を移行する目的で，その課税する力を利用することができる。当然，このような戦略がすべての人に対して貿易利益を保証することができるかどうかは，この目的のために利用可能な政策手段に依存する。政府が個人あるいは世帯を対象にした定額税と補助金を利用できるとき，そのような広範囲にわたる貿易利益の実現化の最善の筋書が生ずる。これらの定額税や補助金は一個人の活動とは無関係に課され，その結果，その人が行動を変えることによって納税義務あるいは補助金支払いを変更できない。その理由は，一方では，一括の再分配手段が*経済的非効率性*を強要せず，それによって，再分配のために入手可能な「パイ」の規模を減らさず，また他方でそのような手段は実行可能な再分配の程度を限定しない。なぜなら，それらによって政府ができるだけ多くあるいは望むよりは少なく個人間の所得をシフトすることを可能にするからである。確かにこのような手段は実際にはほとんど利用可能ではないが（人頭税は例外であるが），しかしそれらは手元にある問題を理解するための重要な分析的基準を提供している。従って私は一括払いの再分配での議論を始めて，そしてその後で別のタイプの税金と補助金の検討に進む。

　一般的な結果は，新古典主義経済ではあらゆる国がその国のすべての居住者のための貿易利益を保証する一括の再分配案を見出すことができるということである。この注目に値する結果の論理を説明する前に，私は前節からの布とワインの専門家の例でそのことを明らかにしよう。

　イングランドで布専門家が布 100 単位を生産し，ワイン専門家がワイン 100 単位を生産することを想定しよう。自給自足経済では布 1 単位がワイン 1 単位より 50%高価である。表 3.1 はこれら 2 つの専門家グループ間にお

第 3 章 勝者と敗者

表 3.1 布 100 単位とワイン 100 単位の産出を伴う自給自足経済

布専門家

	販売	購入	消費
布	40	0	60
ワイン	0	60	60

ワイン専門家

	販売	購入	消費
布	0	40	40
ワイン	60	0	40

ける自給自足経済での財貿易を説明している。つまり，布専門家は布 40 単位を販売し，ワイン 60 単位を購入し，他方ワイン専門家はワイン 60 単位を販売し，布 40 単位を購入する。その相対価格は布 1 単位に対してワイン 1.5 単位である。このような状況下では布専門家は布 60 単位とワイン 60 単位を消費し，他方ワイン専門家は布 40 単位とワイン 40 単位を消費する。

次に布の価格がワインの価格より 40%高いという貿易体制を考えよう。前節で説明したように，この価格構成の下で，そして所得再分配なしでは，そのワイン専門家は貿易から利益を得て，布専門家は損失を被る。あらゆるグループがいかに自給自足経済よりも貿易体制で裕福になり得るかを知るために，一括支払い再分配を考えよう。特に，ワイン専門家に対する一括税がワイン 4 単位の価値に等しく，布専門家への一括支払い転送もまたワインの 4 単位の価値に等しいとしよう。さらに，同じ税金があらゆるワイン専門家に適用し，また同じ補助金があらゆる布専門家に適用される。政府の見地から，これは実行可能な政策である。なぜならそれは予算均衡的，つまり税収がちょうど補助金請求に等しいという理由からである。この財政案が実施されているところでは，布専門家は依然，布 60 単位とワイン 60 単位を消費することができ，そしてワイン専門家は依然として布 40 単位とワイン 40 単位を消費することができる。その理由は，もし布専門家が自給自足経済で行ったように布 40 単位を売った場合，彼らは売上高からの収益で 1.4×40＝ワイン 56 単位の購入が可能となり，そして彼らは一括払い助成金でワイン 4 単位を買うことができるからである。この方法で彼らはワイン 60 単位を消費することができる。加えて，彼らは自身の所有権で残っている布 60 単位を消費することができる。ワイン専門家に関して，彼らは一括税を支払うため

にワインの4単位を販売することができて,そしてその売上高を使って布を購入するためにワイン 56 単位を追加で販売することができる。これは消費するためのワイン 40 単位を彼らに残す。そのとき,ワイン 56 単位の売上高は布 56÷1.4＝40 単位を購入するために使うことができ,それはワイン専門家が自給自足時と同量の布とワインの消費を可能にしている。

明らかに,もし布専門家とワイン専門家が彼らの自給自足経済での消費レベルを維持するために一括税と補助金に反応したなら,彼らは自給自足経済にあったのと同じぐらい貿易均衡で裕福になるであろう。しかしながら,貿易利益で重要なところは,彼らがこのことより一層裕福にするようにできるということである。その理由は,自給自足経済の布1単位当りがワイン 1.5 単位という相対価格に直面することにより,布専門家とワイン専門家が,それぞれ 60-60 と 40-40 単位の財を消費することを選択し,そしてこれが所与の相対価格において,それぞれのケースで消費の最善の組み合わせだからである。それゆえ,布の相対価格が 1.4 に落ちた場合,等しい組み合わせが最善の消費構成のままであろうということはほとんど起こりそうにない。特に,60-60 と 40-40 単位の構成は依然として実行可能であるとすれば,あらゆる人は布が今比較的に安いため,自給自足経済時での選択と比較してワイン消費を減らし,そして布の消費を上げることを明確に好むであろう。言い換えると,自給自足経済時の消費レベルがあらゆる人にとって実行可能であるけれども,新しい価格と所得によって,彼はより望ましい消費の組み合わせを選択することが可能となる。結果として,提案された再分配計画はあらゆる人に対して貿易利益を保証する[66]。

この例からくる議論の構造は,所得の異なる源泉をもつ多くの異なる人々が存在し,そして多くのタイプの投入財と最終製品とより複雑な技術が存在するときに,より一般的に適用される。それは次のように行われる。政府が貿易均衡の際,あらゆる個人の所得が彼らの自給自足経済時の消費の束を購入するに十分であることを保証する定額税と補助金を構築するとしよう。その時,自給自足経済における消費財の相対価格が貿易均衡時の相対価格とは異なるという事実から,自給自足経済から貿易体制に移行することによっ

て，すべての個人は貿易体制でのより安い財の消費を増やし，より高い財の消費を減らすために，個人の支出パターンを有利に変更できるようになる。起こりうる唯一の疑問は，提案された一括の再分配計画はそれが財政赤字を生まないという判断で，実行可能であるかどうかということである。もしそれが財政黒字を生むことになるなら，それはその経済の総支出がその所得を超えるということを意味する。幸いに，この政策は余剰予算を生む[67]。この理由のため，政府は予算の均衡を達成するために，税をより高いものへの移転かあるいは低いものへの移転に利用し，そしてそのため若干の個人にはさらに利益になるようにできる。言い換えると，政府はすべての人に貿易利益を保証することができる。

　定額税と補助金は使用することは難しく，またそれらが特定の個人を正確に対象とする必要があるとき，特に難しい。そのわけは，それらは得ることが不可能な大量の情報量を必要とするためである。例えば，上記の提案された再分配政策において，政府はほとんど今までにないような入手不可能なデータである自給自足経済でのすべての個人の消費レベルの値を知ることが必要である。この理由から，個人についての情報を必要とせず，むしろ市場の成果についての情報を必要とするその他のタイプの政策は，すべての人にとって貿易利益を保証するために使用できるかどうかを問うかもしれない。Dixit & Norman（1986）によって出された答えは，このような政策が存在するということである。Dixit と Norman は次の政策計画を提案する。即ち，1国の政府は，その国の居住者が直面する財や要素報酬の価格が貿易体制でも自給自足経済と同様になるように，製品や投入財に国が税を掛けたり，補助金を出すということを提案する。この政策を行うとき，誰が何を消費し，あるいは何が個人所得の源泉であるかを政府は知る必要がないことに注目しよう。つまり，この政策を計画するために，政府の専門家は市場で生み出された情報のみを使う必要があるということである。言い換えると，この政策構想は，それが市場を動かす変数により個人を等しく取り扱うという意味で，個人の匿名性を保護している。この政策が実施されていることによって，あらゆる個人が自給自足経済時と同じ機会とトレードオフで貿易均

衡に直面し，それゆえあらゆる個人は，結局は自給自足経済厚生レベルを生み出す自給自足経済消費の組み合わせを選択することになる。言い換えると，この政策の下で，あらゆる個人が自給自足経済と同様に貿易体制で等しく裕福になる。そのとき，DixitとNormanが示すものは，この政策が余剰予算を生みだすということである。それゆえ，それは余剰予算を達するために，ある特定の食料品目のような，誰もが消費する若干の商品の価格を政府が引き下げることができるということになる。これらのより安い価格は，あらゆる個人に対して個々人の暮らし向きをよくするという方法で彼らの消費を変更するよう導いている。そのために，すべての個人は貿易から利益を得る。

　DixitとNormanの政策構想は，分配のために利用可能な「パイ」を減らすという実質的な歪みを巻き込んでいる。それにもかかわらず，パイが小さければ小さいほど，自給自足経済時よりもますます大きな分け前をあらゆる人に与えている。この結果は同様に素晴らしいが，不幸にも，構想する政策が広範囲な貿易利益を保証するという実用的な方法を提供してはいない。さらに，たとえこの種類の実用的な政策を識別することができたとしても，利益団体が政策形成における主要な役割を果たす際に，議会制民主主義あるいは独裁的な政権でそれらの実行を保証することは難しいであろう(Grossman & Helpman, 2002a)。この理由で，貿易政策についての利害の衝突は広く行われ続けている。

第4章
規模と範囲

　比較優位への伝統的アプローチは観察の単位として産業に焦点を当てており，実際には，ある程度細分化されたデータセットによってそれらは代替されていた。このアプローチの背後にある根本的な合理性は，各産業において異なる企業の産出物は互いに完全に代替的であり，それゆえ，ある1つの産業は同質財を供給すると仮定しても何の問題もないのである。この見解では，モデナからのイタリアのタイルはエルサレムからのイスラエルのタイルとほぼ完全に代替的であり，男性用の Pierre Cardin のシャツは Van Heusen の男性用のシャツとほぼ完全に代替的なのである。言い換えると，タイルやシャツは異なるブランドであるけれども，産業内の製品差別化の説明を除けば，どちらの国がタイルやシャツに比較優位を持っているのか，ということを我々は理解することができる。実際に，このアプローチは諸国間の生産性の差異や要素構成の差異から生じる部門ごとの貿易パターンを理解するのに長い期間を費やしてきた，ということを第2章でみてきた。

　それにもかかわらず，貿易データのいくつかの特徴はその見解とは一致していない。1つ目として，貿易の源泉として諸国間の特性の差異を強調しているモデルは，異なる生産性や要素賦存をもつ諸国間での貿易フローがより大きく，そして，類似した生産性や要素賦存を持つ諸国間での貿易フローがより小さくなるということを予測しているが，貿易データは類似した特性をもつ諸国間で貿易フローは大きくなっていることを明らかにしている。2つ目に，貿易の大部分は産業間貿易ではなくむしろ産業内貿易である。つまり，タイルを輸出しシャツを輸入する国を観察する代わりに，タイルを輸出

しタイルを輸入する国や，シャツを輸出しシャツを輸入する国を我々は観察している。生産性や要素賦存の差異は諸国がタイルを純輸出し，シャツを純輸入する理由を説明することができるけれども，その諸国はまたタイルを輸入し，シャツを輸出する理由を説明しきれていない。

それらの特徴を説明するために，表4.1で表されている2005年の製造業における地域別貿易構造をみてみよう。輸出は総計で10兆ドル（101,590億ドル）を超えている。これらのうち，約15％は北米発であり，約43％はヨーロッパ発である。世界輸出の残り約42％は世界の他の地域（中南米，アフリカ，アジア，中東）からのものである。加えて，世界輸出の約21％は北米に，43％はヨーロッパに向けられている。残りの約36％は世界の他の地域に向けられている。重要なことに，ヨーロッパや北米の富裕国からヨーロッパや北米のその他の富裕国への輸出は世界貿易の約46％を占めていた。ヨーロッパや北米に日本の貿易を加えれば，富裕国のシェアは世界貿易の50％にもなる。つまり，一握りの富裕国間の貿易が世界貿易の半分の量を占めているのである。アジアやアフリカ，そして南米といった比較的貧しい諸国より，生産性や要素賦存に関して互いに類似しているいっそう裕福な国の間に貿易が集中していることは，伝統的な比較優位の見解には一致しない。

次に，産業内での貿易について考えてみる。Grubel & Lloyd (1975) は，今ではGrubel-Lloyd指数として知られており，彼らは産業間とは対照的に

表4.1　地域ごとの製造業における輸出構造

輸出国／輸入国	北米	ヨーロッパ	日本	世界
北米	824	238	88	1,478
ヨーロッパ	398	3,201	77	4,372
日本	152	94	0	595
世界	2,093	4,398	515	10,159

出所：世界貿易機関（WTO）(2006)，表Ⅲ.3・表Ⅲ.70。
単位：10億ドル。

産業内で生じる貿易フローの比率を測定する指数を開発した。この指数を用いて，彼らは多くの諸国において貿易の多くが産業間ではなく産業内で行われていることを明らかにした。表4.2は1996年から2000年にかけてのあるサンプル国における産業内貿易の平均比率を示したものである。フランスは最も高いシェアをもち，貿易の4分の3以上が産業内貿易であり，4分の1以下が産業間貿易である。反対に，オーストラリアのシェアは最も低く，貿易の30％以下が産業内貿易であり，70％以上が産業間貿易である。この表は，一方ではカナダやイギリスのような発展水準の国，他方ではチェコやハンガリーのような発展水準の国，というように異なる発展水準の国々が非常に高い産業内貿易のシェアを持っていることを明らかにしている。

表4.2 産業内貿易のシェア（％）：1996〜2000年の平均

国	シェア
フランス	77.5
チェコ	77.4
カナダ	76.2
イギリス	73.7
メキシコ	73.4
ハンガリー	72.1
ドイツ	72.0
スペイン	71.2
オランダ	68.9
アメリカ	68.5
スウェーデン	66.6
イタリア	64.7
韓国	57.5
日本	47.6
ニュージーランド	40.6
ノルウェー	37.1
オーストラリア	29.8

出所：経済協力開発機構（OECD）（2002），表V.1。

産業内貿易のシェアは諸国間だけでなく産業間においても変化する。例えば，1993年のアメリカにおいて，無機化学薬品，発電機器，電子機器のすべてにおいて，95%を超す産業内貿易シェアをもっていた。他方，アメリカの鉄鋼では43%のシェアを，そして衣料では27%のシェアをもっていた (Krugman & Obstfeld, 2009, 表6-3)。

　これらのパターンをどのように説明することができるか。この目的のために，産業内における製品差別化についての考えを取り入れることができる。もしモデナからのイタリア製タイルがエルサレムからのイスラエル製タイルと完全に代替していなければ，イタリアはイスラエルにタイルを輸出し，イスラエルもタイルをイタリアに輸出することであろう。そしてもしアメリカで製造された電子機器がドイツで製造された電子機器と異なるものであれば，アメリカはドイツから電子機器を輸入し，ドイツはアメリカから電子機器を輸入するであろう。

　一旦貿易フローの原因として製品差別化が認識されれば，観察される貿易

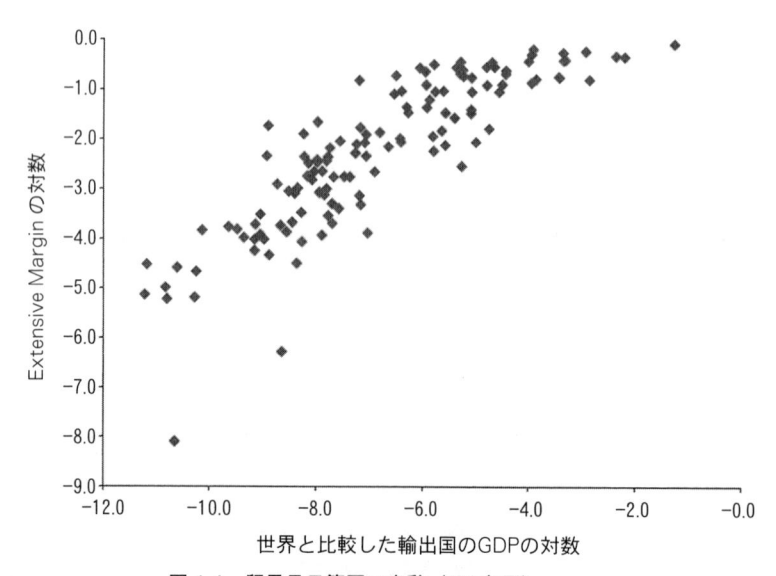

図4.1　貿易品目範囲の変動（126各国）
データはHummels & Klenow (2005) より。

の変化の大部分は1製品当りの量よりも貿易された製品の数によって諸変化を表すという事実を説明することができる．Hummels & Klenow（2005）の研究は，相対的に規模の大きな国は規模の小さな国よりも多く輸出をする，という国の規模の差異を考慮に入れ，貿易額の差の約60%は，貿易の *extensive margin* によって説明できることを示している．つまり，大国は小国よりもより広い幅の製品を輸出する．図4.1は国の規模と貿易のextensive margin 間の関係について表したものであり，GDP で測ってみると，GDP の高い国はより幅広い製品を輸出していることが明らかである[68]．

長い間，差別化財の国際貿易は重要な現象であったけれども，1980年代になってようやく貿易理論に組み込まれた[69]．それは，経済学者が企業は規模の経済性に従って行動して，様々な製品の異なるブランドに特化するという市場をフォーマルにモデル化する道筋を見出した時であった．規模の経済性と製品差別化は区別された役割を担うので，次節では製品差別化を含まずに規模の経済性と貿易の影響について議論し，その後に製品差別化の影響をとり入れて議論を行うこととする．

4.1 規模の経済性

規模の経済性は異なる方法で発生するが，2つのもっとも一般的に受け入れられている形は技術と集積にある．この節では，技術主導の規模の経済性についてとりあげる．その考え方は，ある生産工程はすべての投入物の比例的な拡大がその比率以上の産出を導くという特性をもっている，ということである．

例として，タイルの製造を考えてみよう．もし粘土，機械や設備，システムや労働の使用を，例えば10%上昇させたことにより，タイルの産出が10%以上上昇したとすれば，我々はこれを，タイルを製造する技術で規模における収穫逓増がある，あるいは単に規模の経済性がある，ということができる．反対に，もし生産に使用する投入物を10%増加したにもかかわらず産

出の増分が10%以下であれば，我々は生産技術において規模に関して収穫逓減である，ということができる。そして，もし投入物の10%の増加が産出量をちょうど10%増加させるとすると，生産技術において規模に関して収穫一定である，ということができる。さらに正確な表現をすれば，投入物のあらゆる比例的拡大がその割合以上の産出量を導き，または収穫逓減や収穫一定でなければ，技術は規模の経済性を示すといえる。つまり，その3つの分類のうちの1つを対象とするためには，その特性が投入物のあらゆる比例的拡大について満たしている必要がある[70]。重要なことに，規模の経済性は平均費用の減少を導く。つまり，産出量が増えれば増えるほど平均費用は下がり，一方で，規模に関して収穫逓減であることは平均費用の上昇を招くのである。規模に関して収穫一定の時は平均費用が一定である。

　規模の経済性は航空産業や医薬産業のようなかなりの固定費用をもつ産業においてよくみられる。これらの固定費用は開発費用や生産ラインのセットアップ費用から生ずるものである。例えば，航空産業においては，幅の広い機体のようなモデルの開発は非常に費用がかかり，そのようなある特定使用のモデルのための製造ラインの設置も同様に費用がかかる。医薬産業においては，医薬品の開発はよく知られているように非常に費用がかかり，それは1億ドルにも及ぶ。どちらの場合でも規模の経済性がある。その他の製品の場合は，固定費用はずっと低くなるが，そうは言うものの規模の経済性を創出している。

　固定費用が規模の経済性をどのように生じさせるかを表すために，大工が自分の店でテーブルを製造する例，つまりすべての投入物は原材料と作業時間から成り立っている例をあげてみよう[71]。2×2ヤードの大きさの四角いキッチンテーブルのようなある種のテーブルを製造するために，初めにどの部分を準備し，接着の仕方や固定の仕方など，そのデザインと生産段階について思考するのに大工は4時間費やさねばならない。一度これら諸々の細部がまとめられれば，1つのテーブルを生産するのに2時間を必要とする。その大工の生産過程は規模に関して収穫一定であるかもしれない。なぜならば，大工の*製造時間*や材木や接着剤やネジのような*材料*を2倍にすること

第 4 章　規模と範囲　　　　　　　　　　　　　　　　　　　　　　　　　75

によって，彼は 2 倍のテーブルの数を生産するかもしれない。しかし，これはデザインや生産段階を思案するために大工が使う 4 時間を考慮に入れていない。これら 4 時間はたった一度だけ必要とされ，彼がテーブルをいくつ生産するのかということとは無関係である。それゆえ，労働時間と原材料の数を 2 倍にすることにより，その大工はテーブルの製造に実際にかける時間数を 2 倍以上にでき，それゆえ彼が生産するテーブルの数は 2 倍以上となる。この例で具体化された原理は当然ながらさらにより複雑な製造工程にも適応する。

　これまで見てきた 2 つの章での私の議論では，技術は規模に関して収穫一定であるということを仮定してきた。この仮定の下で，競争市場経済での貿易構造と所得分配への影響を我々は検討してきた。結果として生じる分業パターンは諸国間における技術の差異や要素賦存の差異によって決定された。しかしながら，著名な学者である Graham（1923）や Ohlin（1933）は，規模の経済性は分業の独立した源泉であり，ゆえに外国貿易の構造に影響を与えると何年も前に指摘した。規模の経済性のある産業における大規模生産を実現する国は低い費用でその製品を製造し，それゆえ，その製品を輸出する。つまり，生産規模は比較優位の源泉である。これらの状況のもと，1 カ国がむしろ好ましいが，わずかな国に生産を集中させることは大規模生産と低い単位費用を達成させ，世界中のすべての購入者への価格を低下させる。結果として，規模の経済性は貿易の利益の独立した源泉を提供し，そしてこれは前節で議論された貿易時と自給自足時での価格の差異から得る利益を増加させる，という仮定を導く。

　しかしながら，Graham（1923）は，1 国が生産活動の一部で収穫逓増の影響を受け，しかもそのような経済が輸入競争部門を保護することが好ましいときに，外国貿易によって損害を与えられる可能性について関心を持った。彼は次のように理由づけをしている。いま 2 つの産業があり，一方は規模に関して収穫一定の技術で操業し，他方は規模に関して収穫逓増の技術で操業をしており，貿易が開始されると，資源は収穫逓増の産業から収穫一定の産業へ移るとしよう。その時，生産性（1 投入単位当りの産出量）は前者

の産業において低下し，後者の産業では横ばいである。つまりそれはある一定の価格における GDP 額の低下をもたらし，厚生を低下させる可能性がある。もし規模の経済性をもつ産業が輸入産業と競争すれば，関税による保護が収穫一定の産業への投入要素の再配分を防ぐことになり，その結果 GDP の縮小を抑える。

　Knight（1924）は Graham の議論を批判し，収穫逓増の状況に標準的な競争的分析を当てはめることはできないと指摘した。これら学者間の論争は重要である。なぜならそれは収穫逓増の市場の運営についての注目に値する考察を明らかにするからである。規模の経済性は企業に内生的であるのか。つまり，その企業の投入物の比例的拡大は，その比率以上に企業の産出を増加させるのか。規模の経済性は1国の産業に，あるいは世界のその産業に内生的であるか。つまり，その国の化学産業がすべての投入を比例的に増加させるとき，その比率以上にその国の化学産業の産出は増加するのであろうか。あるいは，世界の化学産業が比例的に投入を拡大させるとき，その比率以上に世界の化学産業は産出を増加させるのであろうか。そのような市場は競争的であろうか。これらの産業のタイプにおける限界費用や平均費用によって価格は決定されるのであろうか。国際貿易に関する学術論文の包括的なレビューにおける Graham と Knight の間の論争を検討した後，Jacob Viner は自分の立場をまとめている。つまり，

　　ここの生産者の目からみて比較劣位にある産業に外部経済があることを根拠にして保護に賛成するケースを考えることができるとすると，そのような外部経済は，次の場合に限られる。即ちこれら外部経済が，(a)国内的な産業の規模によって決まるのであって世界的な産業の規模ではなく，(b)金銭的というよりむしろ技術的であるか，あるいは仮に金銭的であっても，その産業に対するサービスとか材料の国内の売り手を犠牲にしていない場合である。この議論の適用範囲は極端に限られている。というのも，特に純粋に技術的外部経済が存在するというもっともらしい仮説的ケースを示唆することさえ難しいと思われるからである。グレーアムの論文は，彼は期待したようだが，庶民の間の保護人気に強固な「科学的な」根拠を提供するどころか，理論的な珍奇の域をほとんど出ないもの

である。(Viner, 1965, pp.480-481, original edition, 1937)

＊中澤進一訳『国際貿易の理論』勁草書房, 2010, p.461.（訳者注）

確かに，Marshallによって提案されている意味では，規模の経済性が企業に対して外生的であり，産業に対して内生的である時，Grahamの推測は容易に支持することができる。つまり，輸入競争産業部門での企業の生産性はその部門の国内産出に依存することとなり，それはその産業が大きければ大きいほどあらゆる企業の効率はますます高まるということである。それゆえ，その企業の生産性は彼ら自身の投入物の配置からは独立しているものとみなされる。このような場合には，個々の製造業者は収穫一定の認識のもとで操業をしているが，一方では彼らの部門は収穫逓増のもとで活動している。この場合，すべての製造業者は価格受容者であり，競争的パラダイムは保持される。

Ethier (1982a) はこの洞察を形式化し，状況次第で貿易は1国の規模の経済性をもつ輸入競争産業の縮小をもたらし，貿易から厚生の損失を被るという意味で，つまり，その場合保護が有益であるという意味で，Grahamが正しかったことを示した。しかしながら，重要なことに，1国の規模の経済性のある輸入競争産業の縮小は必ずしも貿易から損失をもたらされるというわけではない。なぜなら我々が第3章で議論した貿易の利益の源泉は依然として機能しているからである。別の言い方をすれば，ある経済の影響力が国際貿易を有益なものとし，別の経済の影響力が国際貿易を有害なものとしているとする。つまり，貿易から純利益または純損失を得る可能性がある[72]。

収穫逓増部門での大量の産出量を作り出す国がこの種の産業で高い産出高と高い生産性の間の類似性の結果として，この部門で費用の優位性を得るために，規模の経済性は貿易パターンにある程度の恣意性をもたらしている。言い換えれば，この環境では関心を引くような循環性が存在している。つまり，（例えばRicardoの世界でのように）高い生産性は高い産出量をもたらしているが，現在では高い産出量が高い生産性をも導いている。結果とし

て，大量の産出量の生産を行う国は高い生産性と低い単位費用を得る結果に至り，一方で少量の産出量の生産を行う国は低い生産性と高い単位費用に直面する結果に至る。これらの状況のもと，大量生産をする国は輸出国となり，他方で，少量しか生産しない国は輸入国となる。しかし，これらの国の役割は逆転する可能性があり，それは前者が少量の生産を行い，後者が大量の生産を行うという場合である。なぜなら大量生産も少量生産も独立自尊であるからである。そして当然のように，分業パターンの逆転は貿易の方向も逆転させる。問題は，1国がこの種の産業において比較優位を得るための特別な性質を必要としない，ということであり，その結果，1国のどちらかがより多く生産する供給者になり，またその製品の輸出者になるということである。この特性は複数均衡をもたらすこととなり，分業や貿易パターンを予測することが難しくなる。

　この予測可能性の不足に対する興味深い解釈は，Grossman & Rossi-Hansberg（2010）によって提供されている。Graham-Ethier 型の世界における複数均衡は，資源利用の観点では産業は大規模であり，企業は価格受容者であるという2つの仮定の組み合わせによってもたらされている。産業が小規模という場合では，企業は生産性を所与とは扱わないが，規模と共に上昇することを認識する代わりに，企業は市場支配力を行使する能力を受け入れ，ライバルの製造業者に対して価格戦略をとるようになる。そして，Dornbusch, Fischer & Samuelson（1977）と同様に，Ricardo 型の比較優位の影響力によって貿易パターンが予測可能になる。Grossman と Rossi-Hansberg の世界では，多数の小規模産業と2つの貿易している国があり，それら諸国の比較生産費は Dornbusch, Fischer と Samuelson と同様に，相対的生産性の差異によって決定される。しかしながら，Dornbusch, Fischer と Samuelson とは異なり，単位当りの必要労働量は1国の産出水準と共に低下し，そして両国で等しい規模効果は国特殊的である。企業は価格競争を行うこととなる。つまり，すべての企業は，ライバル企業の価格を所与として扱いながら，自分達の価格を選択し，そして，それらの価格でのその製品が需要される量を調整する。財は同質的であるので，もしその産業

第 4 章 規模と範囲

における他企業の価格より高い価格をつけたとすれば，企業が直面する需要はゼロへと低下することとなる。結果として，最も低い価格を付けた企業が自分達の製品を販売することができる。さらに，活動的な企業は少なくとも自分達の費用を賄わねばならないと考え，そのために，彼らの価格は平均費用を下回ることはできない。あらゆる活動的な企業は平均費用とちょうど等しくなるように価格をつける[73]。このような非常に競争の激しい市場では，分業と貿易は Ricardo の比較優位の影響力によって治められる[74]。

明らかに，Grossman と Rossi-Hansberg は企業の競争的行動から出発しており，それらの企業は市場価格を所与としては扱っていない。実際には，競争的行動からの出発は規模の経済性をもつ産業の必要とされる特性であり，そこであらゆる企業は産出量の拡大によって単位費用が低下することを認識している。その理由は，そのような産業では企業は市場支配力をもち，それら企業の市場支配力を活用しながら，彼らは大きくなり，そして戦略的に行動するということである。そのとき，結果として得る市場成果の明確な特性は，異なる産業では異なる形態をとるというこれらの戦略に依存している。結果として，規模の経済をもつ産業の分析は 1 つの部門の市場構造と企業の行動とを切り離すことはできないのである。

規模の経済性は単なる好奇心のものであろうか。あるいはそれらは非常に重要な部門に含まれるものなのであろうか。生産関数に関する実証的推計は鉄道や電力のようないくつかの産業において重要な規模の経済性を見出している[75]。他の部門は規模に関して収穫一定をもっているようにみられる。Antweiler & Trefler（2002）は貿易データから部門間の規模の経済性を推計するために，Vanek の貿易フローの要素コンテンツ（第 2 章で議論した）アプローチを用いている。ヒックス中立的あるいは要素増大的なやり方のいずれかにおいて，諸国間で生産性が異なる可能性の代わりに，彼らは Trefler（2003, 2005）のように，生産性が産業の規模と共に変化し，この関係はべき関数により近似される，と推測している（生産性は産出に対して正の指数関数に沿って上昇する）。この事象研究で，べき関数のパラメーターはそのデータから推計できる。彼らは衣料業，皮革業，履物業，繊維業

のような多くの伝統的産業が規模に関して収穫一定を示していることを見出している。畜産業や採炭業のような多くの天然資源産業は小さい規模の経済性を示し，一方で，林業は大きい規模の経済性を示している。製造業において，石油や石炭製品，および医薬品は大きい規模の経済を示しており，電気・電子機器や石油精製機器は，林業と類似した中程度の規模の経済性を示し，小さい規模ではあるが精密機器や非電子機器も相当の規模の経済性を示している[76]。これらの研究成果を考慮しても，貿易フローの分析における規模の経済性を過小評価するのは適切ではないだろう。つまり，収穫逓増産業での大規模な経済活動を何とか増大させようとする国々はこれらの産業における費用優位を得て，そしてそれらの製品を輸出する[77]。

しかしながら，多くの産業において，規模の経済性は企業に外生的ではない。この事象において，企業は価格受容者ではなく，非競争的行為を明確に考慮する必要がある。ゆえに，我々は続けて次節において独占的競争について議論を進めることとする[78]。

4.2 独占的競争

チーズやワインのブランドやシャツやスーツのブランドが多種存在するように，ほとんどの製品はバラエティーを各種取り合わせている形で売られている。冷蔵庫，洗濯機，掃除機といったすべての製品もまた多くのバラエティーを各種取り合わせて売られており，美容院，レストラン，歯医者というのもまた然りである。製造業やサービス業において，供給者は競争相手によって提供されている製品よりも自分達の製品を差別化することにより利益を得ており，これがブランドに投資する強いインセンティブを生み出している所以である。製品差別化への投資は，同様に，企業（あるいは製品）レベルでの規模の経済性を発生させる。特別な香りのするアイスクリームや類のない携帯電話のようなある特定の製品のブランドを開発している企業は，その売上が大きいか小さいかは無関係にこの投資費用を負担している。当然な

がら，投資の決定は期待される売上に依存するが，ひとたびその投資が実を結べば，埋没してきた投資にかかわらず，その企業はより多くの単位の果実を生めるかもしれないし，あるいはわずかの単位しか果実を生めないかもしれない。これら固定費用が規模の経済性を導く[79]。

製品差別化や企業特殊的な規模の経済性をもつ産業において，企業は参入費用を賄うために参入後に利益を得る必要がある。このために，企業は市場支配力を行使する必要がある。例えば，もし製品開発が投資を必要とするが，その他の企業がライバル企業により開発されたブランドを製造する技術を費用をかけずに学ぶことができ，その製品を原開発者の製品と完全に代替されるものとして販売することができるのであれば，新製品を開発するインセンティブは薄れ，そのようなインセンティブは結局のところ消える可能性がある。この理由により，ある程度の市場支配力は複数ブランドの参入を促進する必要性に駆られる。もしある企業により生産された製品のブランドが同じ製品の他のブランドと代替されることが不完全であると考えられれば，この種の市場支配力は自然と獲得される。

もし製品差別化が固定費用を伴わないとすれば，そのとき企業は消費者や企業が求める考えられる限りのあらゆるブランドの供給を確保することとなろう。言い換えれば，製品はあらゆる嗜好やニーズに調度合うものとなるということである。しかし，これは明らかに現実的なものではなく，市場で入手可能なバラエティーは限られており，購入者は現行価格で自分に最良のブランドを選択するのである。ブランドレベルでの規模の経済性は限られたブランドの供給をゆるぎないものとする。そして，生産者の新規参入は産業にすでに存在する企業に対して競争圧力をかけることとなる。これが独占的競争の意味するところである。あらゆる企業はそのブランドの価格を引き下げることにより多くの販売を行うことができるため，市場支配力を持つけれど，均衡ではこの種の市場支配力は確実な利益を説明できない。なぜならば，ライバル企業の参入は，製品開発とその産業における店舗設立のための固定費用が原因となるため，全体の利潤をゼロにするからである。

多くの場合，法律制度は，特許かあるいはまた商標のどちらかで，製品開

発者を保護している。前者について説明するために医薬品について考えてみよう。アメリカではブランド名のある薬は20年間もの間特許で保護されている。特許が満期になって失効するとき，他の製薬業者はジェネリックの代替品を製造する権限を与えられている。食品医薬品局（FDA）のウェブサイトでは「ジェネリックの薬は，用量，安全性，濃度，飲み方，品質，効果と使用目的においてブランドネームのある薬と同じ複製の品である」と説明されている。そしてまた，「ジェネリックの製薬業者は新薬の開発者への投資費用がかからないため，ジェネリックの薬は比較的安価である。新薬は特許権保護のもと開発される。特許は，研究，開発，マーケティング，プロモーションを含む投資を事実上，その薬を販売する独占権を企業に与えることにより保護している。」と説明している[80]。とは言うものの，ジェネリックの薬は格安であるという事実にもかかわらず，ジェネリックの薬とブランドネームのある薬は共存している。これは明らかに，ジェネリックの薬がブランドネームのある薬と完全な代替製品である，と消費者は認識していないということである。

　後者を説明するために，商標登録されたブランド名もまた保護されるという場合をみていこう。結論から述べると，リーバイスのジーンズもアディダスラベルのシューズも無許可の企業により生産することや市場で販売することはできない。つまり，法律制度はブランド名に独占力を与えている。

　ブランドネームもまた法的保護を少しもあるいはまったく維持できるわけではない。我々はマクドナルドハンバーガーの直売店を無許可に開くことはできないけれども，我々独自のブランドのハンバーガー店を開き，ハンバーガー愛好者が賞賛するユニークな特徴を持つハンバーガーを販売することはできる。自分の企業の成功は，どれぐらいの人々が自分のハンバーガーと価格を魅力的なものとして認識するかどうか，ということに依存するであろう。他のハンバーガー販売者が模倣して独自の製品特性を作れない限り，ある一定の範囲内においては，価格が低下することに反応して売り上げは上昇する，という意味において，ある程度の独占力を行使することができる。

　Edward Chamberlin（1933）はこの種の状況に対処するための分析フ

レームワークを構築した。彼の"大数性"の仮定は特に有用であることが証明され，それは産業レベルでの分析に適用された。そこでは，企業レベルでの規模の経済性はその部門の製品需要に比べて小さく，そしてそのため，異なるブランドをもつ多くの企業はその産業に有利に参入することができる。結果として，企業は現在の利潤がゼロに近づき，追加的な参入企業が現れるようなインセンティブがないという地点まで参入を続ける。各製造業者はある一定の独占力を行使でき，その独占力は競争相手の数や彼らの製品と自分の製品との間の代替の程度を制限しているので，利潤最大化のために限界生産費用よりも高く自分のブランド製品に対して価格をつけることができる。その結果としてもたらされる限界費用を上回る価格のマークアップは営業利益を生むこととなるが，これらの利益は参入費用を賄うのに十分なだけであり，この場合，全体的な利潤はほぼゼロに近づく。

　Chamberlin流の独占的競争を反映しているこの結果は図4.2で表わされている。ある代表的企業の生産高は横軸で表され，その価格と平均費用は縦軸で表されている。この図は企業の需要曲線と平均費用曲線を示しており，どのくらいの価格と平均費用が生産量とともに減少しているかを表している。A点において2つの曲線は互いに接している。これは，もしその企業がA点に対応している生産量を製造しているとするならば，企業は平均費

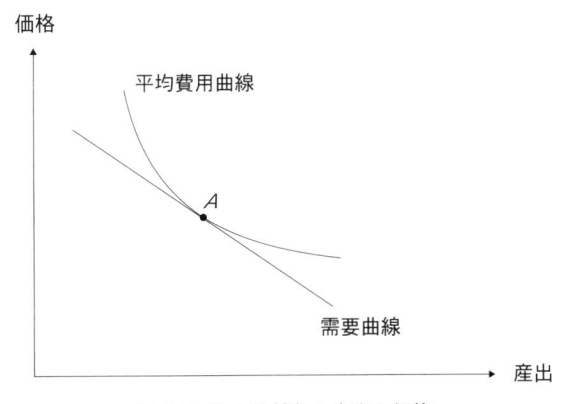

図4.2　独占的競争：産出と価格

用に等しい価格でこの生産量を販売し,そしてその全体の利潤がゼロとなることを意味している。その代わりに,もしその企業がこの生産量以下の水準を生産するならば,平均費用は負の利潤を生み,その価格を上回る。そして同様に,もしその企業がこの生産量以上の水準を生産するのであれば,平均費用も負の利潤を生み,その価格を上回る。言い換えれば,その企業が A 点に対応する生産水準を製造する時,収支が合い,そしてその他すべての生産水準では損失を出すこととなる。それゆえ,A 点が均衡点となる。

接点 A はどのように達成されるのであろうか。Chamberlin により強調されている1つの重要な点は企業の参入と退出のメカニズムである。例えば,もし図4.2の需要曲線がより高い位置にあれば,いくつかの産出水準においてその価格は平均費用よりも高くなり,その場合において,正の利潤が生じる。そのような利潤はその産業への新規参入企業を呼び込む。新たな企業が参入すると,既存企業が直面している需要は減少する。なぜならば,既存企業のブランドに対するより多くの代替製品が入手可能となる。反対に,もし図4.2の需要曲線がより低い位置にあれば,市場参入企業がどのような産出水準を達成しようと,損失を被るであろう。結果として,企業は退出する。企業の退出はその産業に留まっているあらゆる企業の需要曲線を上方へのシフトを誘導する。最終的に,A 点と同じような接点は市場に残っているあらゆる企業を特徴づけることができる。

独占的競争のそのロジックは外国貿易に携わらない経済にも,携わっている経済にも同じようにうまくあてはまる。もしある経済が世界のその他の地域から孤立しているとすれば,差別化製品のうちの1つの製品の製造者は自らのブランドが,自国経済で生産された他のブランドとは異なっていることを確信するであろう。しかし,自分らのブランドが他の国で入手可能なブランドと異なっているかどうかには注意を払わないであろう。他方で,もしその経済が他国と貿易をするならば,そのとき製造業者の1人ひとりは自分達のブランドが世界経済で,つまり,あらゆる他の国におけるのと同様に自国でも,供給されたあらゆるブランドと異なっていることを確信するであろう。言い換えるならば,貿易は国内のみだけでなく世界中にわたって競争力

のある製品差別化をもたらす。これはバラエティーを重んじる消費者にとっては好ましいことである。なぜなら貿易は消費者に対してより幅広いバラエティーの選択へのアクセスを可能とするからである。自分の国が他国と貿易をするとき，国内ブランドの洗濯機かまたは外国ブランドの洗濯機かを購入するための選択が可能となり，いずれがよいかは自己の予算と自己のニーズに一致する方であろう。そしてこの追加的なバラエティーの選択肢は貿易利益の重要な源泉であることが分かる。

　輸入バラエティーの重要性を評価するために，アメリカ経済について考えてみよう。1972年と1988年の間，輸入ブランドの数は119％増加しており，1990年と2001年の間ではこの数は42％も増加している。これはこの期間中に輸入バラエティーが212％増加していることを意味している[81]。Broda & Weinstein（2006, pp.552-553）が指摘しているように，この増加の約半分は財の数の上昇によるものであり，残りの約半分は各財をアメリカに輸出している国の数の上昇によるものである。結果的に，1972年と2001年の間で，バラエティーの増加は，バラエティー数を考慮した輸入価格指数の28％の低下に寄与し，実質所得の2.6％の増加に寄与している[82]。明らかに，輸入バラエティーの増加はアメリカ経済に重要な影響を与えたこととなる。

　差別化製品の国際取引は同質財の国際取引と非常に異なる貿易フローを予測している。産業内貿易を予測することに加え，差別化製品の貿易は同質財の貿易よりも国の特性に異なった反応をする貿易量を予測している。1つの重要な違いは生産要素賦存に関係する。諸国の生産要素構成の違いが外国貿易を生じさせるというHeckscher＝Ohlinの世界では，生産要素構成の差異が大きい国同士での貿易量は大きくなり，それが小さい国同士での貿易量は小さくなる，ということを我々は予想している。しかしながら，データを見てみると，違ったケースがみられる。すでに上述したように，最も大きい貿易フローは，類似した生産要素を保有する先進工業国間で行われており，生産要素構成が大きく異なる先進工業国と途上国間ではごく少ない貿易しか行われていない。これは生産要素構成の差異というものが貿易フローに影響

を及ぼさないと言っているわけではなく,実際に影響を与えているが,しかし,外国貿易を理解するために,貿易フローのさらなる決定要因を理解する必要がある。

　Tinbergen（1962）は,「グラビティー方程式」として知られ使用している,貿易フローに対する実証的アプローチを提案した。物理学において,2つの物質の粒子の間の引力はそれらの質量の積に比例し,それらの間の距離の平方に反比例する。Tinbergen の説明によると,諸国間の貿易量はそれら諸国の市場規模の積に比例し,各国の GDP（質量の積に類似させた重力要素）により測定される,としている。双方向の貿易フローを妨げる要素（距離の二乗に類似させた貿易障壁基準）に準じて,その比例の要素は国のペアにより異なる。これら貿易に対する障壁は,輸送費用に影響を与える2国間の距離といった自然な要素や,関税のような人工的な障壁に起因するものである。しかし,双方が共通言語を共有しているかどうかという他の要素もまた貿易障壁基準に影響を与えるかもしれない。Tinbergen のアプローチは長年にわたり多くのデータセットに適用され,それは現在に至っても使うことが可能である。それは異なる発展段階や異なる時期における2国間の貿易フローを説明する際に,驚くほどよく当てはまっている。

　Tinbergen 型のグラビティー方程式は,外国貿易を説明する伝統的要素賦存比率のアプローチからは自然には生じないが,このアプローチに製品差別化を取り入れ拡張させた時に,自然と生じてくる[83]。Helpman（1987）が指摘しているように,すべての産業における製品差別化を仮定する極端なケースにおいて,貿易フローはグラビティー方程式に的確に当てはまる[84]。その理由は以下のように説明できる。つまり,このような状況では,各国は各製品の異なるブランドに特化し,そのため,ある1つの国の供給者は他の国の供給者とは差別化されているブランドを提供するということである。結果として,各国において,世界経済で生産されたすべてのブランドの需要が存在する。あらゆる国において貿易障壁や類似している相似拡大的な嗜好が存在しない仮定のもとでは,あらゆるブランドの需要はその国の規模に比例することとなる。これは,もしある国の規模が世界経済の5％を占めているもので

第4章　規模と範囲

あるとすれば，各ブランドの5％の需要が存在することであり，そのケースではその国は貿易パートナーそれぞれのGDPの5％が輸入される，ということを意味している。同様に，市場規模が世界経済の10％をもつ貿易パートナーはそれぞれの国のGDPの10％を輸入することとなる。従って，2国間の貿易フローは前者の国のGDPの5％と後者の国のGDPの10％を合わせたものから構成されることとなる。しかし，前者の国のGDPは世界のGDPの5％を占め，後者の国のGDPは世界のGDPの10％であるとき，それら諸国間の貿易量はGDP水準に比例することとなる[85]。

類似した計測はある諸国のグループ内における貿易量においても適用できる。グループ全体のGDPに占めるグループ内貿易量の比率が大きくなればなるほど，それらの国の規模はより類似してくる，という予測が立てられる。そこでは，1国の規模はグループ全体のGDPに占めるその国のGDPの単位として測定される，ということである。加えて，この計測は国の規模の類似性の正確な測定を与えている（Helpman, 1987）。図4.3は，Helpman（1987）のデータをもとに，1956年から1981年間の14の工業国の関係を表し，その図における点が26の各年を表している。その図は，これら諸国が

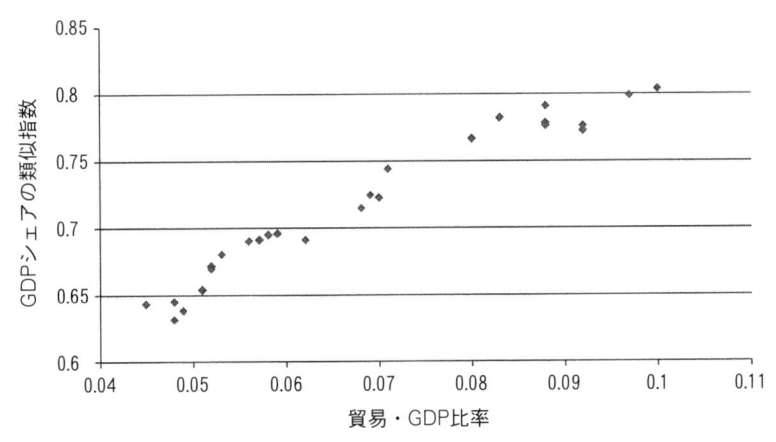

図4.3　GDPシェアの類似対貿易・GDP比率，1956〜1981年における14工業国
データはHelpman（1987）より。

より同じような規模であった年には、これら諸国が所得の大部分を各国間で貿易に費やしていた、ということを示している。偶然にも、それら諸国は時間の経過とともに規模でより類似してきており、そして彼らの貿易シェアも時間の経過で増加している。

差別化された製品を製造している産業もあり、また一方で、同質財を生産している産業もあるというあまり極端ではないケースでは、その理論は、国の規模の類似性が GDP に占める貿易量の比率に与える正の影響を予測しているが、生産要素構成の差異は貿易シェアを増加させるということもまた予測している。別の言い方をすれば、規模の類似性と要素構成の差異の両方が貿易量に影響を与える。

双方向貿易のフローの量に対する国の規模の類似性に関する影響のより詳細な分析は、Debaere (2005) により提供されており、そこでは GDP 水準がより類似している諸国は所得の大部分を貿易に費やしている、ということを OECD 諸国のサンプルの中で明らかにしている。この関連性は Debaere のサンプルにおける富裕国に対して当てはまるが、富裕国と貧困国の両者を含めたより大きなサンプルを用いると、そのような関連性は実証できていない。この調査結果は、製品差別化を持つ産業と同質的財を持つ産業が存在する世界では、富裕国は差別化製品を生産する産業に相対的により特化をするために、不相応なほどの量の差別化製品を富裕国間で互いに貿易をしているという見方に合致している。ゆえに、要素比率の差異はそれほど重要ではなく、富裕国間の貿易では産業内特化がより重要となる[86]。

貿易量についてのより適切な説明を提供することに加え、製品差別化が産業内貿易に関するデータを説明するための中心的役割を担っている。Helpman & Krugman (1985) は、もしすべての産業が同質財を製造するならば、産業内貿易のシェアはゼロであり、もしいくつかの産業が差別化財を生産するならば、産業内貿易のシェアはプラスとなると説明をしている。すでに見てきたように、データをみると産業内貿易のシェアには大きなばらつきがみられる。それを説明するために、彼らは、1つは同質財を供給し、もう1つは差別化された製品ブランドを供給しているという、2つの産業が

存在する国際貿易の単純な2国2要素モデルを用いて，2国間の規模は一定とし，産業内貿易のシェアが小さくなればなるほど，2国間の生産要素構成の差はより大きくなる，ということを示している。別の言い方をすれば，もし資本と労働を用いて財が生産されたとすれば，産業内貿易のシェアが大きくなればなるほど，2国間の資本・労働比率はますます類似したものとなるということである。

貿易量に加え，Helpman（1987）は要素構成の類似性と産業内貿易のシェアの間の関係について実証的に分析を行った。OECD14カ国のサンプルでは，1人当りのGDPを類似性の目安として用いるとき，国の要素賦存がより似ている期間では，それら諸国の産業内貿易のシェアはより大きくなるということを彼は示している[87]。これは図4.4で表され，そこでは横軸は14先進工業国グループ内の産業内貿易のシェアを，縦軸はそれら諸国の1人当りGDPの変動係数を示し，各点は異なる期間を表している。1人当り所得の分散と産業内貿易の明確な負の関係をこの図は表している。

この関係をさらに詳細に分析した研究はCieślik（2005）が行っており，

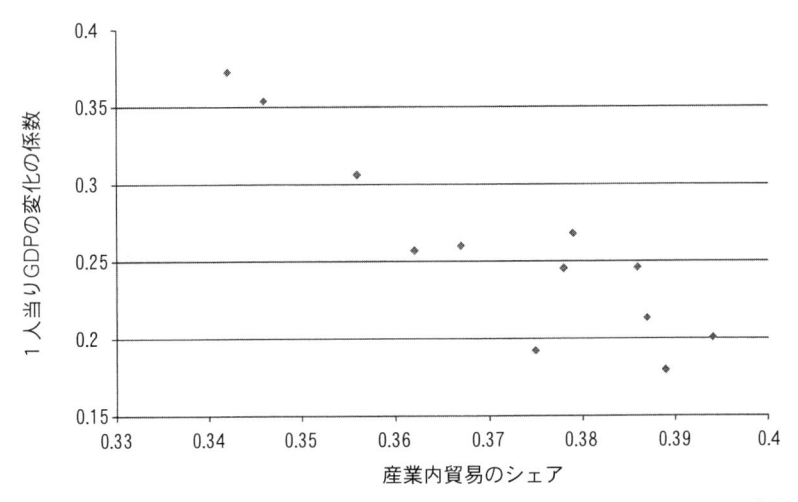

図 4.4 1人当り GDP の分散対産業内貿易のシェア，1956〜1981年における14工業国。
データは Helpman（1987）より。

彼は Debaere (2005) や Hummels & Levinsohn (1995) により研究された OECD 諸国をサンプルとして双方向貿易について分析している。彼は，貿易を行う2国の資本・労働比率の合計を調整して，産業内貿易のシェアとその資本・労働比率の差の間に強い負の関係があることを明らかにしている。後者のような調整をする必要性は理論モデルに由来する。要素構成の差異は貿易量全体を増加させるかもしれないが，それは産業内貿易のシェアを減少させることとなる。

規模の経済性を持つ企業間の独占的競争は追加的なチャンネルを通して貿易構造に影響を及ぼし，それは Krugman (1980) によりはじめて言及されたいわゆる自国市場効果というものに影響する。自国市場効果とは，ある特定製品のブランドに対する市場が小さい国に比べ，そのブランドに対するより大きな国内市場をもつ国を，その製品に特化するように促すことである。このバイアスは貿易費用の存在を考慮することから生じるものであるが，それらを考慮に入れないときは生じない。その論理は以下のようである。貿易費用を考慮に入れないときに，差別化製品ブランドを製造している企業は，両国でその費用条件が同じである限り，ベルギーのような小国あるいはアメリカのような大国のどちらに立地するかには無関心となる。その理由は，世界中のすべての国に同じ費用で売ることができるため，その企業がどこで製造するかは無関係であるからである。しかし，もし貿易障壁が存在するとなると，企業はアメリカに立地したがる。なぜならより大きな市場にはより安く供給することができ，比較的小さな市場にのみ供給する際にはより高い費用に直面するからである。しかしアメリカにより多くの企業が本拠地を置くにつれ，そこに新規参入する企業にとってはあまり魅力的ではなくなってしまう。なぜならその現地市場での競争がより激しくなるからである。最終的には，企業のすべてが等しく利益を得るために，比較的小さい市場より大きい市場により多くの企業は立地しなければならなくなる。しかしながら，Krugman が示したことは，より大きな市場に立地する企業数は*不相応なほど大きい*。つまり，市場規模でわけられた企業数は，より大きな市場ではますます増えざるをえない。結果として，より大きな規模の国はこの産業の

製品の輸出国となる。

多くの研究が，純貿易に対する諸国間にまたがる需要水準の変化の影響を吟味することにより，自国市場効果を見極めている。Davis & Weinstein (1999, 2003) は OECD 諸国や日本における製造業についての研究を行っている。両方のデータセットにおいて，彼らはいくつかの差別化製品を製造する産業において係数が1を超える結果を導き，現地の供給に対する現地需要の正の影響（つまり，現地需要の増加は現地の供給の拡大を促すということ）があることを推計している。その重要な結果は，1を超える係数は自国市場効果と一致するが，それがない場合は自国市場効果とは一致しないということである。Head & Ries (2001) はカナダとアメリカとの間の貿易から同様の結果を報告している。

Hanson & Xiang (2004) は自国市場効果について最も詳細な研究を提供している。彼らは貿易費用と代替の弾力性から産業を分類し，そこでは代替の弾力性とはある2つの財の相対費用が1％低下したときに，それらの財の相対需要がどの程度上昇するかを計測したものである。例えば，それら2財の相対需要が5％上昇すれば，その代替の弾力性は5であり，2％上昇すれば，2に等しい。高い貿易費用と低い代替の弾力性に直面している産業は，低い貿易費用と高い代替の弾力性に直面している産業よりも，より自国市場効果をもつ傾向がある。直感的に考えるならば，輸送費が高まれば高まるほど，輸出市場に比べ現地市場がより重要となり，一方で製品ブランド間の代替の弾力性が低くなればなるほど，バラエティーは需要面においてより重要なものとなる[88]。彼らの産業分類では，銑鉄，ガラス製品，タイヤ，家具といった財は高い輸送費かつ低い代替の弾力性である産業に属し，そして，コンピューター，テレビ，カメラ，印刷機といった財は低輸送費かつ高い代替の弾力性である産業に属するとしている。その2つのタイプの産業間貿易フローの違いによって異なる国の規模の効果の推計を可能とする統計モデルを用いて，実際に，自国市場効果により予測されるように，規模のより大きい国は，高い輸送費と低い代替の弾力性を持つ産業で，規模のより小さい国よりも，より多く輸出する傾向があることを明らかにした。

Krugman（1980）は水平的に差別化された製品（同品質であり特性の異なるブランド製品）の分析に焦点をあてていたけれども，自国市場効果の論理は垂直的に差別化された製品（異なる品質のブランド製品）に拡張することもできる[89]。この研究拡張は追加的なデータの特徴について説明する際に役立つ。特に，輸出の単価は富裕国と貧困国の間では異なっており，それは輸出した単位の数（ラップトップパソコンの数）あるいは輸出の重さ（小麦のトン数）という数量で販売収入を割ったものとして定義される。同一製品カテゴリー内においては，富裕国は貧困国よりもより高い単価の財を輸出する傾向にある（Schott, 2004 を参照）。この研究結果は富裕国の輸出財がより高品質であるということとも整合的である。富裕国はより多くの富裕層がいて，そしてその富裕層が貧困層よりもより高品質な製品を消費する傾向にあることから，自国市場効果は富裕国がより高品質な製品を輸出することを誘導している。言い換えれば，自国市場効果は，富裕国が高品質財の製造に技術的優位性のないときでさえ，富裕国がなぜ高品質製品に比較優位をもっているのかの理由の説明を提供している。

　新貿易理論は，グラビティーモデル，産業内貿易，自国市場効果に合理的な説明を与えるが，その理論はまた要素比率理論の中心となる産業の要素集約性と輸出国の相対的要素賦存の間の相互作用に依存している貿易フローの推計についても合理的に説明している。前章では，Heckscher＝Ohlin の要素比率理論とその洞察を構築している実証研究について議論してきた。その実証研究が貿易フローの*要素コンテンツ*（輸入と輸出に体化された様々な中間投入サービス）に関する理論的予測に焦点をあてていることを思い出してみよう。財貿易に関するその理論の予測から要素コンテンツにおける貿易へと実証研究の中でシフトした理由は，わずかな投入要素と多くの産出製品が存在するという要素価格均等化の世界において，その理論は産業の貿易フローに関する明確な答えを与えることができないからである。それにもかかわらず，その理論は Vanek（1968）により初めて展開された予測であり，それは貿易フローの要素コンテンツについて非常に明確な予測を生み出してくれる。財貿易についての貧弱な予測の理由は，わずかしかない投入財と多

くの産出物によって，1国の要素賦存がその産業の産出物の組み合わせを独自には決定できない。つまり，1産出物あたりに用いられる投入比率を所与としたときに，産業の産出水準ではその国の資源の完全雇用を保証するよう設定されるという多くの方法が存在する。これが暗に意味することろは，産出水準がただ1つときまらないとき，輸出や輸入もまたただ1つとして決まることはない，ということである。なぜなら，純輸入は消費（吸収）と国内生産の間の差に等しいからである。

　この理論的なあいまいさにもかかわらず，産業における貿易フローに関する実証研究は，純輸出と要素集約度の間にある系統立てた相関関係を明らかにしている。例えば，Baldwin（1971）は1962年のアメリカの産業での純輸出がその産業の熟練労働集約性（つまり，労働者のスキル集約度）と正の相関があり，資本集約性と負の相関があることを明らかにしている。これら相関関係のタイプは，国レベルでの要素賦存，産業レベルでの要素集約性，貿易フローという3要素の関係にもとづいていないため，要素比率理論の検証を構成していないけれども（Leamer & Levinsohn, 1995），それらはその理論と整合的であるという興味深い関係を示している。1つの重要な寄与として，Romalis（2004）はDornbusch, Fischer & Samuelson（1980）によって研究されたタイプの，諸国間の要素価格の差異を認める要素比率モデルに，製品差別化を統合することによってこれらの相反する要素の調整の仕方を示している。Romalisは，1国の産業での輸出と，その国の豊富な投入物と関連のある要素集約度とを連結させている方程式を展開するモデルを用いた。1国はその国が相対的に豊富に保有している投入物に集約的である産業においてより多くの輸出が期待できる。製品差別化が存在しているため，その国は同じ産業の製品の輸入も行い，そして，その輸入は，類似した関係によって決定されているこれらの輸出で，貿易相手国の輸出を構成している。彼は，数百の産業を総括した1998年のデータを用いて，アメリカの200カ国の貿易相手国からの16,000品目以上の輸入を対象として，これらの関係を推計し，理論的予測を強く支持する結果を証明した。

　図4.5は，産業レベルの労働者のスキル集約度とアメリカの輸入に占める

ドイツとバングラディッシュのシェアとの間の関係を示したものである[90]。この図は，ドイツのシェアが高まれば高まるほど，その産業のスキル集約度もますます高まっている一方で，バングラディッシュのシェアはその産業のスキル集約度と相反して下がっていることを示している。これは理論が予測していることとまったく同じである。なぜなら，ドイツは未熟練労働者に比べ熟練労働者のシェアが相対的に大きい要素賦存をもっており，一方で，バングラディッシュは未熟練労働者に比べ熟練労働者のシェアが相対的に小さい要素賦存をもっているからである。

Romalis の手法は，比較優位と貿易フローに対する法律—施行制度の影響を分析するために Nunn（2007）により応用された[91]。Nunn の研究の出発点は，中間投入財の特殊性の度合いが産業間で異なっている，ということであり，つまり，これはある産業においては，投入財の大部分が製品特殊的であり，他の産業においては，投入のほんのわずかが製品特殊的である，という見解からである。もし投入財が持つべきして持っている製品特性のすべてを詳細に明記している完全な契約書が書かれ，また，これらの契約書が確実に実行されるとしたなら，そのとき投入財の特殊性は生産組織で何の問題も引き起こすことはないであろう。第6章で議論する様々な検討すべき費用

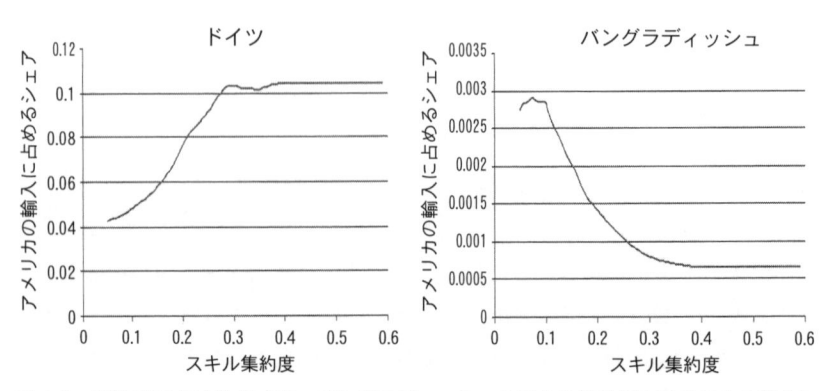

図4.5　1998年におけるドイツ，バングラディッシュのスキル集約度とアメリカの輸入に占めるシェア　データは Romalis（2004），図1より。

にもとづいて，組織内で投入財を生産するか，あるいはそれを外部委託で生産するかどうかを企業は依然として決定する必要がある。即ち，どちらの場合でも，特殊性を考慮するための誘因に歪みが存在するということはないであろう。しかしながら，多くの例において，これは事実ではない。それはつまり，完全な契約書を作成することや，裁判所でそれを施行することは非常に難しいか，あるいは不可能である。結果として，これらの場合において，契約は不完全となる[92]。

契約が不完全であるとき，悪い法律制度をもつ諸国は，製品特殊的な投入のシェアが大きい産業では費用で不利な立場に苦しむこととなるので，そういう産業では契約が重要である。したがって，諸国間での契約施行機関の質の差異は，それらの産業間の相対費用に影響を与える。これら相対費用のバイアスが存在する結果，より良い契約施行機関をもつ諸国は，契約に依存した投入財に相対的に大きなシェアを占める産業において，相対的により多くの輸出を期待することができる。当然ながら，Romalis (2004) のような，その他の比較優位の決定要因は依然として効果があるが，しかし，法律制度の質は相対費用の変化に対する追加的な情報源を加えている。

Nunn (2007) は多くの産業での契約依存の高い投入財の重要性を表す指数を展開している。これらの指数を用いて，彼は多くの国のサンプルにおけるあらゆる産業の相対的な双方向輸出というRomalis型方程式を推計した。輸出の比率は，産業の集約性の適正な測定と相互に作用している要素賦存と法律制度の質の両方における2国間での差異に依存している。特に，人的資本の相対的な利用可能性の差異は産業の人的資本集約度に反応し，法律制度の質の差異は産業の契約集約度の度合いに反応している。彼の推計によると，鶏肉加工，精米，そしてコーヒーやお茶の製造はそれほど契約集約的産業には属さず，一方で，空気・ガス圧縮製造，航空機製造，そして電子コンピューター製造は，最も契約集約度の高い産業に属している。この研究の重要な貢献は，実際は理論によって予測されたように，より良い契約施行制度をもつ国が契約集約的産業において相対的に一層輸出をしているということである。そしてさらに，これらの効果は，資本と労働を組み合わせた要素賦

存の影響よりも程度において相当大きいものであるということである[93]。

4.3 貿易利益の追加的な源泉

　前章では，貿易の利益や競争的市場や収穫一定という特性をもつ国での分配の問題について議論した。そこでの中心的議論は，以下の2つの事柄であった。つまり，これらのタイプの諸国は，個々人がすべて似たような特性をもつとき，貿易はあらゆる人々の厚生を向上させるという意味で貿易の利益を得る。また，もし個々人がすべて似たような特性をもたないならば，利益者はあらゆる人の暮らし向きをよくするという方法で敗者の補償を可能にするという意味で貿易の利益を得る。この結果を導く重要なメカニズムは価格を通して作用する。つまり，その価格がより高くなる貿易体制では産業は拡大し，その価格がより低くなる貿易体制では産業は縮小する。結果として，他国と貿易をするときに，その国は自給自足時の消費バスケットを達成する余裕ができ，そしてそれによって，より高い厚生を獲得することとなる。

　外部的規模の経済性が存在する時，4.1節ですでにみたような産業の産出水準の変化が生産性に影響を与えるという場合を除いて，貿易から生じる相対価格の変化は同じように有益である。そのような状況のもと，もしその経済のTFPの低下を導かなければ，あるいはもしTFPが下がったとしても，それほど減少しなければ，貿易は有益なのである。それゆえ，貿易の利益の十分条件は，この経済において，収穫逓増の産業が平均的に拡大する，あるいは縮小幅があまり大きくはない，ということである（Helpman & Krugman, 1985, pp.64-66を参照）。しかし，Graham (1923) により初めて指摘されたように，この結果はすべての国で保証されるわけではない。なぜなら貿易はいくつかの国を規模の経済性が存在しない伝統的な産業に特化させてしまうからである。しかしながら，互いに貿易をする諸国という統合化された世界では，生産の集中は生産性を上昇させ，収穫逓増を持つ製造業

の費用を減少させる，という事実により，この負の効果はある程度相殺することが可能である。なぜなら貿易を行う世界では，1つの国よりもより多くの販売が期待できるからである。結果として，たとえ収穫逓増の産業が外国に立地しているとしても，その財はその国の消費者が自給自足下で支払っているよりも潜在的により低い価格で，輸入を通じてその財を獲得することができる。言い換えれば，このタイプの世界では，すべての国が貿易から利益を得るかどうかは定かではないけれども，利益を生み出すような影響力が存在し，そしてその影響力は規模の経済性のない世界よりも潜在的により大きなものとなる。

同様の議論は製品差別化や，前節で議論した企業レベルでの規模の経済性の存在に当てはめられる。このケースでは，生産性の変化に伴う適切な産出水準の測定が産業レベルでなく，むしろ企業レベルである，という場合を除いている。つまり，TFPの改善は産業1つ当りよりも，企業1社当りの産出高の拡大を必要とする。加えて，入手可能なバラエティーの変化から厚生効果が存在する。なぜなら，より幅広いバラエティーの選択は生産性の成果とは無関係に有益なものであるからである。これらの理由のために，厚生に対する貿易の総括的インパクトは伝統的な相対価格の効果，生産性の効果，そしてバラエティー効果を含んでいる（Helpman & Krugman, 1985, 第9章）。また一方で，すべての国は貿易の利益を享受することが保証されず，特にもし諸国がお互いに大きく異なっていなければ，保証されないが，しかし，そのような貿易の利益に向かって推し進める非常に強い影響力が存在する。第1に，あらゆる企業は世界経済全体に供給を行うため，ある産業での代表的企業の産出高が自給自足の状態よりも貿易を行うときの方がより高く，その場合，貿易はTFPを上昇させることとなるという見込みは高いであろう。第2に，各すべての産業において，バラエティーは世界全体のすべての生産者から入手可能となるため，自給自足の状態よりも貿易を行うときの方がより多くのバラエティーが入手可能となるであろう。そして，たとえこれら正の影響のチャンネルの1つが機能しないとしても（例えば，いくつかの産業において，1社当りの産出高が減少する），この不足分は貿易の利

益という他の源泉により補償されることとなる。

　貿易利益の複数のチャンネルの存在は，異なる生産要素の所有権のような，所得の異なる源泉の間での利害の衝突を弱めることが可能である。規模に関する収穫一定をともなう完全競争の世界において，分配上の衝突は避けられない，ということを我々は前章でみてきた。つまり，補償メカニズムがない場合では，貿易の利益を必ず得る生産要素もあれば，一方で，貿易の利益を失う生産要素もある。Krugman (1981) により指摘されたように，このことは製品差別化や企業特殊的な規模の経済性が存在する場合である必要はない。特に，バラエティーの増加は関連する所得の減少のための生産要素所有者を補償できる。例として，財が労働と資本により生産される世界を考えよう。製品差別化と規模の経済性がない場合，貿易を開始することはある国の相対的に豊富な生産要素の実質所得を上昇させ，相対的に希少な生産要素の実質所得を低下させる。このような状況下において，統合された世界経済を考えるのであれば，相対的に資本が豊富な国は資本所有者の実質所得の増加がみられる。しかし，もし製品差別化があり，貿易がバラエティーの増加を導くのであれば，資本所有者ほどではないが，労働者もまた貿易から利益を得るかもしれない。そのような利益というものは，貿易を行う諸国が相対的要素賦存において互いに大きく異ならないときに確認でき，しかし，1労働者当りの資本量が大きく異なるときには，貿易の利益を確認するのは困難である。

　独占的競争モデルは産業内および産業間の広範囲な国際貿易パターンを考察している理論と現実の間のギャップの橋渡しに役に立っている。それらの貿易パターンや基本的な理論はこの章で再考された。次章では産業内の貿易構造および生産の国際的組織についてより詳細に検討する。

第 5 章
産業内における企業間の問題

　規模の経済性と独占的競争モデルの伝統的貿易理論への統合は，1つの主要な知的業績であり，それは世界貿易の構造をより理解するためのフレームワークを提供した．前節で見たように，このアプローチはある国で入手可能な製品の範囲の重要性を強調しており，それは比較優位の新しい源泉を提案し，そしてその実証的仮説はデータによって支持されている．

　1980年代からこれら貿易モデルでの必要不可欠な特徴にもかかわらず，それらは新しい企業の個票データによる1990年代に浮上した様々な実証研究の結果を説明するには不十分であることが証明された．これらの研究成果は産業構造の主要な特性に関連している．つまり，代表的産業部門内において，企業は，規模，生産性，投入要素の構成，賃金，外国貿易への参加，において大きく異なるものとなっている．さらに，貿易を行っている企業は貿易を行っていない企業と体系的に異なっており，複数の国に生産プラントあるいは販売店を保有している多国籍企業もまた体系的に異なったものとなっている．外国貿易パターンとFDIパターンの変化する傾向を組み合わせる際に，これらの研究成果は貿易理論のさらなる再考の引き金になった．

5.1 輸出企業対非輸出企業

　1990年代に，多くの研究では，企業の特性が貿易のステータスによってどのくらい異なるのかを評価するために，産業内における企業の特性を調べ

た。Bernard & Jensen（1995, 1999）はアメリカのデータを用いてこの課題について取り組みを行った最初の研究であり、彼らの研究は、カナダ、コロンビア、フランス、メキシコ、モロッコ、スペイン、台湾を含む、他の多くの国々の研究の懸け橋となった[94]。これらの研究は、ごくわずかの企業が輸出を行い、輸出企業は非輸出企業に比べより規模が大きく、より高い生産性を持ち、輸出のステータスがより長く持続するということを明らかにした。この最後の特性は輸出に関する非常に大きい埋没費用の存在を明らかにすることにつながった。つまり、外国市場に参入を望む企業は、その市場で販売をするために相当な市場特殊的なセットアップ費用を負担しなければならない、ということである[95]。Das, Roberts & Tybout（2007）は、コロンビアの事例を研究し、小企業は400,000ドルを超える費用を負担することを、そして大企業はそれよりもやや低い費用を負担するという評価をした。

　表5.1は製造業部門の輸出企業のデータについて表わしている。アメリカでは製造業のわずか18％の企業しか輸出をしておらず、フランス、日本、チリ、コロンビアについても類似した数値を示している。しかしながら、ノルウェーに関するこの割合は非常に大きく、約40％近い企業が輸出を行っている。加えて、輸出企業の割合は産業により大きく異なっており、ある産業では表5.1で示されている平均値よりも大きい割合を占めている一方で、他の産業部門ではそれよりもかなり小さい割合を占めている。例えばアメリカの例をとると、印刷業およびそれに関連する仕事に従事している企業のわずか5％が輸出をし、そして、家具およびそれに関連する製品を扱っている企業のわずか7％が輸出をしている。反対に、機械製造業に関連する企業の33％が輸出を行い、コンピューターや電子製品に関連する企業の38％が輸出を行っている[96]。

　輸出企業は非輸出企業に比べ、より規模が大きく、より生産性が高く、その差は非常に大きい。アメリカにおいて、非輸出企業に比べ輸出企業は約2倍の労働者を雇い、総売上額も約2倍である。加えて、輸出企業1人当り付加価値率は非輸出企業より11％高く、そして輸出企業のTFPは非輸出企業に

第5章 産業内における企業間の問題

表 5.1 製造業における輸出企業のシェア (%)

国	年	輸出企業（%）
アメリカ	2002	18.0
ノルウェー	2003	39.2
フランス	1986	17.4
日本	2000	20.0
チリ	1999	20.9
コロンビア	1990	18.2

出所：WTO (2008，表5)。

表 5.2 製造業における企業規模別輸出企業の輸出シェア

(%)

国	年	上位1%の企業	上位10%の企業
アメリカ	2002	81	96
ベルギー	2003	48	84
フランス	2003	44	84
ドイツ	2003	59	90
ノルウェー	2003	53	91
イギリス	2003	42	80

出所：WTO (2008，表6)。

比べ約3％高い[97]。また，表5.2からもわかるように，輸出は大企業に非常に偏っている。アメリカにおいて，輸出企業の上位1％がアメリカの製造業輸出の約80％の海外売り上げを占め，一方で上位10％の企業が海外売り上げの96％を占めている。ベルギー，フランス，ドイツ，ノルウェー，イギリスにおいては，輸出企業の上位1％はアメリカ企業の割合よりも低い輸出シェアとなっているが，それらのシェアは42％から59％の間であり同様に大きなシェアである。そして，これらの国々の輸出企業の上位10％は輸出の80％から91％を占めており，非常に大きいシェアを持っていることがわかる。最後に，輸出企業は産出量の大部分を自国市場で販売し，残りのわず

かを輸出している。例えば，2002年におけるアメリカの製造業の輸出企業は全出荷の平均14%を外国へ送り，それら企業の輸出の割合は7%から21%であり産業により異なっている[98]。

統計的に示されたこれらのパターンを説明するために，Melitz (2003) は貿易理論を根本的に変えた1つの理論モデルを展開した[99]。そのモデルの説明のために，中心的議論の背後にある経済的洞察を明らかにする彼のフレームワークの単純化したケースについて述べていこう。前章で議論したように，独占的競争の条件のもとでの差別化された製品を生産する1つの産業部門を考えよう。しかし，前章とは異なり，ここでは産業に参入する企業はTFPに関する不確実性に直面していると仮定する。つまり，企業は自社のブランドの開発やそれを製造する技術を補う参入費用を負担しているが，生産性が高いか低いかどうかは事後的にのみ，つまり，この参入費用を支払った後にのみ，明らかにされる。結果として，企業は参入の利益についての期待を持つこととなり，そして，それら企業の期待利潤が参入費用をカバーするぐらい十分に高い限り企業は参入をする。参入は期待利潤と参入費用が等しくなるまで続くこととなる。明らかなことではあるが，これは参入のリスクを説明しているチェンバリンによる大数性の場合の自由参入条件のもとでの条件である。

参入による利益についての期待を形成するために，企業は異なる生産性の水準においてその利潤についての期待を形成する必要があり，またこのために，あらゆる生産性の水準に対するビジネス戦略を策定する必要がある。特に，どの生産性水準で参入費用をあきらめ，事業所を閉めるのがよいか，どの生産性水準で国内の顧客に販売することにより利益を得ることができるか，そして，どの生産性水準で輸出を行うことにより利益を得ることができるか，を決断しなくてはならない[100]。実証分析が明らかにしているように，もし企業は現在いる産業に留まるのであれば製造に関する固定費用を負担しなければならず，またもし産出高のうちの幾分かの部分の販売を海外で行うことを選択すれば，追加的な輸出に関する固定費用を負担しなければならないことをMelitz (2003) は想定している。さらに，輸出をすることは可変

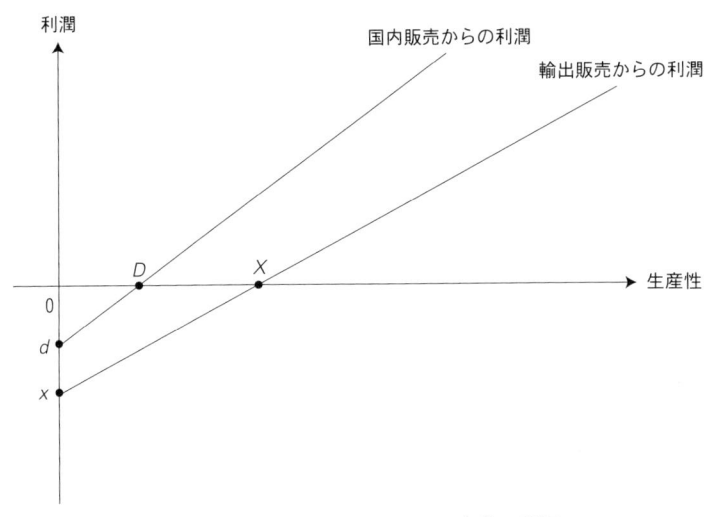

第 5 章　産業内における企業間の問題　　　　　　　　　　　　　　　103

図 5.1　異なる生産性水準をもつ企業の利潤

的な貿易費用を生み出す．即ち，それらは，運送料と保険料，貿易相手国の関税，あるいは，その他の貿易障壁から生じるであろう．このような状況下のもと，参入費用が埋没した後に，産業に留まることによる収益性について，図 5.1 で表すことができる．

　図の上方にある曲線は，国内販売から得る利益（即ちそれは収入から生産の際の可変費用を引き，さらに生産の際の固定費用を引いたもの）を，企業の生産性の関数として表している．つまりこれは，より生産的な企業が国内市場で一層利益を得る，ということを表している．生産性がゼロの企業は製造することができないが，それでもなおその産業に留まる限り，生産に関する固定費用を負担しなければならない．以上のことからわかるように，生産性がゼロであるとき，利潤は横軸より下の点 d でマイナスである．点 d と横軸までの距離は生産に関する固定費用を表している．企業がより生産的になるにつれ，これらの利潤は上昇し，点 D でそれはゼロと等しくなる．利潤は生産性とともに上昇し続け，点 D より右では全ての生産性の水準においてプラスに転じる．

この図の下方にある曲線は輸出売上高からの利潤を表している。この場合も生産性がゼロの企業は利潤がマイナスとなり、横軸と点xの距離は企業が追加的な生産にともなう固定費用を負担しなければならない輸出の固定費用を表している。輸出売上高からの利潤は生産性とともに上昇し、点Xでゼロとなる。そして、点Xより右の位置の生産性水準ではさらに利潤は上昇し続ける。点Xよりも左に位置する生産性を持つ企業は輸出をすると損失を被ることとなり、一方で点Xより右に位置する生産性を持つ企業は輸出により収入を得ることとなる。これら利潤曲線の位置は点Xが点Dよりも右に位置していることを明確に表している。これは偶然ではなく、点Dの右にある点Xは上述した実証と整合的な産業構造のパターンに合致している。

図5.1において、点Dより左の生産性水準をもつ企業は国内販売からでも輸出からでも利潤を得ることができない。つまり、彼らの利潤はこれらの活動のあらゆるところでマイナスである。結果として、企業の最善の戦略は製造に関する固定費用を抱えることを避けるために、この産業から撤退することである。たとえ参入費用を犠牲にした後であっても、この戦略は結果としてゼロ利潤を導く。点Dと点Xの間の生産性水準を持つ企業は異なる戦略を選ぶ。つまり、それら企業は国内販売からは利潤を得るが、輸出販売からは損失を被る。ゆえに、彼らは外国市場ではなく国内市場にのみ販売を提供することにより、利潤を最大化する。つまり、輸出は行わずその産業に留まることを選択するのである。最後に、点Xよりも右の生産性水準を持つ企業は国内販売からでも輸出からでも利潤を得る。ゆえに、そのような企業のビジネス戦略は国内市場と同様に外国市場でも活動を行うことである。換言すると、この種の市場においては、最も生産性の低い企業は撤退をし、中間の生産性水準を持つ企業は国内の顧客にのみ販売を行い、そして、最も生産性の高い企業は外国と国内の両方の顧客に販売をする、という戦略を選択することとなる。この分類パターンは、わずかな企業のみが輸出を行い、輸出企業は産出のわずか一部を外国の顧客に販売し、輸出企業は非輸出企業よりも規模が大きく生産性が高く（より生産性の高い企業は、より多くの労働

第5章 産業内における企業間の問題

者を雇い，より多くの財を生産し，それゆえより高い収入を得るため，より規模が大きくなる)，輸出販売の割合はより大企業に偏っている（なぜなら大企業はより多くの輸出をし，それゆえより高い収入を輸出販売から得ているからである)。この分析から明らかになったように，Melitz はこれらの事実についてのシンプルかつ説得力のある貿易モデルを提供した。そして，彼のモデルはなぜ輸出企業は非輸出企業よりもより高い賃金を支払っているのかを説明していないけれども（この理論的フレームワークにおいて，すべての企業は同一の賃金を支払っていると仮定している)，我々はそのモデルの修正版もこの賃金予測を生み出すということを後に知ることになろう。

貿易自由化に関する研究は，貿易障壁の低下に反応する資源再配分の多くが産業間よりむしろ産業内で行われている，ということを繰り返し見つけ出す。Balassa (1966, 1967) は，現在の拡大 EU の前身である欧州共同市場の形成が，伝統的貿易理論により仮定されていたような産業間での主要な資源再配分をもたらさなかった，ということについて言及している初めての研究であった。彼は以下のような洞察力の鋭い観察を行った。

> 資源配分に関する関税切り下げのインパクトに関して，不利である産業間に対する産業内の優位性，工業諸国間で貿易された工業製品への特化は適切な考察である。消費財，機械そして高い組立レベルでの中間財での製品差別化によって，貿易自由化は，伝統的な教科書の説明によって予想されるように，輸入競争産業から輸出産業への資源の大量のシフトを必要としないが，そのかわり，個別産業の製品構成における変化を導き出している…
> しかしながら，関税切下げは国際取引が主として相対費用における国家間の差異によって決定されるような標準化された製品の場合には資源の産業間シフトをもたらすであろう。(Balassa 1967, p.93)

さらに指摘をすると，Tybout & Westbrook (1995) によるメキシコ，Pavcnik (2002) によるチリ，そして Trefler (2004) によるカナダの詳細な企業レベルのデータを用いている最近の貿易自由化の研究は，低い生産性の企業から高い生産性の企業への産業内での大きな市場シェアの資源再配分

と低い生産性の企業の退出を見出している。産業内でのこれらのシフトはそのモデルで説明できるのか。答えはイエスである。

貿易障壁の低下を考えてみよう。これは可変的な輸出費用の低下を意味する。その結果として，輸出販売高の利潤は上昇し，図5.1の下方に位置する曲線は上に向かってシフトする。輸出企業にとってのこの利益の上昇はそれら企業の産出高と輸出高の拡大によるものであり，輸出を行っていない国内企業から輸出企業への市場シェアのシフトを導いている。輸出企業の拡張は国内の生産要素の需要を高め，そして多角的貿易自由化のケースでは国内市場を外国とのさらなる競争にさらすこととなるので，投入費用は国内市場で上昇し，1製品当りの需要は低下する。これらの変化はすべての企業の利潤を低下させるが，輸出企業の利潤の上昇を完全に相殺するものではない。国内企業の利潤の低下は図の上方にある曲線を右にシフトさせる。つまりそれは，点Dより右であるが点Dに近い以前はわずかに利潤を得ていた低い生産性の企業は，そのような新しい状況下では損失を被ることを意味している。それゆえに，これらの企業は事業所を閉め，その産業から退出する。このことから明らかなように，貿易の自由化は生産性が最も低い企業の退出を導き，そして，生産性の低い国内企業から生産性の高い輸出企業へ市場シェアの再配分を導くこととなり，それらが共に行われることは産業全体の平均生産性を上昇させることとなる。これは注目すべき見解である。なぜなら強い経済的影響力は部門の生産性水準を高める方法で産業構造を再構成するということを示唆しているからである。

これらの効果はかなり大きいものなのであろうか。多くの研究者により幅広く研究された1989年のカナダ－アメリカ自由貿易協定はこのような例証を提供している。Trefler（2004）によると，1988年においてカナダのアメリカからの平均輸入関税は8.1％であった。さらに，10％を上回る関税はカナダの産業の4分の1にあてはまるものであった。アメリカ側の関税はというと，非常に低いものであり平均わずか4％であった。Treflerは事業所レベルのデータを用いて，FTAの労働生産性に対する影響を非常に詳細に研究した。彼はFTAがカナダの製造業の労働生産性を7.4％上昇させ，これ

は実際には非常に高い数値であり，そして最も影響を受けた輸入競争産業の生産性の上昇は約2倍であることを見出した。事業所レベルでは生産性の上昇はほとんどなかったが，これらの上昇の大部分は高い生産性の事業所に有利なように市場シェアの再配分と，そして低い生産性の事業所の退出によるものである。言い換えれば，カナダの経験は理論分析に一致する。

　産業部門内での再配分は伝統的な比較優位の影響力と関連して研究されてきている。Bernard, Redding & Schott（2007）は，2国，2部門，2投入要素をもつ独占的競争モデルを分析し，そのモデルでの各産業内では異質的企業，固定的貿易費用および可変的貿易費用が存在している。その分析を容易にするために，彼らは要素比率が部門内の活動間では同じであるが，部門間では相違すると仮定している[101]。このような状況のもとでは，貿易はあらゆる国のすべての部門のTFPを上昇させる。さらに，TFPの上昇は，生産性の最も低い企業の市場からの撤退と，生産性のあまり低くない企業から生産性がより高い企業へのシェアの再配分により促進される。興味深いことに，生産性の上昇はすべての部門で同一にはならず，その上昇は国それぞれにおいて異なる偏りを見せている。特に，TFPは各国の比較優位の度合いが高い部門，つまりその国が相対的に豊富に所有する生産要素に集約的な部門でより比例的に上昇するのである。含意的に，生産性の相対的な上昇は異なる国の異なる部門において生じることとなる。さらに，この結果は，あらゆる国が生産性の増加が相対的に高い部門では純輸出国であり，そのため，その国は貿易が比較優位のRicardoの影響力によって推進されることを意味している。また，この場合，Ricardo的な生産性優位は比較優位のHeckscher＝Ohlinの影響力により生み出され，これは，特定の投入要素を相対的に十分豊富である国がこの投入要素を集約的に使用する産業で，相対的に高いTFPが生ずることを意味している。このような世界では，要素比率タイプの比較優位と相対的な生産性タイプの比較優位とは分離できないということである。

5.2 数量的評価

　我々は第4章において，貿易をするためのバラエティー選択の反応という明確な認識が様々な実証的現象を説明することを助け，貿易自由化に対する経済調整への我々の理解を深める助けとなる，ということを確認してきた。これらの調整が数量的に重要であるかどうかは依然として未解決な問題として残っている。貿易の extensive margin（貿易される製品バラエティー数の変化に起因する貿易構造の一部）によるその調整を厳密に測定した研究はごくわずかであるため，これらの効果に対する評価は試験的なものにしかならない。

　前章で議論したように，グラビティー方程式は国際貿易フローを実証的に検証するための重要なツールである。つまり，それは距離，通貨圏，自由貿易協定のような貿易変数に与える影響を推計するのに用いられている。国レベルという大きなサンプルにあてはめられるとき，このアプローチは企業レベルデータでは使用できず（機密性のある制約により個々の国からデータをプールすることができない），その代わりに国－産業レベルのデータセットに当てはめられねばならない。このような場合には，研究者は推計の正確性を向上させるために自分たちの過去に行った推計手法を改良することに焦点をおくけれども，貿易の intensive margin から extensive margin を分離することにはほとんど注意を払わなかった[102]。しかし，Helpman, Melitz & Rubinstein (2008) は，これまでに通常は使用されてこなかったデータの一部，つまりゼロ貿易フローの観察，を利用することにより，総括されたデータから intensive margin と extensive margin を分離して推計することが可能となっていることを示している。このために，彼らは Melitz (2003) モデルを複数国を扱う一般化モデル版に展開し，明らかに異なる国のペアの間での固定的な貿易費用と可変的な貿易費用を当てはめ，このモデルのパラメーターを2段階推計法により導いた。

Helpman, Melitz & Rubinstein らのアプローチの背景にある重要なアイディアは，企業の所与の国への輸出量が輸出の固定費用に依存しない，ということである。しかしながら，輸出を行う決定はこの固定費用に依存する。そういうわけで，例えばドイツからガボンへの輸出欠如は，たとえ最も生産的なドイツ企業であっても，生産と輸出の可変費用を売上げから引いた収入ではガボンへの輸出の固定費用をまかなうことはできない，ということを暗に意味している。全ての２国間による可能な限りの双方向輸出を考えると，従って，輸出を利益のあるものとする生産性カットオフについての情報を提供する推計式を推計するために，プラスのフローとゼロのフローの間の違いを用いることが一般的になされる[103]。同様にこれらの生産性のカットオフは，輸出による利益を得ることのできる一部分の企業についての情報を与えてくれる。

　一部分の輸出を予測するために第一段階目の推計式を用いて，また，様々な貿易障壁や貿易に関する intensive margin と extensive margin に関する貿易を増大するものに対する影響を別々に推計するために，第二段階目の標準的なグラビティータイプの推計式にこの推計を用いることが可能である。Helpman, Melitz & Rubinstein は intensive margin に与える２国間の距離（貿易障壁）の影響は通常の推計の約３分の２であり，それは非常に大きい偏りがあることを明らかにし，そして，彼らは通貨同盟（貿易を増大するもの）の推定された影響に同じようなバイアスがあることを見出している。重要なことは，そのバイアスは，発展水準のような異なる特性を持つ諸国間では実質的に変化する。なぜならば，extensive margin の影響がペア国間でかなり異なるからである。例えば，貿易フローに関して距離の全体的な影響は１人当りの所得の高い諸国同士の国のペアの間で最も小さくなり，１人当りの所得が低い諸国同士の国のペアの間では最も大きくなる。１国が１人当り所得が高く，他方で他の国が１人当りの所得が低い国のペアの間であるとき，この影響は中間的である。より明確には，輸出に対する距離の最も大きい効果は最も小さい効果の約３倍に及ぶということである。言い換えると，標準的な推計は貿易の intensive margin の役割を誇張するだけでな

く，それらがまた貿易の extensive margin により引き出される貿易を妨げ たり，加速させたりする貿易の感応性における異質性の重要な源泉をも見落 としている。

　Balistreri, Hillberry & Rutherford（2008）は，世界を9地域7産業に 区別し，国際貿易の精巧なモデルを推計した。対象地域は表5.3で表されて いる。産業は，農業，製造業，エネルギー産業，サービス産業を含んでいる が，製造業だけが独占的競争と異質的な企業をもつ産業であるというモデル を用いている。製造業における企業の異質性と独占的競争を取り入れること 以外には，このモデルは貿易政策の分析で一般的に用いられる競争市場を仮 定している「標準的」なモデルである。結果として，Balistreri, Hillberry & Rutherford は2つの代替的な分析フレームワークを用いて貿易政策の影 響の比較を可能としている。即ち1つ目は製造業での企業の異質性無しを仮 定した場合であり（標準的な構成），そして2つ目は企業の異質性を仮定し た場合である[104]。この研究結果の違いは企業の異質性と貿易の extensive margin を導入した場合である。

　表5.3は総合的な（すべての人々の総和）厚生が製造業品の関税50％の 減少から利益を得ることを表している。輸入財に対する輸出財の価格の変化 （即ち交易条件）は，1国の厚生の増減の重要な源泉であり，特に企業の異 質性が導入される以前のモデルでは重要視されていた。輸出可能財の相対価 格が上がるとき，1国の厚生は増加し，逆に下がると，1国の厚生は低下す る。企業の異質性によって，製造業における企業の平均生産性と入手可能な ブランドの数における変化から追加的な厚生効果が存在する。

　これら厚生の変化の大きさを測るために，使用しているデータでは製造業 が総産出高のわずか25％の割合を占め，地域を超えた取引は製造業の約15 ％であり，そして製造業の平均関税は9.3％である，ということを念頭に置 いておく必要がある。それゆえに，この表に載せている事例では，関税削減 は非常に小さく平均5％以下であり，それらは産出の4分の1に適用されて いる。この条件の下では，表5.3に載せている厚生効果はかなりの説明力を 持っている。まず，ほとんどの地域は貿易自由化から利益を得るが，そうで

表 5.3　製造業の関税が半減することによる厚生効果　　（%）

地域	企業の異質性を除いた場合	企業の異質性を考慮した場合
中国	0.3	1.3
北アメリカ	−0.0	0.0
ラテンアメリカ	0.1	0.5
ヨーロッパ	0.1	0.2
東ヨーロッパと旧ソ連	−0.1	−0.3
日本，韓国，台湾	0.1	0.3
その他のアジア	0.3	1.1
オーストラリアとニュージーランド	0.4	1.4
世界のその他の地域	−0.2	−0.7

出所：Balistreri, Hillberry & Rutherford（2008，図 8）。

はないところもある。つまり，企業の非同質性を加味しない場合，東欧諸国は 0.1%，その他の世界は 0.2%の厚生低下がそれぞれ確認できる。企業の非同質性を加味した場合，厚生の低下はさらに大きくなり，東欧諸国は 0.3%，世界のその他の地域では 0.7%の厚生低下がそれぞれ見て取れる。それにもかかわらず，企業の異質性を加味するときの厚生増加の単純平均は 0.111 から 0.422 へと約 4 倍増加している。厚生増加の差異は中国，ラテンアメリカ，その他のアジア諸国，オーストラリア，ニュージーランドで特に顕著である。企業の異質性と独占的競争の存在が大きくなるにつれ，中国では 4 倍の厚生増加があり，ラテンアメリカでは 5 倍，その他のアジア諸国ではほぼ 4 倍，そしてオーストラリアとニュージーランドでは 3 倍以上の厚生増加が確認できる。

　製品差別化と企業の異質性は貿易の利益や自由化に新しいチャンネルを取り入れているが，これら利益の程度は非常に不確実である[105]。見方によっては，外国企業の国内市場への浸透は，潜在的な厚生の変化を完全に相殺するという方法で国内市場の参入に影響を与えることとなり，それは利益を生

み出すということが製品差別化の程度には依存しないということである。Arkolakis, Demidova, Klenow & Rodríguez-Clare (2008) は，分析上，一部門経済を仮定してこの効果を示し，コスタリカでの貿易自由化から得る小さな貿易利益を推計した [106]。しかし，彼らの一部門モデルは非常に限定的である。例えば，Balistreri, Hillberry & Rutherford (2008) のモデルは複数部門を仮定している。結果として，製造業部門の貿易の自由化はこの産業での雇用の拡大をもたらすが，これは Demidova, Klenow と Rodríguez-Clare の一部門モデルでは生じ得ない。同様に，この研究は彼ら独自のシミュレーションにより分析した製品差別化に関連した貿易自由化の大きな利益と関係している。現時点でこれらの研究テーマについての議論は解決に至っていない。

5.3 失業と不平等

　私は前の章および本章で，国際貿易が労働市場における労働者へ利益もしくは不利益を与えるという多くのメカニズムについて議論を行ってきた。とりわけ，我々は次の2点について観察してきた。それは，もしその国の輸出財が労働集約的であった場合，国際貿易は労働者に利益を与え，もしその国の輸入財が労働集約的であった場合は不利益を与えるという2点である。さらに我々は，製品差別化が貿易の利益の要因となるとき，労働者と他の生産要素間におけるこのタイプの分配上の対立は弱まることを観察してきた。最終的に我々は，もし製品差別化に加えて企業の異質性が存在したならば，国際貿易は輸入競争産業，輸出産業の両方の TFP を上昇させる（比較的高度な産業に対しては釣り合いのとれない影響を与える）ことを確認してきた。そこでは実質賃金へ利益を与える新たなチャンネルを紹介している。

　それらの議論は完全雇用の経済に焦点を当てている。けれども多くの場合，世界市場の変化は1国の雇用機会と失業率が変化するような圧力を与える。そのような変化は，経済が外生的な変化に対応する移行期に限定される

第 5 章　産業内における企業間の問題

一時的なものかもしれないし，長期の構造変化の結果としてより長く続くかもしれない。一時的な失業の噴出は，政策においては主要な関心事である一方で，労働市場の構造的特徴でもある。そのことを示すように，1997 年 10 月に EU は自身の基本条約を，雇用政策を最優先にするという題目を含んだアムステルダム条約へと改正した。1 カ月後の 1997 年 11 月，ルクセンブルグで行われた臨時の欧州理事会会議は欧州雇用戦略に着手し始めた。その内容は，「…情報の交換と全ての参加国でされている議論の接続を促すために発展させた，従ってそれぞれの国でより多くのより良い雇用の創出を支援するような解決策や最善の試みを協力して模索する。」というものである[107]。2 年半後の 2000 年 3 月，リスボンで行われた欧州理事会会議において各国首脳は欧州連合のために考案したリスボンアジェンダに着手し始めた。それは，「…より多くのより良い雇用とより大きな社会的結束を伴う持続可能な経済成長を可能とする，世界で最も競争があり力強い知識集約型経済になること…この戦略は連合が完全雇用のための条件を取戻し，欧州連合の中での結束を強めることを可能にするために考案された。」と説明されている[108]。これらの目的のために欧州連合は厳密に何を行うべきか。例えば，イギリスはフランス，イタリア，そしてスペインといった国における労働市場の適応性の欠如を特に懸念し，そして労働市場の改革を促進してきた。これらのタイプの政策を評価するためには，その分析に労働市場摩擦を導入する必要がある。

　労働市場における摩擦は多くの形態をとる。いくつかのケースでは，労働需要が落ち込むとき，賃金は減少しない。このことは，賃金低下を防ぐための労働組合の影響力，もしくは労働者の認識に深く染み込んだ「公正な賃金」の概念の結果なのかもしれない。他のケースでは，有効求人や有資格作業者の情報は極めて不完全であり，そのことは，一方では失業者がいる場合であり，他方では求人が満たされていない場合であり，それらが共存をもたらしている。情報が不完全な場合，労働者達はより良い雇用機会を待ち，企業はより良い能力のある就職志望者を待つであろう。雇用することは企業にとっては費用がかかることであり，その理由から企業は雇用者を解雇する。

解雇に関する費用は，行政上の手続きと政府もしくは労働組合から課される退職金から発生する。要するに，労働市場摩擦には多数の理由が存在している。

　表5.4で示される雇用のむずかしさ，時間の硬直性，解雇のむずかしさという3つの摩擦の測定のように，労働市場の硬直性は諸国間で大幅に変化する。この表では，各国はこれらの硬直性の平均指数順に並べられている[109]。これらのデータによると，アメリカとウガンダは最も柔軟性のある労働市場をもち，その一方でスペインとモロッコの労働市場は最も硬直的である。明らかに，労働市場摩擦はいくつかの低所得国および高所得国では少なく，またその摩擦はいくつかの低所得国および高所得国でも高いところもある。欧州連合の加盟国間では，イギリスの労働市場摩擦は少なく（OECD平均より大いに低い），その一方でドイツ，イタリア，そしてスペインの労働市場

表5.4　労働市場摩擦に関する指数 (0−100)

国	Difficulty of Hiring	Rigidity of Hours	Difficulty of Redundancy
アメリカ	0	0	0
ウガンダ	0	0	0
ルワンダ	11	0	10
イギリス	11	20	0
日本	11	7	30
OECD	27	30	23
イタリア	33	40	40
メキシコ	33	20	70
ロシア	33	40	40
ドイツ	33	53	40
フランス	67	60	30
スペイン	78	40	30
モロッコ	89	40	50

出所：Botero et al. (2004). この表で報告されている数は指数であり，値が高ければ高いほどより硬直的であることを表す。これらは以下に示す世界銀行のウェブサイトからダウンロードが可能である。http://www.doingbusiness.org/ExploreTopics/EmployingWorkers/ on September 25, 2009

第 5 章　産業内における企業間の問題　　　　　　　　　　　　　　　　115

摩擦は多くみられる（OECD 平均よりも大いに高い）。

　実証分析は，労働市場摩擦の差異が失業の重要な決定要因であることを示している。例えば，Blanchard & Wolfers（2000）は，経済情勢の変化に対する欧州諸国の反応が労働市場の特性に依存するような形で変化する，ということを明らかにしている。そしてさらに，Nickell, Nunziata, Ochel & Quintini（2002）は，OECD 諸国において，時間の経過に伴う労働市場特性の変化が失業の発生の重要な要因となることを証明している。これらの研究成果は，貿易の自由化が異なった影響をそれぞれの国に与えることを明確にしており，それは労働市場環境に依存しているのである。さらに，1 つの国の労働市場環境の変化は貿易相手国にも影響を及ぼすことが可能で，貿易相手国がどのような影響を受けるかはその国自体の労働市場摩擦に依存することになるであろう。別の言い方をすれば，労働市場摩擦は貿易を行う国の間の相互依存関係に影響を及ぼす。この節で，私はこれらの摩擦がどのように機能しているのかを検証する。

　貿易と労働市場摩擦についての論文は多々あるけれども，Diamond（1982a,b）や Mortensen & Pissarides（1994）によって展開された，サーチ・マッチング・モデル（労働者の職探しと企業の欠員の穴埋めのむずかしさ）に焦点を当てる[110]。このアプローチは構造的失業を説明するにあたり非常に有効的であることが証明されており，サーチ・マッチング・モデルは比較優位に影響を及ぼすことが証明されている[111]。なぜならこのアプローチは構造的失業を扱うことを目的としているため，その主要な焦点は，短期の変動即ち経済状況の変化を調整する一時的な期間よりも，長期の成果にある[112]。

　労働市場に対するサーチ・マッチング・アプローチは，企業が欠員を公表し，労働者が雇用を探す際の状況を構想している。労働市場摩擦はすべての欠員の補充とすべての労働者の職探しを妨げている。埋めるべき欠員の割合や職探しをする労働者の割合は，実業界における状況を集約しているマッチング関数により決定され，それはマッチングする総数が欠員の総数と職を探している労働者の総数に依存している。2009 年 7 月のアメリカでは，240

万人の求職口があり，1,520 万人の失業者がいた[113]。つまり，一方で欠員が充足されず，他方で職を探している労働者がいた。不況の影響で 2009 年の夏においては非雇用者の数は多かったけれども，埋められていない欠員と失業労働者の共存は経済界での不変的な特徴である[114]。

　Helpman & Itskhoki (2010) は労働市場摩擦が諸国間の相互依存関係に影響を及ぼすことについて検討している。彼らは，「1 国の労働市場摩擦が貿易相手国にどのような影響を与えるのか，貿易障壁の撤廃が異なる労働市場摩擦に直面している国々にどのような影響を与えるのか」という問題への取り組みを可能とする分析フレームワークを導入した。この分析のために，同質財と差別化財の両方を生産し，各部門においてサーチ・マッチングを行うとする 2 経済モデルを導入した。労働者は最も高い期待所得をもつ部門において職探しを行う。労働者は同一的であるため，これは職探しからの期待所得が各部門で同じであることを意味する。企業はあらゆる産業に参入し，欠員を掲示する。企業により掲示された欠員の数と仕事探しをしている労働者の数は（マッチング関数を通じて）雇用者の数を決定することとなる。欠員が埋まる確率は総欠員数とその産業の総雇用者数との比率に等しくなる。同様に，労働者が雇用口を見つける確率は雇用口を探している労働者の数に対するその産業での総雇用者数との比率に等しくなる。後者の確率は労働市場の硬直性の尺度を提供し，即ち雇用の確率が高まれば高まるほど，労働市場はより硬直的になる。労働市場の硬直性の程度は 2 つの産業において異なるかもしれない。そのような差異は欠員を掲示する費用の差から，あるいはマッチング・プロセスでの効率水準の差から生じ[115]，またそれらは部門間の雇用費用や失業率の差異を導く[116]。

　部門別の失業比率の差異は重要な実証的現象である。2008 年のアメリカの労働統計局によると，その失業比率は，鉱業で 3.1％，建設業で 10.6％，製造業で 5.8％，卸売・小売業で 5.9％，輸送業および輸送設備で 5.1％，金融関係で 3.9％，専門サービスおよびビジネスサービスで 6.5％，教育福祉サービスで 3.5％，レジャーおよびホスピタリティで 8.6％，その他のサービス業で 8.6％，農業および関連民間の賃金労働と給与労働で 9.2％，である[117]。

部門別の失業率が異なるとき，部門別に職を探すパターンの変化は総失業率に影響を与える。

マッチング・プロセスの後，あらゆる企業はその労働者と賃金について交渉する[118]。なぜならば，雇用プロセスや雇用を探すことは両方とも費用のかかるものであるため，企業と労働者の両方が交渉力をもつ。このことは労働者の雇用費用に等しい賃金率を導く。それゆえ，雇用費用が所与の産業でのあらゆる企業で同じであるという事実によって，そのような産業でのあらゆる企業は同一賃金率を支払っている。それは，差別化された部門での高生産性企業も低生産性企業も同じ賃金率を支払うことを意味している。

Melitz (2003) で言及されているように (5.1 節で議論したように)，企業はそれがどの程度生産的であるのかを見出した後，参入費用を支払う。そのとき，企業は市場から退出するか，国内市場のみに留まり任務を果たすだけにするかを選択し，あるいは国内市場と外国市場の両方に留まり奉仕するかを選択できる。その生産性やその望まれたビジネス戦略に応じて，企業は労働者を雇うための欠員を掲示することを選択する。このような状況において，賃金が雇用費用と等しくなるという結果は，その企業がどの程度生産的であるのか，そして企業が国内市場にのみ供給するのか，あるいはまた輸出も行うのか，とは無関係にすべての企業が同一の賃金率を支払うというところに落ち着くこととなる。このような状態のもとで，労働者は生産性の高い企業あるいは低い企業，そして輸出企業あるいは非輸出企業とをマッチングされるのと無関係である。そしてさらに，企業にとって市場から退出するのが最も有益であると判断するラインよりも下に生産性の境界が存在し，企業にとって輸出することが最も有益であると判断するラインよりも上に高い生産性の境界は存在している。これらの境界の間で，図 5.1 で描かれているように，企業はその産業に留まるのが有益か，国内市場にのみ供給するのが有益かを判断している。

この状況のもと，両国は同質製品の部門では同一の雇用費用をもつが，また両国は差別化製品の部門では異なる雇用費用をもつかもしれない。それは 2 つの部門での相対的な労働市場摩擦の程度に依存する。もし可能であれ

ば，労働市場摩擦に関することを除いて，それらの国々がほぼ同一であると仮定をすれば，そのときそれは差別化製品部門においてより高い雇用費用をもつ国が差別化製品を純輸入し，同質財を輸出することとなる。差別化製品部門での相対的に低い雇用費用は，その部門での差別化製品の比較優位を引き出す。

Melitz (2003) のモデルと同様に，可変的な貿易費用の削減は両国の差別化製品部門の TFP を上昇させる。しかし，その差別化製品部門での労働市場摩擦の削減に成功している国は，この部門での自国の TFP を高めているが，しかし，貿易相手国の差別化製品部門での TFP を減少させている。直感的に，差別化製品部門を世界市場でより一層競争的にすることで，その部門でのより低い労働市場摩擦が雇用費用を低下させている。ここでの含意として，労働市場摩擦がこの部門での貿易相手国における競争を弱めている。その結果，競争力における推移がこの生産性における推移であると解釈されている。

最後の結論は，労働市場摩擦を通じた各国間の相互依存の重要なチャンネルを明らかにしている。つまり，1国の労働市場条件は，貿易相手国の経済的パフォーマンスに影響を及ぼす。EU の雇用戦略という文脈では，それはフランスのような国の労働市場改革が，たとえこのような改革がフランスの生産性を向上させたとしても，スペインやイギリスのようなその他の国に被害を与えるかもしれないことを示唆している。

1国の労働市場摩擦の低下が及ぼす効果は生産性だけにはとどまらず，それはまた厚生水準にも影響を及ぼすこととなる。即ち，この経済環境下では，厚生は改革を行っている国において上昇し，その貿易相手国では低下する。これはあらゆる国に利益をもたらす差別化製品部門における可変的な貿易費用の削減と対照的である[119]。それにもかかわらず，両国の差別化製品部門における労働市場摩擦の調整された（つまり，共通比率での）削減は，それらの両方に利益をもたらす。

労働市場の硬直性は失業を形づくる際の中心的役割を果たしている。我々は特定産業の失業率がその労働市場の緊張さにより影響を受け，それが部門

第 5 章 産業内における企業間の問題

での労働市場摩擦に同様に依存していることをすでに注目してきた。産業の失業が高まれば高まるほど，その労働市場はますます硬直的になる。経済全体での失業率は，産業の加重として扱われる産業で職を探している少数の労働者をもつ部門の失業率の加重平均に等しい。結果として，部門での失業率が変化するためあるいは産業間の労働者の分配が変化するためのどちらかにより，経済の失業率は変化する可能性がある。つまり，後者は異なる産業で労働者が利用可能である雇用機会に依存する。

この理由づけの含意は，もし貿易の改革が 2 つの部門の中で，相対的に魅力のある部門へ職を探している労働者の移動を導くならば，部門別の失業率に影響しない貿易の改革が，経済全域の失業率に変化を与えることができるということである。特に，差別化製品部門における可変的な貿易費用を低下させる貿易改革は，この産業へより多くの労働者を惹きつける。結果として，類似した労働市場摩擦をもつ貿易諸国では，もし差別化製品部門の労働市場が同質製品部門の労働市場ほど窮屈でないとき，かつそのときに限り，各国の総失業率は上昇する。

失業の決定要因は大きな非対称性をもつ経済でより多く存在する。図 5.2 と図 5.3 は，1 国の可変的な貿易費用の変化と労働市場摩擦の変化に反応して貿易を行う 2 国の経済全体の失業率の変化を描いている[120]。両方の図において，太い曲線は差別化製品部門においてより高い労働市場摩擦をもつフランスのような国の変化を表しており，一方で，細い曲線は差別化製品部門においてより低い労働市場摩擦をもつイギリスのような国の変化を表している。図 5.2 は，失業率がフランスで可変的な貿易費用の増加とともに上昇し，イギリスでは減少する場合を描いている。さらに，可変的貿易費用が高い時（点 A の右）に，高摩擦国は貿易相手国よりも高い失業をもち，可変的貿易費用が低い時（点 A の左）に，その貿易相手国よりも低い失業をもつことを示している。明らかに，高い失業率が必ずしも諸国の中の 1 国でより高い労働市場摩擦を反映しているわけではない。

図 5.3 においては，横軸はこれら摩擦が高い国での差別化製品部門における摩擦をあらわしている。点 A において，両国は両部門において同一の摩

総失業率の変化

低い労働摩擦の国　　高い労働摩擦の国

A

可変的貿易費用の変化

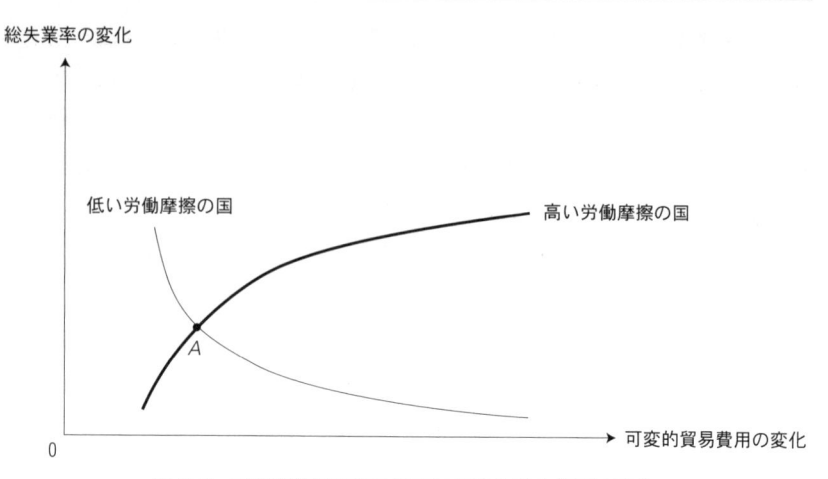

図 5.2　可変的貿易費用の増加に応じた総失業率の変化

総失業率の変化

低い労働摩擦の国

高い労働摩擦の国

B

A

高摩擦国における
労働市場摩擦

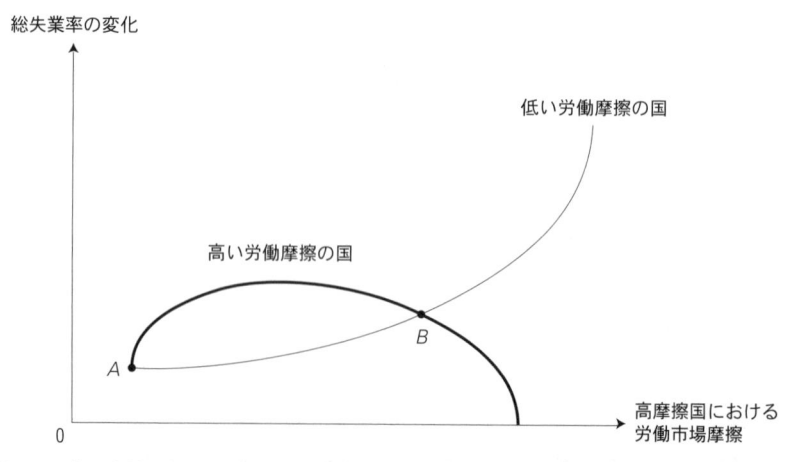

図 5.3　高い摩擦の国での差別化製品部門における労働市場摩擦の増加に応じた総失業率の変化

擦をもっており，点 A より右では，1 国の差別化製品部門における摩擦は上昇し，その国は摩擦の高い国となり，その貿易相手国においては変わらずそのままである．明らかなように，両国ともに同じ摩擦をもっている点 A では，両国ともに同じ総失業率に直面している．その摩擦はフランスのよう

に高い摩擦を持つ国において上昇し，その失業率も初めは上昇するが最終的に減少することとなる。つまり，それはコブ型になっている。イギリスでは失業率は継続的に上昇している。さらに，フランスとイギリスの労働市場摩擦の差異が大きすぎなければ（点Bよりも左），フランスはイギリスよりも高い失業率をもつであろう。しかしながら，大きな差異のため（点Bよりも右），フランスの失業率はより低い。その失業率は1国の労働市場摩擦に反映しないことを見て取ることができる。つまり，その失業率は摩擦の高い国でより高いかあるいは低くなるのである。

　フランスの失業率を示すコブ型は以下の事実から生じる。即ち，仮定により，同質財部門よりも差別化財部門でより高い失業率をもつ。結果として，フランスの差別化財部門で労働市場摩擦が高まることは，その部門の失業率を上昇させるが，それはまたこの産業において職を探しているフランス人労働者数を減らすことである。前者の効果は経済全体の失業率を上昇させ，後者の効果はそれを減少させる。結局，前者の効果は当初，優位を占めているが，最終的に後者の効果が支配的になり，コブ型を導く。イギリスでは失業率は上昇している。なぜならイギリスでのこの部門の失業率は変化がないからである。フランスで高まっている労働市場摩擦はイギリスの差別化財部門を一層競争的にし，その結果，イギリスの差別化財部門でより多くの労働者が職を探す。仮定によってイギリスの失業率は同質財部門よりも差別化財部門においてより高いものとなっているため，この労働者の再配分はイギリス経済全体の失業率を高める。

　多くの結論がこの議論から明らかになる。第1に，貿易あるいは貿易の自由化は1国の失業率に負の影響を与えるかもしれないけれども，失業の増加は厚生の損失を映し出すわけではない。つまり，失業の増加にもかかわらず，1国の総厚生は増加するのである。第2に，諸国間での比較では，失業率は必ずしも厚生と負の相関関係があるわけではない，つまり，比較的高い失業率の国が高い厚生をもつこともできる。この観察は第3の結論と関連性がある。失業率の諸国間での差異は必ずしも労働市場摩擦での正の相関があるわけではない。つまり，高い労働市場摩擦を持つ国が比較的低い失業を持

つ可能性はある。Blanchard & Portugal (2001) では，この結果はアメリカとポルトガルの比較において明確に出ている。労働市場摩擦は組織的にポルトガルよりアメリカにおいて低いが，ポルトガルがアメリカよりも高い失業率を持つ期間もあるし，また低い失業率の期間もある。第4に，労働市場摩擦の低下は国の厚生を上げるけれども，そのような低下は失業率を低下あるいは増加させるかもしれない。そして最後に，1国の労働市場摩擦の低下は貿易相手国の生産性と厚生に負の影響を及ぼし，さらに両国の労働市場摩擦でのその調整された低下がそれら両方に利益となる。必ずしもすべてにではないが，最後の観測は，特にいくつかのEU諸国で労働市場の流動性の改善を促進するような政策を評価することへの関心となる。

　これまで私はすべての労働者が同一的で，そしてこのことが所与の産業では，すべての労働者への平等な賃金の支払いをさせていると仮定している。特に，差別化製品部門では，異なる生産性水準の企業が同一賃金を支払った。この章の残りの部分では，私は，同一部門で労働者に異なる賃金が支払われるとき，不平等に対する貿易の影響に関する分析を行う。第3章で，我々は，資本や労働，あるいは熟練労働者や未熟練労働者のような異なる生産要素に与える貿易の影響を議論した。ここでは我々はそれよりも類似した特性を持つ労働者に与える貿易の異なる影響，つまり，グループ内の不平等に焦点を当てる。この議論はHelpman, Itskhoki & Redding (2010a) にもとづいている。賃金の不平等に与える貿易の影響への関心は2つの主な理由のために生ずる。1つ目は，類似した特性を持つ労働者間において，賃金の不平等性は大きいと多くの経済学者によって言われており[121]，またそれは貿易がこのタイプの賃金分散に寄与しているかどうかを知ることへの関心である。2つ目として，1980年代と1990年代初期に観測された賃金の不平等性の高まりは，先進国と途上国を一様に含んでいる[122]。結果として，要素比率理論のレンズを通してこのことに関する証拠を分析するとき，賃金の不平等性の高まりで貿易の自由化に大きな役割を付与することは難しい。なぜなら，この理論は貿易の自由化に反応する賃金の不平等性を先進国と途上国において逆の変化を予測しているからである。しかしながら，もし貿易

第 5 章　産業内における企業間の問題　　　　　　　　　　　　　　　　　　　123

の自由化が類似した労働者グループ内の賃金の不平等性を高めるならば，これらの変化の大部分は潜在的に貿易の自由化に起因すると考えられるであろう [123]。

　Helpman, Itskhoki & Redding (2010a) は，国際貿易と類似した労働者グループ内の賃金の不平等性の間の関係を検討するために，様々な方向からHelpman & Itskhoki (2010) の分析フレームワークの拡張を行っている。特に，彼らは企業間と労働者間の match-specific な生産性差異を導入している。彼らは，労働者は同一であるという事前の設定を考慮している。しかしながら，ひとたび労働者が企業に対応するとすれば，その仕事に対する労働者の適合性は自然と明らかにされることとなる。さらに，企業が潜在的被雇用者をスクリーニングすることに資源を費やさない限り，この match-specific な関係の質は観察できない。労働者の能力間に補完性が存在する時に，スクリーニング費用を負担するインセンティブが特に強くなる。つまり，企業の産出に対する労働者の限界寄与度がより大きくなればなるほど，その企業の全労働力の平均能力はますます大きくなる。これらの状況下で，たとえスクリーニング過程が労働者の match-specific 生産性について部分的な情報しか得られないとしても，企業はスクリーニングの資源における投資に前向きである。結果として，より生産的な企業はより多くのスクリーニングに投資をし，それら企業は平均能力のより高い労働者を雇用し，そしてより高い賃金を彼らに支払うようになる。

　この理論は類似した特性をもつ労働者間における賃金の分散を予測しており，「規模賃金プレミア」（規模が大きく生産的な企業により支払われたより高い賃金を意味する）として知られており，実証的証拠と矛盾しない (Oi & Idson, 1999)。さらに，規模が大きく生産性の高い企業は輸出を行い，一方で規模が小さく生産性の低い企業が輸出を行わないので，輸出企業は非輸出企業よりもより高い賃金を支払うと予測しており，これもまた実証的には矛盾しない (Bernard & Jensen, 1995, 1999, および Bernard, Jensen, Redding & Schott, 2007, を参照)。

　このような経済環境の中で，貿易は各産業内の賃金の不平等性を高める。

より詳細に述べるならば，各国が外国貿易に従事するとき，ごく一部の企業だけが輸出を行うならば，それは賃金の不平等性を助長する。他方で，貿易体制を根幹として，部分的な貿易の自由化は産業内の賃金の不平等性を増加あるいは低下させるかもしれない。つまり，実証的により関連性のあるケースが示されているように，ごくわずかの企業が輸出を行うときに，賃金不平等性は拡大し，そしてより多くの企業が輸出を行うときに，賃金の不平等性は減少する。貿易の自由化と賃金の不平等性の関係は単調である必要はないが，貿易の自由化がすべての国において賃金の不平等性を増加させる場合においては，その関係は単調と成り得る。これは理論的な可能性のみであるのか，あるいは実証的に適切な研究結果であるかどうかはまだわかっていない。

もう1つの興味深い意味合いは，貿易が異なる質に見合う労働者に対して異なる影響を与えるということである。同じように見合った質をもつ労働者グループ内の平均賃金がより高くなればなるほど，その質はますます見合ったものとなる[124]。加えて，同じような見合った質をもつ労働者グループ内の平均失業率がより高くなればなるほど，その質の見合い度がますます低くなる。結果として，もし賃金分配が類似した稼ぎ手の等しいグループに分け与えられるために使われ，つまり，分位（5つが等しい規模のグループ）に分けられた労働者に使われ，そしてそのグループが平均賃金別により分類されるならば，そのとき平均失業率はこれら分位の間で下落し，このことも証拠と矛盾しない（Juhn, Murphy & Topel, 1991）。この種の関係は自給自足時と貿易体制時の両方において成立する。しかしながら，貿易体制時により一層分散が行われる。即ち，図5.4で描かれているように，失業はより高い稼ぎ手の分位からより低い稼ぎ手の分位に移動するにつれ，ますます速く上昇する[125]。

我々はこの章において，異なる生産性を持つ企業によって占められる産業内での再配分における貿易の影響を検討してきた。この理論は実証研究における様々な研究成果と整合することをもくろんでおり，またそれは貿易，生産性，失業，不平等性への新しい洞察を生んでいる。詳細さには富んでいる

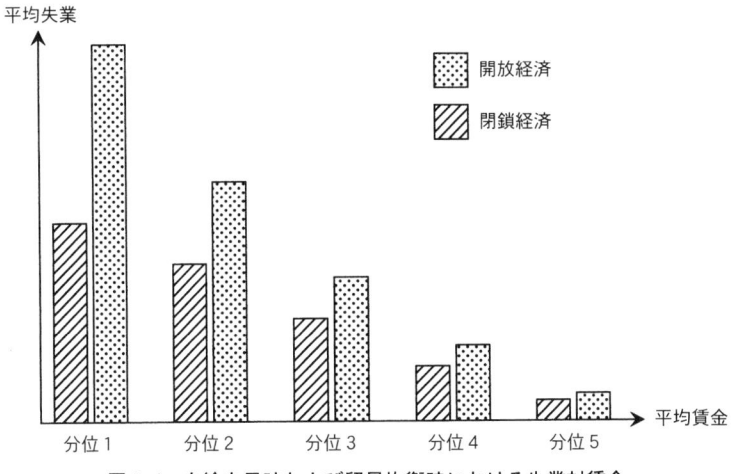

第5章　産業内における企業間の問題　　　　　　　　　　　　　　　125

図5.4　自給自足時および貿易均衡時における失業対賃金

けれど，その分析はこれまでのところ，国内市場にのみ供給をするのか，あるいは輸出も行うのかを戦略的に選択をする企業に限定してきたが，これらの企業が外国にある子会社を獲得するという行為は考慮に入れられていない。貿易という形だけではなく，FDIという形や，より一般的に言うならば，オフショアリングという形の中でもそうであるような，ビジネス企業の複数国にまたがる経済活動がここ数十年間において重要性を増してきているという事実をふまえ，次章は，国際的な生産組織という一層複雑な形の国際分業や相互依存関係への影響を議論する。

第 6 章
オフショアリングとアウトソーシング

　これまでの章で用いられてきた様々な分析フレームワークは多くの議論をカバーしているが，近年，重要性を増してきている国際的生産組織の議論をうまく取り込めていない。特に，現在では企業や国の境界を越える生産工程のフラグメンテーション（国際的な工程間分業）がこれまで以上に広く普及しており，これが国内外における企業の調達戦略に影響を及ぼしている。このような変化の近因として情報技術（IT）の発達があげられる。この IT 革命によってコミュニケーション，コンピュータ補助によるデザイン，そしてコンピュータ補助による生産が格段に進歩した。このような進歩によって生産者は一連の生産工程を物理的かつ地理的に分割できるようになった。分割された各生産工程は，それぞれ国内，国外を問わず異なる地域に配置されうる。

　IT など新しい技術の利用における費用対効果を高めるために，企業はそれぞれの組織形態や経営的実践を変化させてきている[126]。特に，様々な生産段階の国内外の部品サプライヤーへのアウトソーシング（外部委託）は著しく増加してきた。このアウトソーシングなどの新しい経営的実践はアメリカで多くの産業に拡がってきている[127]。混乱を避けるために，ここでは「アウトソーシング」を資本関係の無い企業から財やサービスを購入することと定義する。また，この資本関係の無い企業は国内の企業に限らず国外の企業も含む。そして，「オフショアリング」は国外にいる企業から財やサービスを購入することと定義する。この場合，サプライヤー企業との資本関係は問わない（つまり子会社であれ，資本関係の無い企業であれ，国外の企業

すべて)。後者の定義によれば，様々な生産工程のオフショアリングは，特に中間財の生産工程で急増してきており，これにより世界貿易は著しく拡大してきている。例えば，Feenstra & Hanson (1996b) は1972年から1990年の間にアメリカ企業の中間財の総購入額に占める輸入シェアは5％から11.6％へ倍増していると報告している。またCampa & Goldberg (1997) はカナダやイギリスにおいても同様な傾向が見られると報告している[128]。

多国籍企業によるFDIは世界貿易よりも速く増大してきており，2007年では1.8兆ドルを超えている[129]。財やサービスの貿易のように，FDIフローは主に先進国間で生じている。2007年における先進国からの対外FDIフローの合計は，全世界合計の85％をしめており，このうち1.2兆ドル以上が先進国に向かっていた[130]。しかし，このFDIは金融的な評価基準であって，必ずしも世界経済における多国籍企業の影響力の大きさを正確に表しているわけではない[131]。その他の評価基準，例えば生産高，雇用，そして貿易なども多国籍企業の重要性を表している。Bernard, Jensen, & Schott (2009) によれば，2000年のアメリカ企業（おおよそ）550万社のデータでは約1.1％が外国貿易に携わる多国籍企業であった。これらアメリカの多国籍企業は3,100万人以上の労働者を雇用しており，これは米国の民間雇用全体の27.4％を占めている。また，これらの多国籍企業の輸入額はアメリカの総輸入額の90％を占めており，総輸出額では輸入よりも高いシェアを有している。そして2000年ではアメリカの輸入の約半分が企業内貿易，つまりは同一企業グループ内（子会社，資本関係のある関連企業）の貿易であった[132]。一方，輸出では同一企業グループ内は3分の1弱であった[133]。これらのデータが示すようにアメリカの多国籍企業はアメリカの雇用と国際貿易において大きな役割を果たしている。

複雑かつ変化を続けている国際貿易フローのパターンを理解するために，外国市場に製品を販売する場合に，なぜ特定の企業は輸出による販売を選択し，それ以外の企業は現地子会社による販売を選択するかを理解する必要がある。また，なぜバリューチェーンの一部をオフショアリングする企業としない企業がいるのであろうか。さらには，なぜオフショアリングを選択した

企業のなかで，企業間取引を選択する企業と子会社など関連企業との企業内取引を選択する企業に分かれるのであろうか。言い換えれば，我々は企業が生産プロセスの一部をアウトソース（外部委託）する理由を理解する必要がある。また，アウトソーシングか企業内取引のどちらかを選択した場合に，なぜ自国に留まる企業と外国に進出する企業と分かれるのであろうか。ある自動車メーカーが自国内でエンジンなどの自動車部品をアウトソースする場合，これを決めた事が外国との貿易に直接影響を及ぼすわけではない[134]。しかし，自動車メーカーがエンジンを外国にアウトソースする場合，これは外国との貿易に直接影響を及ぼす。このような輸入は企業間貿易と考えられる。他方で，もし自動車メーカーが自社でエンジンを生産する場合であっても，国内と外国のどちらで生産するかを選択する必要がある。自国で生産する場合は貿易に直接影響を及ぼさない。しかし，外国に自社工場を設立してエンジン生産を開始し，それを自国の組立工場に逆輸入する場合，外国との貿易に直接影響を及ぼす。さらには，このような貿易は企業内貿易と呼ばれている。

　自動車メーカーが自社でエンジンを生産し，それを他の自動車メーカーにも販売する場合に，外国貿易はさらなる影響を受ける。自国で生産されたエンジンの一部が外国の自動車メーカーに販売される場合，自国の輸出が直接影響をうける。また外国で生産されたエンジンが，自国の親会社が使用するため，あるいは別の自動車メーカーに販売されるために輸送される場合には，自国の輸入が増加することになる。前者では企業内貿易が増加し，後者では企業間貿易が増加する。そして，外国の子会社もまた第3国（親会社が立地している国ではない）の自動車メーカーにエンジンを輸出することができる。それゆえ，投資受入国の輸出にも貢献することになる。

　現状をみるとFDIは複雑な経路で国際貿易に影響を与えるため，FDIと貿易は相互に依存している。一方で，FDIのパターンは貿易のパターンに影響を及ぼすが，他方では，FDIの形態別の利益水準は，貿易形態別の利益水準に左右される。結果としては，企業の多国間統合戦略の選択は貿易機会に左右されている。このような状況にあるため，現在では貿易とFDIは

第6章　オフショアリングとアウトソーシング

切り離して議論することはできない。

6.1　オフショアリング

　海外直接投資の議論に移る前に，まずこの節でオフショアリングがもたらす賃金へのインパクト—FDIや他の方法による—を考察する。1970年代後半から1990年代半ばにおける未熟練労働者に対する熟練労働者の長期的な賃金の上昇は，このような変化を生じさせた原因を追求する論争を巻き起こした。このような相対的賃金の上昇はアメリカにおいて最も劇的であったが，他のOECD加盟国でも生じており，特にイギリスとニュージーランドにおいて顕著であった。しかし，このような現象は先進国に限られたものではなく，途上国においても生じていた。結果として，所得格差は世界の多くの国で拡大した。

　この論争において，それは途上国がより一層国際貿易に参加するというグローバリゼーションがもたらした結果だ，という1つの意見がある。他方でグローバリゼーションの影響は限定的で，技術革新が主要因であるという意見もある。興味をもった読者はHelpman（2004，第6章）にあるこの論争に対する論評を参照してもらいたい。オフショアリングはこのような相対賃金上昇に影響を及ぼしていると議論されているため，私はオフショアリングが相対賃金に影響を及ぼし得る方法をここで議論する。

　Feenstra & Hanson（1996b）は，豊かな国から貧しい国へのFDIは両国の賃金格差を拡大させることを指摘した。彼らは現代では最終財を生産するために多数の中間財を利用して（あるいは多数の生産工程を経て）いることを確認している。これらの中間財の生産要素集約度は異なっている。例えばデザインなどは高度な技能を必要とする高スキル集約的工程であるが，組立などは高度な技能を必要としない低スキル集約的工程である。要素価格が豊かな国と貧しい国の間で異なる場合，熟練労働者の相対賃金は豊かな国で高くなる。結果として，中間財生産を豊かな国から貧しい国にシフトさせるな

ら，バリューチェーンの中で最も低スキル集約的な工程をシフトさせた方が最も費用対効果が高い。そして豊かな国の最も低スキル集約的工程が貧しい国の最も高スキル集約的な工程よりも，高スキル集約的でありえる。それゆえ，貧しい国に自分たちの最も低スキル集約的な中間財生産工程をアウトソースするという豊かな国の企業の戦略は，両国における熟練労働者に対する相対的需要を高めることになり，そのため両国における熟練労働者の相対賃金を引き上げることになる。注意して欲しいのは，ここでは必ずしもFDIが必要とされてはいない。即ち，豊かな国の企業が低スキル集約的中間財を単に貧しい国から調達することを目的としており，子会社ではない貧しい国の企業からでも調達することもある[135]。

このメカニズムの妥当性を実証的に分析するために，Feenstra & Hanson (1997) はメキシコで輸出向けに指定された組立工場であるマキラドーラにおけるアメリカのFDIの影響を研究している。マキラドーラにある典型的な工場では，アメリカから輸入した中間財から最終製品を組み立て，そして最終製品をアメリカに逆輸入している。FeenstraとHansonはマキラドーラへのアメリカ企業のFDIとメキシコの賃金総額に占める熟練労働者に対する賃金支払額のシェアの上昇とが正に相関していることを見いだしている。さらに，FDIの集中度が最も高い地域においては，彼らの推計によれば1980年代におけるそのシェアの上昇の約半分がFDIの影響である。

企業のバリューチェーンの一部をオフショアリングすることを説明する精緻化された理論モデルをGrossman & Rossi-Hansberg (2008) が構築している。この理論モデルは，複数の多様な生産工程を経て生産される最終製品を想定し，複数の作業により構成されるある1つの生産工程を分析している。これらの作業には熟練労働集約的なものと未熟練労働集約的なものがある。あらゆる作業はその企業の自国や海外で遂行され得るが，輸送費用とコミュニケーション費用のために，生産要素価格差があったとしてもある作業をオフショアリングするほうが高くつくこともある。このような状況下では，企業は（中国やインドのような）未熟練労働者が低賃金である外国にオフショアリングすることから節約できる潜在的な費用とオフショアリングす

る費用を比較しなければならない。

　この理論モデルは，高スキル集約的作業のオフショアリング費用が非常に高く，低スキル集約的作業のオフショアリング費用も作業の種類によってかなり異なるようなケースを分析するという特徴がある。つまり，作業によっては他よりもオフショアリング費用が高くなっている。このような状況で，最善の戦略はオフショアリング費用があるカットオフ（境界）以下である作業すべてをオフショアリングし，またこのカットオフ以上の費用がかかる作業すべてを自国に立地させるということである。この費用がカットオフと一致している作業では，企業はその作業を自国と外国のどちらに立地しても構わない。

　Grossman と Rossi-Hansberg は，未熟練労働集約的作業のオフショアリング費用が比例的に減少する効果を詳細に分析し，その効果を次の3つに分割している。即ち生産性効果，相対価格効果，そして労働供給効果である。オフショアリング費用が低下する場合，より多くの作業がオフショアリングされていき，自国の低スキル労働者がより効率的に活用される。これは低スキル労働者の生産性の上昇，即ち生産性効果，に類似しているが今までになかった新しい効果を引き起こす。他の2つの効果はむしろ従来から存在しているものである。相対価格効果は，オフショアリング費用の低下が財の世界需要と世界供給の不一致を生じさせる時に発生し，価格調整を通じて市場を均衡させる。そして労働供給効果は，オフショアリング費用の低下が自国では低スキル集約的作業を担う低スキル労働者に対する需要を減少させるために発生する。なぜなら，従来まで自国で担われていたいくつかの作業がオフショアリングされるためである。結果として，より多くの労働者が他の作業に利用可能となる。

　相対価格が変化せず（例えば，自国が小国である場合），労働供給効果が要素価格を変えない状況では（例えば，生産が2部門，2生産要素のHeckscher-Ohlin モデルの設定に類似している時），唯一生産性効果だけが発生する可能性が残っている。この場合に，オフショアリング費用の低下が未熟練労働者の生産性を高め，そして要素価格に対する影響が他に存在しな

いため，未熟練労働者の賃金は上昇するが熟練労働者の賃金は変化せず，その結果，未熟練労働者の相対賃金が上がる。明らかに，低スキル労働者の仕事をオフショアリングすることは，彼らに害を与えるよりむしろ有益であるという妥当と思われる状況が存在する。この相対賃金に対するオフショアリングの影響は，ちょうど Feenstra と Hanson が示した結果とは反対である。ここでの分析から明らかなように，オフショアリングの賃金への影響を評価するためには，オフショアリングプロセスの細部まで知る必要がある。

6.2　伝統的アプローチ

多国籍企業の研究においては，伝統的に Dunning (1977) の折衷理論が用いられてきた。Dunning はこの折衷理論で外国に子会社を設立するような企業は次の3つの優位性を有している必要があると論じた。即ち，所有優位性 (Ownership)，立地優位性 (Location)，内部化優位性 (Internalizatoin) である。この折衷理論は，OLI アプローチと呼ばれることもある。この折衷理論によれば，まず企業は差別化財を生産する技術などの特殊資産を所有することにより，あるいは親会社，子会社間で何らかの間接費用が共有されることにより所有優位性を獲得することができる。次に，企業にとって特定の国に生産工場やサービス子会社の立地を決定する何らかの優位性も必要であろう。それは受入国での低い生産費用，輸送費用の節約，あるいは受入国の消費者市場に向けた製品のマーケティングやアフターサービスを実施することから生ずる競争優位からもたらされる。そして最後に，受入国で他の企業に製品の生産を，あるいは製品の流通をライセンシングする代わりに，自ら子会社を設立する何らかの優位性がなければならない。例えば，もし資本関係の無い企業に生産を委託する場合，間接費用を削減することは難しいかもしれない。即ち，ある企業が別企業に自社技術の使用を許可する場合，その企業が自社技術の所有の正当性を保つことができないかもしれない。明らかに，OLI アプローチは FDI パターンを説明する際に，幅広いバ

第6章 オフショアリングとアウトソーシング

ラエティの特殊要素に適用することができる。しかし，それは，ある意味では厳密な予測をもった理論の構築にはあまりにも広すぎる。

Dunning（1988年）は批判に答える際に，次のように述べて彼のアプローチの大まかな性質を認めている。即ち「まさにその普遍性のために，折衷パラダイムは特定の種類の国際的生産を説明する，あるいは予測する力に乏しいと認めざるを得ない。個別の企業行動を説明するにはなおさら力不足である」(p.1)。そして，彼はOLIアプローチと新古典派の貿易理論，特に貿易摩擦の無い要素比率理論と比較し，次のように述べている。

> 新技術や他の現象を取り込もうとしている現在の貿易理論と国際的生産の理論の間の差異は，前者が暗黙的に国境を越えてすべての財が独立した買い手と売り手の間で交換されることを仮定し，後者が明示的に国境を越えて中間財の移転が同じ企業内で実施されることを仮定していることにある。換言すれば，国際的な市場の失敗が存在しなければ，国際的生産が存在する理由が消滅する。しかし，国際的な市場の失敗が存在すれば，貿易と生産の説明は，要素賦存の国際的配置と国境を越える中間財の代替的な取引方法の費用に基づく一般的パラダイムの一部として考えられるかもしれない。(p.2)

Dunning（1988）はまた，外国貿易とFDIの関係を説明するより精緻なモデルを構築しようとした1980年代に発表された一連の研究成果に関して肯定的なコメントを加えている[136]。例えば，垂直的FDIに関するHelpman（1984b），水平的FDIに関するMarkusen（1984），内部化の決定を明示的に論じたEthier（1986）などの研究成果である。

垂直的FDIと水平的FDI間の区別は，伝統的な研究成果の核であり，またこの区別はある程度まで有用である。外国の子会社が親会社の自国での活動とは異なった活動に従事するとき，その子会社の設立は純粋な垂直的FDIである。反対に，その子会社が親会社の国内での活動と同じ活動に従事するとき，その子会社の設立は純粋な水平的FDIである。純粋な垂直的FDIの例は，親会社である自動車メーカーのみに向けたエンジンを生産する工場を外国に建設することであろう。また，純粋な水平的FDIの例は，受入国の

みに向けて販売される自動車の生産工場を受入国に設立することであろう。しかしながら，水平的 FDI と垂直的 FDI の間の区別は，時間の経過とともに段々と役に立たなくなる。なぜなら上述されたように，現在，多国籍企業は以前より複雑な FDI のパターンを利用しているからである。UNCTAD (1998) はこれを「複合型 FDI」と名付けた。大規模な多国籍企業の多くが水平的 FDI と垂直的 FDI の両方の戦略を採っており，また「プラットホーム（輸出拠点）型」FDI，即ち，輸出目的の子会社設立をねらった投資，も見受けられる [137]。さらに，これら種々の FDI は相互依存関係にある。例えば，しばしば水平的 FDI を実施するという決定は垂直的 FDI を実施するという決定とは無縁ではありえない（6.5 節を参照）。この理由のため，私は次節で水平的 FDI を議論し，続く節で垂直的 FDI を，そして 6.5 節では複合型 FDI を議論する [138]。この章の最後の節で，私は種々の生産段階に関する内部化の決定を議論し，それがどのようにして同じ企業の関連事業部間の国際貿易にインパクトを与えるかを議論する。

6.3 水平的 FDI

　受入国市場，つまり子会社をホストする国，に供給することを目的とした子会社の買収を考察しよう。このタイプの FDI は市場アクセスの改善を動機としており，輸出を代替する。例えば，日本の自動車メーカーは，アメリカ市場に日本から輸出によって自動車を供給することもできるし，あるいはアメリカに自動車の生産工場を設立して供給することもできる。どちらの供給方法がより高い収益をあげられるかは，日本からアメリカへの自動車の輸送費用，アメリカで生産工場を設立する費用，そしてアメリカ市場で期待される売上高など数多くの要因に左右される。これらの中の最初の 2 つの要因は，近接 - 集中トレードオフを表している。即ち，アメリカで FDI を通じた現地生産によって輸送費用を節約することと，輸出によってアメリカへの FDI 費用を節約することの間のトレードオフを意味している。換言すれば，

第 6 章 オフショアリングとアウトソーシング

顧客への近接は輸出費用を節約し，他方で自国での生産の集中は FDI の固定費用を節約する。

図 6.1 は特定の企業の製品に対する近接 – 集中トレードオフを例証している[139]。横軸は，受入国のこの製品に対する市場規模を示している。つまり，その製品に対する需要が高いか低いかを測定する。利潤曲線が示しているように，輸出からの利潤と海外直接投資からの利潤の両方が市場規模の拡大に応じて増加している。利潤曲線上のあらゆる点は，外国市場への供給方法（ここでは輸出か現地子会社による販売）を選択した場合にその企業が達成できる最大の利潤を表している。この利潤額は，輸出の固定費用が存在せず，そのため輸出利潤曲線が原点で始まるという仮定の下で描かれており，他方で現地子会社販売の固定費用が存在し，そのため現地子会社販売の利潤曲線は原点以下から始まる[140]。横軸から点 s までの距離は，現地子会社販売の固定費用の規模を表す。この固定費用は受入国に生産工場を設立する費用に，例えばライセンシングやアフターサービスのネットワーク形成など外国市場に供給するために必要な何らかの追加的費用を足し合わせた金額を表している。ここでは輸出の固定費用は簡単化のためにゼロに等しいと仮定さ

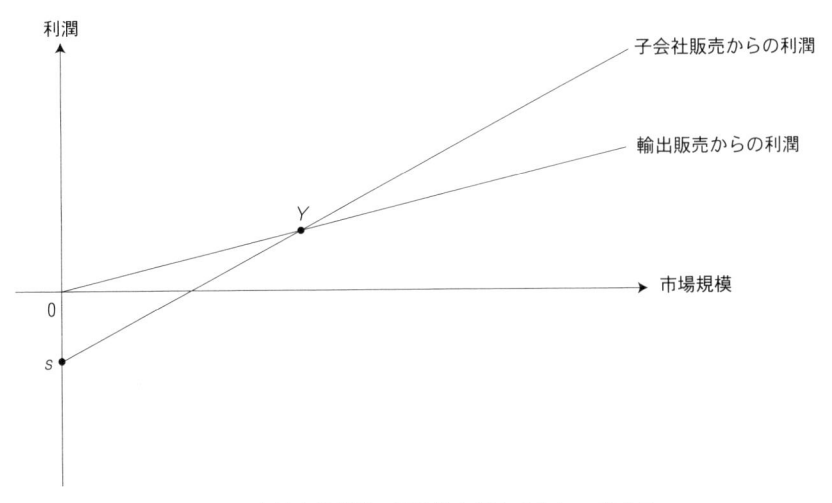

図 6.1　海外直接投資；近接性と集中のトレードオフ

れている。即ち，ここでの議論のために重要なことはFDIの固定費用が輸出の固定費用を上回っていると仮定されており，それが生産の集中に優位性を与えるということである。

図に描かれている利益額の第2の特徴は，FDI利潤曲線の傾きが輸出利潤曲線の傾きより急であるということである。この傾きの差は供給先市場への接近の優位性を表しており，それは輸出の可変費用が存在するという事実に起因している。この可変費用は輸送費用，保険そして輸出先で起こりうる関税あるいは非関税障壁のような貿易障害から成り立っている。この可変費用は，輸出財1単位毎に掛かるので，可変的な貿易費用と言える。当然のこととして，自国と受入国での製造費用もこれら利潤曲線の傾きの違いに影響を与える。例えば，受入国で賃金が高くなるほど，より現地子会社販売の利潤曲線は平らになり，また自国で賃金が高くなるほど，より輸出の利潤曲線は平らになる。次節でこのような費用の差異が議論されるので，この節では当面の間，利潤曲線の傾きの違いは可変的貿易費用の差異から生ずると仮定する。

この図から交点 Y の左に需要水準があるとき，輸出が子会社販売より利潤が高いことは明白であるが，他方で需要水準が交点 Y よりも高くなると子会社販売はより高い利潤を得られる。そのため我々はこの製品に対してより大きな市場を持つ国々では子会社販売が多くなると予想すべきであろう。さらに，FDIの固定費用が高い部門では子会社販売の利潤曲線は低くなり，そのため交点 Y はより高い需要水準で得られる。このような市場では，我々は子会社販売がより少ないと予想することになる。最後に，可変的な輸出費用が高ければ高いほど，輸出利潤曲線はますます平らになり，その結果として交点 Y がより低い需要水準になる。この場合，子会社販売が多いと予想する。要するに，貿易障害が高くなるほど輸出に比べ子会社販売の収益性が高まり，一方で，FDIの固定費用が高くなるほど子会社販売に比べ輸出の収益性が高まる。このトレードオフは，トヨタのような日本の自動車メーカーのアメリカ市場に対する供給戦略の変化によってうまく説明される。例えば，トヨタは1973年の石油危機の以前にアメリカに自動車を輸出

していたが，アメリカの自国の自動車産業保護の高まりに応じてトヨタは1973年以後アメリカに自動車の生産工場を設立するために直接投資を実施した。このような「関税障壁回避」は，近接－集中トレードオフの典型的な例である[141]。

　Brainard (1997) は，上述の理論的知見を用いて，アメリカに本社を置く企業の27カ国への子会社販売と輸出水準を比較して，可変的貿易費用とFDIの固定費用の影響を分析している。Brainardは，1989年の詳細なデータを使って高いFDI固定費用を持つ産業でアメリカ企業は子会社販売に比べより多く輸出していることを示した。また，輸送費用と関税が高い産業では，アメリカ企業は子会社販売に比べあまり輸出をしないことを示した。どうやら，水平的FDIにおける市場アクセス仮説の中の主要な予測は，これらのデータから生まれたものである。Brainardは輸出・子会社販売比率（輸出／子会社販売）に対する市場規模の影響を分析していないが，この影響をYeaple (2003a) が類似したデータにより分析している。FDIの固定費がより高く，可変的な貿易障害がより低くなると，子会社販売に比べて輸出が増加するというBrainardの分析結果の確認に加えて，Yeapleは，輸出・子会社販売比率への市場規模の負の影響を報告している。即ち，輸出・子会社販売比率は市場が大きくなるにつれますます少なくなる[142]。最後に，Brainardは受入国とアメリカの間の1人当り所得における差異の影響を分析し，この差異が各部門の輸出・子会社販売比率に有意な影響を与えているとは報告していない。彼女はこの分析結果を国家間の要素報酬の差異が輸出とFDIの選択に影響を与えるという意見を否定する証拠としている。我々は次節でこの分析結果を議論する。

　水平的FDIに関するMarkusen (1984) の初期の研究と同様に，Brainard (1997) の研究もまた産業内で企業の異質性が存在しないという仮定のもとで分析を進めている。それゆえに，すべての企業は同じ選択をする。つまり，すべての企業が輸出を選択するか，あるいはすべての企業が子会社販売によって外国市場に供給することを選択するかのどちらかである。この状況の下で，同じ産業においてFDIと輸出が共存することはできない。当然，

分析結果を解釈する際，あるいは推計のために方程式を定式化する際に，この理論が示す極端な結果を文字通りに受け止めることはできない。そこで，近接－集中トレードオフを左右する変数の影響は，理論的予測よりむしろ実証に基づいた傾向として解釈される。例えば，可変的な輸出費用の上昇はFDIの可能性を高め，輸出の可能性を低める。即ち，輸出に比べより子会社販売の増加を引き起こす。しかしながら，この仮説が厳密に真であるためには，輸出する企業もあれば海外に投資する企業もあるという企業特性における差異が存在し得るという異質性が必要である。企業の異質性がある場合，可変的な輸出費用の上昇は，より多くの企業を子会社設立への投資に駆り立て，輸出を少なくさせる。

このアイデアはHelpman, Melitz & Yeaple (2004) で展開された理論モデルに反映されている。Melitz (2003) と同様に，この理論モデルでは個々の企業は生産性の違いによって差別化されている[143]。企業は輸出と子会社販売の両方で外国市場に供給可能であれば，企業は次の3つのカテゴリーに分類される。即ち，国内市場のみに供給する企業，輸出をする企業，子会社に投資をする企業に分類される。

図5.1の拡張である図6.2は，企業の選択をこれら3つの組織形態で説明している。ここでは生産性は横軸に，利潤は縦軸に測られる。そして図5.1に示されている国内販売と輸出に対する利潤曲線だけでなく，子会社販売の利潤曲線も加えられている。後者の利潤曲線は輸出利潤曲線と比較して2つの顕著な特徴を持っている。即ち，1つはより低い切片（点sは点xより下にある）をもち，またそれは傾きが急である。より低い切片は，輸出よりもFDIのほうがより高い固定費用を必要とすることを意味している。また，傾斜が急であることは，輸出には可変的な貿易費用が必要であるが，子会社販売には必要でないことを表している。当然，この傾きの差異は自国と受入国間の単位費用の差異も表す。つまり，もし単位費用が受入国で自国と同じか，あるいはそれ以下であるなら，子会社販売利潤曲線は必然的により傾きが急になる。しかし，例えば，受入国の賃金のほうが高ければ，受入国の単位費用が可変的輸出費用に比べそれほど大きくない場合に限り，子会社販売

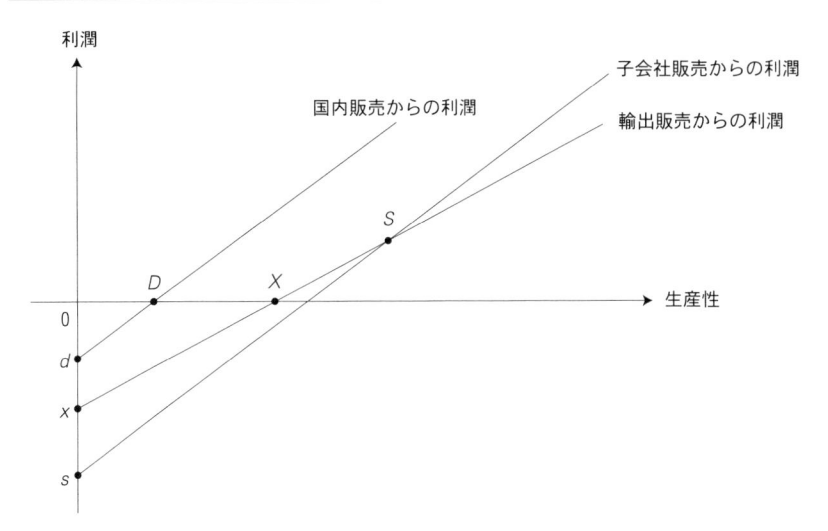

第 6 章　オフショアリングとアウトソーシング

図 6.2　海外直接投資：輸出販売か子会社販売かの選択

の利潤曲線の傾きのほうが急になる。しかしながら，次の点に注意が必要であろう。もし FDI の固定費用が輸出の固定費用より高く，かつ輸出の利潤曲線の傾きがより急であれば，子会社販売の利潤曲線は常に輸出の利潤曲線より低くなる。その場合，あらゆる企業は，生産性に関わらず，子会社販売よりも輸出からより高い収益を獲得するので，この産業では FDI が発生し得ない。言い換えれば，FDI が発生するためには，図 6.2 で表現されるように，子会社販売の利潤曲線の傾きがより急になる必要がある。

　この図で，利潤極大化行動をする企業は以下のように分類される。即ち，生産性において点 D の左側に分類される最も生産性の低い企業は，赤字を抱えるためにその産業から撤退する。次に，点 D と点 X 間の生産性を持つ企業は国内市場のみで供給する。そして，点 X と点 S の間の生産性を持つ企業は輸出と国内市場に供給する。さらに，点 S の右側に生産性を持つ企業は外国に FDI によって子会社を設立し国内市場に供給する。明らかに，この分類パターンは組織形態を序列化し，最も生産性の低い企業が国内市場に留まり，最も生産性の高い企業が子会社販売により外国市場に供給し，そして中間的な生産性を持つ企業が輸出により外国市場に供給する，ことを示

している。これは，平均的に，国内企業が最も低い生産性を持ち，輸出企業がより高い生産性を持ち，そして FDI を実施する企業が最も高い生産性を持つことを意味する。実際に，このパターンは種々の実証結果と一致している。例えば，Helpman, Melitz & Yeaple (2004) は，アメリカの輸出企業の平均労働生産性（労働者 1 人当り生産高）がアメリカの国内企業（輸出も FDI もしない企業）の平均労働生産性よりも約 40% 近く高いと報告している。そして，FDI を実施する企業の平均労働生産性は輸出企業の平均労働生産性よりも 15% 高いと報告している。同じような序列は，日本に関しては Head & Ries (2003) や Tomiura (2007) により報告され，アイルランドについては Görg & Strobl (2004) により，また英国に関しては Girma, Kneller & Pisu (2005) により報告されている[144]。

この理論モデルでは，同じ産業内に輸出企業と直接投資企業とが共存しているため，X から S までの範囲の生産性を持つすべての企業の輸出額を集計することによって，またこの範囲より高い生産性レベルを持つすべての企業の子会社販売額を集計することによって，輸出・子会社販売比率を計算することが可能である。近接 - 集中トレードオフ仮説に従えば，可変的な貿易費用が大きくなるにつれ，また FDI の固定費用が小さくなるにつれ，この比率はますます小さくなる。加えて，企業の異質性から生ずる新しい予測であるが，産業内における企業の生産性の分散がより大きくなれば，輸出・子会社販売比率はますます小さくなるだろう。換言すれば，企業の異質性の度合いは比較優位のインプリケーションとなっている。当然，この理論的な予測がデータによって立証されるかどうか，そしてもしそうであるなら，それは定量的に重要であるかどうか，という問いが生じる。Helpman, Melitz & Yeaple (2004) は輸出・子会社販売比率に関する可変的貿易費用と FDI の固定費用の影響の推計を通じて，これら効果を推計している。表 6.1 はいわゆる「β（ベータ）」係数として知られている標準化回帰係数を報告している。これらは Brainard (1997) によって分析された 27 カ国，52 部門のアメリカの輸出と子会社販売に関する 1994 年のデータから得られた[145]。近接 - 集中トレードオフ仮説によって示唆される輸送料，関税そして固定費用に加え

て，表 6.1 は分散の異なる測定法の影響を報告している。即ち，アメリカ企業の生産性の標準偏差（U.S. s.d.），ヨーロッパ企業の生産性の標準偏差（Europe s.d.）とヨーロッパ企業データから推計されたパレート分布の形状パラメータ（Europe shape）である[146]。52 部門それぞれに対してこれらの測定値を推計し，部門間でかなり大きな差があることを指摘している。この表はこの部門間の差が輸出・子会社販売比率の部門間の差に大きな影響を持つことを示している。輸出・子会社販売比率に関するこれら分散の測定値の数量的な影響が，輸送料，関税そして工場設立固定費用に相当することはこの表から明白である。

Yeaple（2009）はこれ以外のインプリケーションを分析している。彼は，より生産性の高いアメリカ多国籍企業ほどより多くの外国に子会社を所有しており，それらがいっそう受入国で高い収益をあげるほどより生産性が高くなることを示している。さらに，1 人当り所得がより高い国ほど，アメリカ多国籍企業にとってより魅力的な立地先となる。しかし，これはその立地先がより低い FDI 費用を提供するからではなく，むしろより大きな市場を提供するためである（図 6.1 の分析にあるように，大きな市場ほど輸出よりも FDI にとってより魅力的になるからである）。最後に，Yeaple は FDI にとってより魅力的な国ほど，限界点よりも規模が小さく，かつ生産性の低いアメリカ多国籍企業を引きつけており，それはアメリカの親会社の平均生産性を低下させることを示している。

表 6.1　生産性の分散と輸出／子会社販売比率

	Freight	Tariff	Fixed cost	U.S. s.d.	Europe s.d.	Europe shape
"Beta" 係数	−0.271	−0.205	0.325	−0.312	−0.250	0.211

出所：Helpman, Melitz & Yeaple（2004）.
注：この表 6 には標準化回帰係数（β（ベータ）係数）が示されており，これは産業別の資本‐労働比率と R&D 集約度をコントロールした上で，子会社販売に対する輸出比率を表の各変数に対して回帰させた推計結果である。

6.4 垂直的 FDI

　前節では水平的海外直接投資の発生を説明する理論とその実証結果を論じた。そこでは，企業が輸出あるいは子会社販売によって外国市場にアクセスする時に生ずる近接 – 集中トレードオフを主に論じていた。その議論の中で，我々は子会社販売の場合，すべてのバリューチェーンが受入国に立地し，また輸出の場合に，すべてのバリューチェーンが自国に立地することを仮定した。これを Markusen（2002, p.5）は次のように表現している。即ち，「水平的 FDI とは，企業が自国の市場のために生産するものとほぼ同様な製品とサービスを外国で生産することを意味する」。そして彼はこの形の FDI を垂直的 FDI と区別している。即ち，「垂直的 FDI とは，生産の各段階によって，生産工程を地理的に分割することを意味する」。これはいくつかの生産段階が受入国に立地されるが，一方で他の生産段階は自国に立地されることを意味している。

　Helpman（1984b）は垂直的 FDI を取り入れた Helpman＝Krugman 型貿易モデル——これは要素比率と製品差別化を組み合わせている——の拡張を提案した。このモデルでは，差別化財部門の生産工程は製造サービスと本社サービスに分解され，後者はマネジメント，デザイン，研究開発（R＆D）などの業務を含む。要素集約度は業務毎に異なっており，本社サービスは工場での生産活動よりもスキル集約的，あるいは資本集約的である。さらに，本社サービスは複数の製造工場が異なる国に立地されるときでも，これら多くの工場によって共有され得る。結果として，例えば資本豊富国の企業は，自国に本社を立地する誘因を持ち，低スキル労働者の賃金が労働豊富国で安い場合，この労働豊富国に製造業を立地する誘因を持つ。このように親会社の本社機能と生産工程を分離することは，まさに垂直的 FDI の定義に一致している。各国の要素賦存度の差異があまり大きくない時，要素価格がどの国でも同じであるために，企業にとって多国籍化する誘因は存在しない。し

第6章 オフショアリングとアウトソーシング

かしながら，その差異が大きいときには要素価格に差を生じさせる圧力が存在する．この場合には，資本豊富国に本社を置く企業は最終財の製造工場を労働豊富国に設立する．

このような生産活動の再配置は貿易構造に対していくつかのインプリケーションを与える．この再配置は，純貿易フローの要素コンテンツの定性的予測には影響を与えないが[147]，最終財の貿易フローの方向と産業内貿易のシェアを変える．特に，2つの国の資本・労働比率においてギャップが大きい場合に製造工場が海外に移転するので，資本豊富国は―その最終財組立は労働豊富国で行われる―資本集約財を輸入する．そして，多国籍企業が存在しないときには，2国間で要素賦存度の差異が大きくなるほど，産業内貿易のシェアが小さくなる．しかし，この関係は多国籍企業を発生させる程度にその差異が大きい場合，やや異なる意味合いを持つようになる．資本豊富国が差別化財を純輸出している限り，相対的な国の規模を一定とし，相対的に要素賦存度の差異が大きくなるほど，垂直的 FDI によって，産業内貿易のシェアがより大きくなる．そのうえ，要素賦存度における差異が十分に大きいとき，資本豊富国を差別化財の純輸入国に変えるほど，差別化された最終財の生産が労働豊富国で増加する．ひとたび，このような貿易パターンの転換が起こると，要素賦存度の差異と産業内貿易シェアの間の負の関係が復活する．明らかに，垂直的 FDI は要素賦存度の差異と産業内貿易シェアの間の非単調な関係を導く．

垂直的 FDI の発生は，親会社が自らの子会社から最終財を輸入するので，企業内貿易を発生させる．2国の相対的な規模が変化しない限り，総貿易額における企業内輸入額シェアは2国間の要素賦存度の差異に応じて上昇する．言い換えると，このモデルは企業内貿易のシェアと国家間の要素賦存度の差異の間に正の相関を予測する．

このモデルで，親企業は本社サービスを自らの子会社に輸出し，最終財を子会社から輸入する．たとえ子会社が自らが立地している受入国で販売するために最終財を生産するとしても，当然，親会社は子会社に本社サービスを輸出できる．この場合，子会社販売は水平的 FDI であり，他方で本社サー

ビスの輸出は垂直的 FDI である。現実の多くの例では，これら 2 つのタイプの FDI は相互に関連している。けれども，ここでは純粋な垂直的 FDI の議論を続けることにする。このモデルにおいて，親会社は本社サービスに加えて中間財を自らの子会社に輸出し，その子会社はこの中間財を利用して最終財を生産することに注意しよう。このような中間財の輸入が垂直的 FDI の証拠となっている（子会社が生産した製品をどこで販売するかにかかわらず）。多くの場合，企業内貿易フローの測定は垂直的 FDI の重要性を測るために使われている。

　例えば，Hanson, Mataloni & Slaughter（2001，表 6）は，製造業部門で過半数所有のアメリカ多国籍企業間で，子会社の現地販売額に対する加工用中間財の輸入シェアが 1982 年の 10%弱から 1994 年の 12%強まで増加していることを示し，このことを垂直的 FDI の相対的な重要性が高まっていると解釈している。この中間財輸入の増加は，特定の受入国と産業で特に重要であった。このシェアは，1982 年から 1994 年の間にアメリカからカナダへ FDI によって進出した企業では 21.6%から 33.5%に増加し，メキシコでは 18.3%から 36.7%に増加した。また産業レベルでは，そのシェアは，電子機器およびその他電気機器産業では 1982 年の 16.3%から 1994 年の 22.2%へ，輸送機器産業では 17.7%から 23.2%に増加している。外交問題評議会（2002）の研究を引用して，Hanson, Mataloni & Slaughter（2005, p.664）は次のように述べている。即ち「カナダとメキシコの自動車工場はアメリカの関連会社と広範な企業内リンクを持っており，これは国境を越える大量の中間財取引にもたらされている。毎日，2 億 5,000 万ドル相当の自動車と自動車部品がミシガン州デトロイトとオンタリオ州ウィンザーを連結するアンバサダー橋を横断すると推計される。2001 年 9 月 11 日のテロリスト攻撃後に米政府がこの橋や他の入り口を閉じた時，いくつかの NAFTA 自動車工場が中間財不足のために 48 時間程度閉鎖しなければならなかった」。そして，彼らはアメリカの親会社から外国の子会社に向けた中間財の輸出が，受入国の貿易費用と賃金に敏感に反応することを示している。特に，貿易費用と低スキル労働者の賃金が上昇すると親会社からの中間財輸入が減少するの

に対し,高スキル労働者の賃金が上昇すると中間財輸入は増加する。この分析では,賃金の影響に関して特に興味深い結果が示されている。なぜなら低スキル労働者が輸入中間財と補完的であり,高スキル労働者が輸入中間財に代替的であると示しているからである。

水平的 FDI も垂直的 FDI も実証的に重要な課題であるため広範囲に研究されてきている。Brainard (1997) は,FDI フローは相対的な要素豊富性の差異と相関がないという実証的分析結果を示しており,これは水平的 FDI が優勢であることの証拠として理解された。他方で,上述のように垂直的 FDI の役割が高まっているという直接的な証拠も増加している。そのため,「どうすれば相反する実証分析の結果を両立させられるのか」という疑問が生じる。この疑問への最善の答えを Yeaple (2003b) が提示している。彼はまず,Brainard が国家間の生産要素賦存度の差異が FDI の産業構造に及ぼす平均的な影響を推計したことに注目する。しかしながら,たとえこれらの平均的な影響が特に有意でなくても,それらは FDI 発生における要素賦存度の役割を十分には検証していない。その理由は産業ごとに要素集約度が異なることにあり,それゆえ,アメリカ多国籍企業が高スキル労働者豊富国で高スキル集約的産業に投資し,また低スキル労働者豊富国で低スキル労働集約的産業に投資をするかどうかを問う必要がある。もしアメリカ多国籍企業がこのように投資をするなら,受入国の比較優位に応じて投資をするという証拠を提供することとなる。これは垂直的 FDI を生じさせる動機に即している。言い換えれば,FDI フローに及ぼす要素賦存度の影響を特定するために,産業特性と国特性が相互に作用するモデルを推計することが必要である。これには,Romalis (2004) が貿易フローを分析するために構築した方法論が参考になるであろう。

Yeaple はこのパターンを実証分析によって確認している。また,彼は可変的貿易費用と固定費用が FDI に影響を及ぼすことも見いだしている。これは近接 – 集中トレードオフ仮説にも一致している。そして,市場規模が FDI に影響を及ぼすことも見いだしており,これは市場アクセス仮説に一致している。加えて,彼は輸出・子会社販売比率に及ぼすこれら変数の影響

を分析している。垂直的 FDI と水平的 FDI のそれぞれに密接に関連する変数はこの輸出・子会社販売比率の変化の 22.3%を説明している [148]。垂直的 FDI のみに関連した変数を含めた推計では，それらは変化の 13.5%を説明し，そして水平的 FDI のみに関連する変数を含めた推計では，市場規模効果を含めて，その変化の 14.9%を説明している。これらの分析結果から判断すると，両タイプの FDI がアメリカ企業の多国籍化を説明するのに重要である。

6.5 複合型 FDI

　グローバル経済において企業組織はより複雑化してきており，純粋な水平型，あるいは垂直型 FDI だけでは現在の海外直接投資パターンを十分に説明できなくなってきている。実際，多国籍企業の子会社は自社製品を受入国で販売し，中間財を親会社から輸入している。しかし，このような子会社は自社製品を投資国市場にも第 3 国市場にも，資本関係のある企業にも無い企業にも輸出をしている。Blonigen（2005, 表 1）によれば，1999 年に製造業および非製造業部門のアメリカ多国籍企業子会社の受入国での売上額は総売上額の 67%を占めており，残りが輸出となっている。このような子会社の総売上額の 10%強はアメリカに逆輸入され，10%弱が外国の資本関係の無い企業に輸出され，そして 12.5%は外国の資本関係のある企業に輸出されていた。製造業部門では，総売上額に占める受入国での売上は 60%以下と少なく，アメリカへの逆輸入は 15%で，外国の資本関係のある企業向けは 16%強であった。

　これらの数値は FDI と貿易は相互に関連しているが，その関連の度合いは産業間で違いがあることを示している。これに加え，国家間でもその関連の度合いに違いがある。Ekholm, Forslid & Markusen（2007, 表 1）は製造業部門のアメリカ多国籍企業子会社の 2003 年の売上を次のように分解して分析している。彼らによれば，EU 諸国で操業している子会社はアメリカ

にはあまり逆輸入していないが（総売上額の1〜5％程度），第3国市場のシェアはかなり異なっている。例えば，アイルランドは69％を第3国市場に販売し，ベルギーは56％を，スペインは39％を，ギリシャはわずかに8％を第3国市場に販売している。データが示すように，アイルランドとベルギーはアメリカ多国籍企業の大きな輸出拠点になっている。けれどもギリシャにあるアメリカ多国籍企業の子会社は主に現地市場に向けて操業している（水平的FDI）。また，アジア，カナダ，メキシコからアメリカへの逆輸入はもっと大きくなっていた。逆輸入のシェアは，マレーシアで39％，フィリピンで35％，そして香港，シンガポールが15％であった。カナダ，メキシコからはそれぞれ34％と31％であった。しかし，インドネシアや中国からの逆輸入はそれぞれ2％，8％と小さい。他方で，アジア諸国から第3国市場への輸出は大きく，シンガポールで43％，フィリピンで38％，最も小さいインドネシアで13％であった。カナダから第3国市場への輸出はわずかに5％，メキシコからで15％であった。

　これらのデータが示すようにFDIの進出目的は1つだけではない。ギリシャで操業しているアメリカ企業は主に水平的FDIを目的に進出しており，事実彼らの売上のわずか1％のみがアメリカに逆輸入され，わずか8％のみが第3国市場に輸出されている。これに対して，アイルランドやベルギーには輸出拠点型FDIを目的に進出している。また，マレーシアやフィリピンには，垂直的FDIや水平的FDIが中心的であり，"輸出拠点型FDI"は第3国市場への輸出を目的とする子会社の設立である（つまり，親会社が所在する国（投資国）向けではない）[149]。これらのパターンを理解するのに水平的FDI，垂直的FDI，そして輸出拠点型FDIを相互に関連する戦略と捉える必要があるであろう。

　このような相互に関連する異なる型のFDIを分析する重要な知見をYeaple（2003a）が与えてくれている。まず，彼は世界が3つの国から構成さていると仮定する。3つの国とは，北の2つの先進国（例えばアメリカとフランスとしよう）と1つの南の途上国である（例えばフィリピン）。北の先進国はそれぞれ北に本社を持つ企業によって生産された差別化財を消費する。この差別化

財を生産するために企業は2つの中間財を必要とする。一方の中間財は北でより安価に生産でき，もう一方は南でより安価に生産できる。最終財と中間財では財の価格に比例してほぼ同程度の輸送費用がかかる。Yeapleは，このような状況で北の企業が4種類の戦略のうちどれを選ぶかを分析している。まず第1の戦略では，例えばアメリカにいる企業は自国で両方の中間財を生産し，組み立てられた最終財をフランスに輸出するとする。次に第2の戦略では，そのような企業は一方の中間財を自国で生産し，他方をフィリピンで生産し，組み立てられた最終財をフランスに輸出する（垂直的FDI）。第3の戦略では，そのような企業はフランスに子会社を設立し，両方の中間財を自国とフランスで生産し，北の先進国のどちらかに現地生産者，アメリカの親会社，フランスの子会社から供給する（水平的FDI）。そして第4の戦略では，そのような企業はフィリピンで一方の中間財を生産し，他方を北のどちらかで生産し，そして，これまでのように，現地生産者によって北の国に供給する（複合型FDI）。Yeapleは，各選択肢の実行可能性が北と南の中間財生産費用の差，輸送費用，そして北と南における子会社設立の固定費用に依存することを示した。彼は「複合型FDI戦略はある国のFDIの水準と近隣諸国の経済属性と経済政策間の依存関係を生み出す……この依存関係は本質的に2種類にわけられる。2つの立地先は補完的か代替的かのどちらかであろう。2つの立地先は，一方の国で多国籍企業の活動を拡大（縮小）させる事象が他方の国の多国籍企業の活動を拡大（縮小）させる場合に補完的であり，一方の国で多国籍企業の活動を縮小（拡大）させる事象が他方の国の多国籍企業の活動を縮小（拡大）させる場合に代替的である」(p.295)[150]。この場合では，2つの立地先へのFDIが代替的か補完的かは輸送費用の大きさに依存する。

　輸送費用が低い場合，2つのタイプのFDIはそれぞれ補完的になる傾向にある。アメリカに本社を置きフィリピンに中間財を生産する工場を持つ企業は最終財の単位費用を削減できる。このような状況下で売上の拡大は，当然，利益を生む。売上を拡大する方法に，フランスに子会社を設立してフランス市場に供給することがある。それゆえに，フィリピンの子会社はフラン

スの子会社の利益を高めることになる。

　Grossman, Helpman & Szeidl（2006）は Yeaple の研究を修正かつ拡張している。2つの中間財の代わりに，彼らは1つの中間財と1つの組立工程が存在するという技術を考慮し，それぞれは異なる国に立地するとおいた（アメリカ，フランス，フィリピン）。この拡張は，輸出拠点型 FDI をモデルに取り込むことを可能にしている（例えば，フィリピンの組立工場から北への輸出）。彼らは北と南の両者で消費することも考慮に入れている。さらには，差別化財を生産する企業間には異質性がある。それゆえ，企業間の異なる生産性水準が異なる統合戦略を選択させ，そして最終財の輸送費用は中間財の輸送費用とは異なる。この状況で自国で中間財の生産，最終財の組み立て，そして輸出による外国市場への供給を選択する企業と1つあるいは複数の形態の FDI を選択する企業とに別れるであろう。このような組織形態における企業間の異質性はデータに示されている。

　この有益な分析フレームワークによって Grossman, Helpman と Szeidl は FDI の3つの異なる補完性を研究することができた。彼らは"単位費用"，"中間財の供給源"，そして"集積"の補完性と呼んでいる。単位費用の補完性は Yeaple が定義したものに似ている。彼らは補完性を次のように定義している（p.219）。「一般に，外国での組立の固定費用の上昇が中間財の FDI に従事する企業の割合を低下させる場合に，組立の FDI は中間財の FDI に対して補完的であり，これは中間財の FDI の固定費用の上昇は外国で組立に従事する企業の割合を低下させる場合にも同じである」。この定義の下では，単位費用の補完性は中間財や最終財の輸送費用が掛からない場合でも存在する。なぜであろうか。その理由は次のように説明できるであろう。まず，輸送費用が無い場合，アメリカの統合された企業は，自国で中間財を生産し，最終財を組み立てており，フランスに FDI をしない。なぜなら，フランスへの FDI は FDI の固定費用が掛かるばかりで何の費用も節約しない。より一般的に言えば，このようなケースでは企業は複数の場所で同じ作業工程をする理由が無い。なぜなら，これは固定費用を高めるだけで輸送費用を削減しないからである。結果として，中間財は自国かあるいはフィ

リピンで生産され，同様に組立は自国かフィリピンで実施される。

　組立における FDI の固定費用が所与である場合，FDI のパターンは図 6.3 に描かれているような結果になるであろう。低生産性企業は FDI 進出をしない。なぜなら，低生産性企業は固定費用を支払うことができないからである。反対に，とても生産性の高い企業がフィリピンに統合された組織形態（つまりは子会社）を設立し，そこで中間財を生産し，最終財を組立てる。それゆえ，低生産企業は自国から自社製品を輸出し，他方生産性の高い企業はフィリピンから自社製品を輸出する。現状をみれば，フィリピンは生産性の高い企業の輸出拠点となっている。そのような企業は生産した製品の一部をフィリピンで販売し，残りをアメリカかフランスに輸出している。

　中程度に生産性の高い企業は，中間財の FDI の固定費用が高い場合には FDI 進出をしない。しかし，この固定費用が十分に低い場合には中間財生産のための子会社をフィリピンに設立する。これら中間財は北の自国に逆輸入され，最終財の組立てに使用される。最終財は国内販売とフィリピンや他の北の国々への輸出に向けられる。

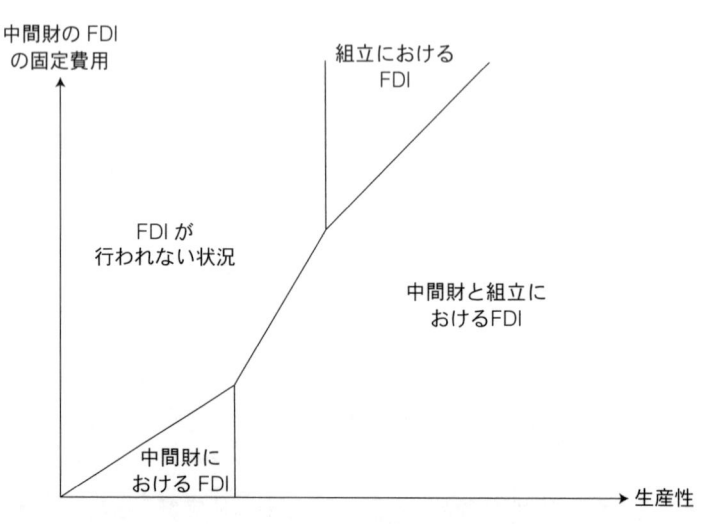

図 6.3　FDI のパターン：輸送費用が存在しないケース

第6章　オフショアリングとアウトソーシング

　中間財のFDIの固定費用が十分に低い場合，生産性の高い企業はフィリピンに最終財生産向けの施設を設立するであろう。そして，そのような企業は中間財FDIの固定費用が高い場合には組立FDIのみを実施するであろう。このような企業は自国では中間財を生産し，さらに加工するためにフィリピンに輸出する。フィリピンでは子会社が最終財組立のために中間財を使用する。そして，組立てられた最終財を自国あるいは他の北の国々に輸出する。

　明らかに，これらはデータで観察されるFDIパターンに似ている。そして図から明らかなように中間財FDIの固定費用の上昇により，FDI進出（組立FDIを含む）をする企業は減っていく（FDIから利益をあげられる企業の生産性カットオフが上昇しているため）。つまり2つのFDIの形態間には単位費用補完性がある。フィリピンでの中間財の費用低下は組立FDIを促進し，そして組立において単位費用の低下が中間財FDIを促進する。

　最終財の国境を越える輸送が高くつく場合（けれども中間財輸送費用はゼロ），図6.3に描かれているFDIのパターンは，輸送費用が十分に低い限りは適切である。輸送費用がさらに高くなれば，企業統合がより有利な選択肢になる。これは2つのFDIのタイプ間の補完性を高める新たな要因が生じるからである。中間財補完性の要因は次のような事実から生じている。つまり，フィリピンで組立作業をすることにより削減できる費用が，中間財もフィリピンで生産される場合よりも相対的に大きい。これは単位費用補完性より生じる戦略的判断を強める。しかし，輸送費用がゼロの場合とは異なり，いま他の北の国々には組立FDIをしようとするインセンティブがある。このインセンティブは中間財がフィリピンにおいて低費用で生産される場合により強くなる。

　最終財の輸送費用が高く，フィリピンの市場が小さい場合には，興味深いFDIのパターンが中間財の固定費用が低いFDIから生じる。このパターンは図6.4に描かれている。低生産性企業は自国の統合された組織を経営し，最終財を他の先進国やフィリピンに輸出する。いくぶん生産性水準の高い企業は中間財をフィリピンで生産し，それを最終財組立のために自国に逆輸入

する。このケースは純粋な垂直 FDI であり，すべての北の企業は最終財を他の北の国々かフィリピンに輸出する。生産性の高い企業もフィリピンで中間財を生産する（つまりは，垂直 FDI を実施する）。これは他の北の国々に子会社を設立することを除外した場合である。これらの子会社はフィリピンの関連会社から輸送される中間財から最終財を組立てる。このケースでは他の北の国への水平 FDI は南への垂直 FDI によって可能になっている。そのため，これら2つの FDI は互いに関連している。アメリカ－フランス間には最終財の貿易はないが，北の企業はフィリピンに最終財を輸出する。また，このことはフィリピンが輸出拠点として機能していることも意味している。フィリピンで生産される中間財は，フィリピンでは利用されないが，アメリカやフランスに輸出される。最後に，最も生産性の高い企業は，中間財をフィリピンで生産し，他の3カ国すべてで最終財を組立てる。フィリピンはこの場合でも中間財の輸出拠点になっている。けれどもこのような中間財の一部分が，いま現地での組立で利用されており，そして最終財が組立られ，フィリピンで販売される。

　私はこの節で複雑な FDI のパターンが可変費用，固定費用，そして輸送

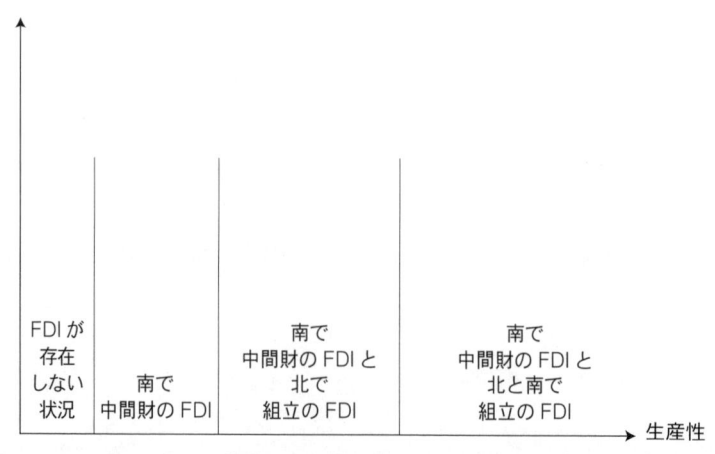

図 6.4 **FDI のパターン：最終財の高輸送費用，中間財の FDI における低固定費用，そして南の小さな市場が存在するケース**

費用間の単純なトレードオフによって説明され得ることを示した。この理論はまだテストされていないが，FDIのパターンがアメリカ企業の外国における操業の実態と一致することを示している。

6.6 内部化

これまでの節では，多国籍企業による内部化の意思決定を取り上げてきていなかった。つまり，なぜ企業が外国市場に子会社による現地販売によって参入することを選択するのか，あるいは現地子会社で中間財を生産することを選択するのか，を明示的に分析していない。当然であるが，これらのようなケースにおいて企業は現地子会社ではない現地企業に販売や生産を委託することができる。例えば，企業は現地市場向けに現地企業に自社ブランド名をつけた最終製品をライセンス生産させることができる。もちろん，最終製品に限らず，中間財をライセンス生産させることができる。即ち，ここでの問いは「企業はいつ現地生産企業を所有することを決定するのであろう」である。同じような問いとして，「企業はいつ国内の中間財サプライヤーを所有することを決定するのであろう」がある。このような統合の意思決定は，国内，国外からの調達に共通するであろう。結果として，個々の企業はいくつもの国際化の組織形態から自らの戦略に基づいてそれぞれ選択していると言えよう。

これまで多くの研究者が，企業の組織的な意思決定を，そしてその貿易，FDIへのインプリケーションを研究するために，様々な分析アプローチを採ってきた。まず第1に，Dunning (1977) の折衷理論にみられる，企業の境界を取引費用によって分析したアプローチがある[151]。第2に，Grossman & Helpman (2004) やMarin & Verdier (2008a, b)[152]による内部化を経営的インセンティブによって分析したアプローチがある。そして第3に，Grossman & Helpman (2003)，Antràs (2003) やAntràs & Helpman (2004)，さらにはより最近の多数の研究[153]にみられるような，企業の組織構造の決定に不

完備契約の理論を用いた知的財産権アプローチがある。以下では，第3のアプローチに焦点を絞っていく。それは，このアプローチが示す理論的予測が多くの計量分析の結果に支持されているからである。

　これらの研究では内部化の費用と収益を基本的なトレードオフとして議論している。ここではもっとも単純なケースでこの内部化を考察してみよう。まず H と S と呼ばれる2種類の企業活動によって最終財が生産されているとする。この H はこの財の生産に使用される技術，ノウハウを専有しており，この財を生産する企業に本社サービスを独占的に提供する。そして，もう一方の S がその他の企業活動すべてを担っている。この S は H の子会社にも独立した企業にもなり得る。ここで，S は H が指定した特別な仕様の中間財を生産しているとする。それゆえ，この中間財は H しか利用することができない。つまりは，H 以外の企業にとって S が生産する中間財は利用価値がない。このため，ひとたび S がこの中間財の生産を請け負ったならば，S は H の人質となってしまう。簡単化のために，S がこの中間財を提供する唯一のサプライヤーとすると H もまた S の人質となる。なぜなら，H は S が提供する中間財無しでは最終財を生産することができないからである。このような状況で，H と S は，S が H から受け取る中間財の支払金額を事後に交渉する。これは，両者が事前に完成した中間財の仕様に関する法的効力をもった詳細な契約書を交わす事が不可能だと仮定されているからである。なぜなら，H が依頼した中間財の仕様は非常に複雑で，判事や裁判員にとって S が納入した中間財に瑕疵があるかどうかを容易に判断することができないからである[154]。

　それでは，事後の交渉結果はどうなるであろうか。このような状況では，交渉結果は H と S の双方が協力した場合に得られる余剰と協力関係が壊れた場合に得られる各自の利益に依存している。もし S が独立したサプライヤーであれば，S が生産する中間財は H との取引以外では価値を持たない。そのため，S が持つ外部取引オプション（この取引以外で得られる利益）はゼロである。同様に，H は S が生産する中間財無しに最終財を生産することができなければ，やはり H が持つ外部取引オプションもゼロとなる。すべて取

第6章　オフショアリングとアウトソーシング　　　　　　　　　　155

引参加者の交渉力を所与とすると，それぞれは外部取引オプション―この場合はゼロ―と各自の交渉力に応じた余剰を加えた利益を得る。さらには，その余剰は最終財の売上からHとSの外部取引オプションを差し引いた収入に等しい。これは，アウトソーシングのケースでは，その収入は各自の交渉力に応じて分配されることを意味している。

　他の組織形態では，SがH社に統合されると，HはSが生産する中間財を所有することになる。このような場合，Sが自ら取引を止めるか，あるいはHに取引を終わらせるというとき，SはHとの取引関係が終わるケースでは中間財を獲得することができない。そのため，アウトソーシングのケースのように，このような場合Sの外部取引オプションはゼロに等しい。しかし，Hにとって統合はアウトソーシングとは異なる。なぜなら，統合の場合にHは中間財を所有することになるからである。Hはサプライヤーなしには中間財と本社サービスで最終財を，Sの協力がある場合と同じぐらい効率的に生産することはできない。結果として，HはSの協力によって得られるよりも低い収入しか得られない。それにもかかわらず，このより低い収入は，Hにとって交渉ゲームの外部取引オプションとなる。これは，アウトソーシングの場合の外部取引オプションがゼロであるのに比べて大きくなっている。このため，Hはアウトソーシングよりも統合した場合のほうが，より大きな取分を得られるように交渉することができる。Hにとってこのより大きな取分は統合の重要な優位性である。

　本当にそうであろうか。確かに，Hが収入のより大きな取分を得られる組織形態のほうを選ぶのは必然的である，という考えに陥りやすい。なぜなら，収入のより大きな取分は，小さな取分よりも好ましいと思われるからである。これは，もちろん真実であるが，組織形態が収入に影響を与えないという条件がつく。ちなみに，この条件が満たされることはほとんどない。それは，Sがより少ない収入しか得られないと考えているなら，高品質の中間財を生産しようと一生懸命に働くインセンティブは下がってしまうからである。そして，同様に，Hもより少ない収入しか得られないと考えているなら，高品質の本社サービスを提供しようと一生懸命に働くインセンティブは

下がってしまう。

　両者の怠業，過小投資は獲得できる収入規模を縮小し，分割するパイ自体を小さくしてしまう。このため，H はより大きな取分を求めて統合を選択するとは限らない。特に，最終財を生産するために本社サービスよりも中間財の方がより重要である場合，H は S に設備投資と勤労を促す強いインセンティブを与えるために，アウトソーシングを選択するであろう。Antràs (2003) は，この選択において，中間財の相対的重要性によるカットオフ水準が存在することを示している。即ち，企業はあるカットオフを上回ればアウトソーシングを選択し，そのカットオフを下回れば統合を選択する。

　Antràs (2003) は中間財の相対的重要性が各部門の労働集約度で計られる 2 国 2 財 2 生産要素の国際貿易モデルでこの議論を展開している。そこでは，企業は労働集約的産業でアウトソーシングを選択し，資本集約的産業で統合を選択することを結論として導いている。このモデルは，資本集約的産業において企業内貿易が，また労働集約的産業では企業間貿易が発生することを予測している。大雑把に解釈すると，これは資本豊富国からの輸入は，資本希少国と比べて企業内貿易がより多くなることを意味している。また，産業レベルでは，より資本集約的な産業ほど企業内貿易による輸入シェアが大きくなることを意味している。28 カ国 23 産業を含むアメリカの輸入データを使用して，Antràs はこれら 2 つの仮説を支持する結果を得ている[155]。図 6.5 は 1992 年の企業内貿易シェアと輸出国の資本・労働比率の間の関係を描いている[156]。明らかに正に相関していることがわかる。つまり，企業内輸入シェアはエジプトやインドネシアのような労働豊富国からは低く，ドイツやスイスのような資本豊富国からは高い。

　Antràs の理論モデルは産業ごとの輸入がすべて企業内かあるいは企業間のどちらかであることを示しているが，しかし実証分析の結果では両方が混在している。さらに，企業内貿易のシェアは産業間で異なる。このような貿易と FDI の特徴とそれ以外の特性とを適応させるために，Antràs & Helpman (2004) は組織形態によって異なる各産業および固定費用における企業の異質性を導入する。その理論モデルでは，固定費用が国内活動より

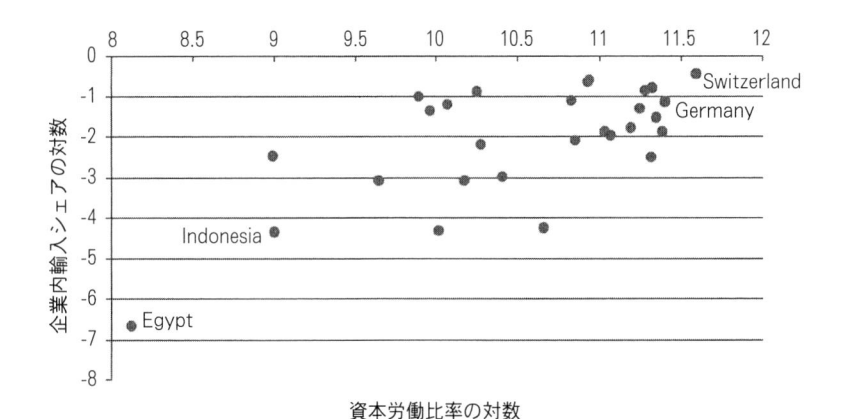

第6章 オフショアリングとアウトソーシング

図6.5　1992年のアメリカの28カ国からの輸入に占める企業内貿易シェア
データはAntràs (2003) より。

もオフショア活動においてより高いことを仮定している。即ち，海外アウトソーシングは自国でのアウトソーシングよりも高い固定費用を伴い，そしてFDIの固定費用は自国での統合の固定費用よりも高いと仮定している。

　また，彼らは統合がアウトソーシングより費用がかかると仮定する。即ち，自国での統合の固定費用は自国でのアウトソーシングの固定費用より高く，またFDIの固定費用は海外でのアウトソーシングの固定費用より高い。ここでの前者の仮定は非常に合理的であると考えられるが，後者の仮定はあまり合理的とは言えないかもしれない。その理由は，もし範囲の経済が働くなら，統合された企業は固定費用を節約することができるからである。即ち，企業活動の水平な拡大が活動毎の固定費用を節約するが，しかし統合された企業は企業経営の固定費用が高まるかもしれないため，マネジメントに大きな負担を負わせる。換言すれば，統合の固定費用は必ずしもアウトソーシングの固定費用より高いとは限らない[157]。当然，この理論モデルはこれらのような別の仮定の下でも分析可能である。そこで，私は異なる仮定の下で導かれる結論の相違を以下に指摘する。

　外国の製造費用の方が低いケースにおいて，Antràs & Helpman (2004) は組織形態序列パターンの予測を図6.6に描写している。これまでと同様に

固定費用が存在する場合，最も生産性の低い企業は市場から退出する．生き残っている企業の中で，生産性の低い企業は自国で中間財を調達し，生産性の高い企業は外国から中間財を調達する．中間財を国内で調達する企業グループ内では，最も生産性の低い企業はそれらをアウトソーシングで調達し，一方で生産性の高い企業はそれらを企業内で製造する．そして外国から中間財を調達する企業グループ内では，最も生産性の低い企業がアウトソースするが，生産性の高い企業は統合する．即ち，アウトソースをする企業は企業間取引で中間財を輸入するが，しかし統合する企業は子会社から輸入する．つまり，企業内貿易をおこなっている．水平的 FDI のモデルで論じられたように，ここでは最も生産性の高い企業が多国籍企業になる．

統合とアウトソーシングの間の固定費用の序列を入れ換えると，低生産性企業が中間財を国内で調達し，高生産性企業が外国から中間財を調達するという予測は変わらない．しかしながら，統合がアウトソーシングより低い固定費用を持っているとき，低生産性企業が統合を選択し，高生産性企業が国内でアウトソーシングを選択し，また国外でアウトソーシングを選択する．換言すれば，自国で中間財を調達する企業の間では，最も生産性の低い企業は統合し，最も生産性の高い企業がアウトソースする．他方では，オフショ

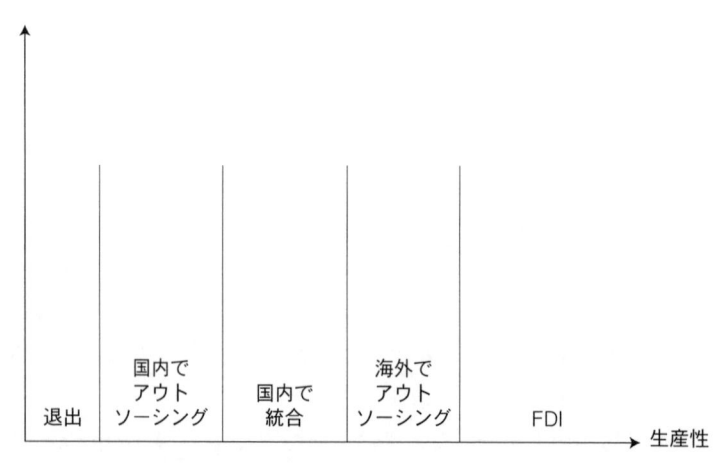

図 6.6 Antràs-Helpman モデルにおける序列

アリングした企業の間では，最も生産性の低い企業が多国籍化し，最も生産性の高い企業はアウトソースする。

図6.6は2×2組織構造（自国対外国，統合対アウトソーシング）から生じ得る全4種類の組織形態を描いているが，いくつかの部門では選択されない組織形態もありうる。例えば，本社集約度が非常に低い部門では，ある企業はサプライヤー企業に強力なインセンティブを与えることを望むであろう。なぜならば，サプライヤー企業が供給する中間財がその企業の生産プロセスに特に重要であるからである。結果として，どんな生産性であるとしてもその企業はアウトソーシングを選択するであろう。なぜならば，これがサプライヤー企業に投資や努力を促す最善のインセンティブを与えるし，またその企業にとってアウトソーシングの固定費用の方が低いからである。このような状況下で，唯一の疑問は企業が中間財の供給をオフショアリングするかどうかである。その結果は次のようになる。即ち，生産性の低い企業が固定費用を節約できる国内アウトソーシングを選択する。一方で生産性の高い企業が変動費用を節約できる外国アウトソーシングを選択する。

この序列パターンを使って，各タイプの組織形態を選択する企業とそれらの市場占有率を特徴づけることができる。AntràsとHelpmanは，本社集約度が低い産業並びに生産性の分散が大きい産業でオフショアリングが高いことを示している。さらに，本社集約度が高い産業では図6.6に示される序列パターンになっており，本社集約度がより高い産業ほど，あるいは生産性の分散がより大きくなるほど，自国および外国でのアウトソーシングに比べ統合が多くなる。

Yeaple (2006) は，1994年以降のアメリカの企業個票データを利用して，次のインプリケーションを分析している。即ち，企業内輸入シェアに及ぼす本社集約度並びに生産性分散度の影響である。このアメリカの企業個票データは58カ国からの輸入をカバーし，51の製造業部門を含む。ここでは，本社集約度の代理変数として資本集約度と研究開発（R&D）集約度を使って，彼は資本集約度と研究開発集約度が高い産業ほど，また生産性の分散が高い産業ほど，企業内輸入シェアが高いことを見いだしている。これら

の分析結果は理論的な予測と一致している。前者は Antràs (2003) と一致している。

Nunn & Trefler (2008) は本社集約度と企業内輸入シェア間の正の相関関係に関する追加的な根拠を示している。彼らの研究は別のアメリカの詳細な貿易データを用いている[158]。これは 2000 年と 2005 年の 210 カ国からの輸入データであり，5,000 種以上の製品を含んでおり，370 の産業に区分されている。彼らは資本とスキルの集約度が高い産業において企業内貿易シェアが高いことを見つけている。彼らはこの資本とスキルの集約度が高い産業を本社機能集約度が高い産業であると定義している[159]。この企業内貿易シェアと本社機能集約度の正の相関は輸出国の特性をコントロールすると成り立つ。Yeaple (2006) と同様に，彼らは企業内輸入シェアが生産性の格差がより大きい産業ほど高くなることを見つけている。しかしながら，重要なことは，彼らは本社機能集約度別に 5 グループに分け，本社機能集約度の差異の影響を推計している。理論は本社機能集約度が低い産業では相関は無いが，本社機能集約度が高い産業では正の相関があることを予測している。これは Nunn と Trefler が発見したものである。さらには，彼らの結果は本社機能集約度を資本集約度，技術集約度のどちらで計ってもほぼ同じであった[160]。

我々の理論は，企業は 1 種類の部品を必要としていると仮定して議論していた。けれども実際は，企業は多数の様々な中間財を組み立てて最終財を生産する。結果として企業は，異なる中間財に対して異なる統合戦略を選択する。例えば自動車の場合，自動車メーカーはエンジンを自国の自社工場で生産する事を選択し，ブレーキを自国の地場企業からアウトソースし，シートを外国の資本関係の無い企業から輸入し，そして窓シールドを外国の子会社から輸入することを選択する。この例では企業は 4 つの組織形態を採用していることになる。より一般には，各部品を生産する技術に応じて，企業は様々な組織形態を採用することになる。この点は Kohler & Smolka (2009) によるスペイン企業の分析で明らかに示されている。彼らは Sociedad Estatal de Participaciones Industriales が集めた詳細な企業個票データ

を利用している。このデータの魅力は，各企業の中間財の獲得手段に関する情報を報告しているところにある。つまり，アウトソーシングか統合か。それは自国からか外国からか，という情報である。

表6.2は，大企業（従業員数200名以上）のほんの一部のみが理論的に想定されるそれぞれの組織形態で中間財を獲得していることを表わしている。これらの中で34%がスペイン国内で自ら中間財を生産しており，91%はスペインにいる資本関係の無いサプライヤーから中間財を調達している。これに対して28%は外国にいる子会社から調達し，66%が資本関係の無い外国のサプライヤーから輸入している。この表の4つのセルにある数値の合計は1よりも大きくなる。なぜなら，いくつかの企業が複数の調達方法を採用しているからである[161]。これらの企業のうちで，わずかに1.5%の企業のみがスペイン国内の自社工場のみで中間財を生産しており，17.7%の企業のみがスペイン国内で中間財をアウトソースしている。さらには，わずか0.5%の企業が外国の子会社からのみ中間財を調達しており，また2.6%の企業が外国の資本関係の無い企業からのみ調達している。これらを合わせると，22.3%の企業のみが中間財の調達に1種類の組織形態を利用しており，残りは複数の組織形態を利用していることがわかる。そして，後者のうちで9.1%は4種類すべての組織形態を利用しており，最も多いのは26.3%の国内と外国からアウトソースのみをする企業である。規模の小さい企業（従業員200名未満）では，56.3%と過半数を占めているのは国内でのみアウトソーシングをする企業であり，28.4%は国内と外国でアウトソーシングのみをしている

表6.2 各組織形態別スペイン企業の割合（2007年）

	国内	オフショア
統合	0.34	0.28
アウトソーシング	0.91	0.66

出所：Kohler & Smolka（2009），表2。
備考：これらのデータは従業員数が200人以上の企業を対象としている。

(Kohler & Smolka, 2009, 表1）。

　表6.2にある4種類の組織形態のうちの1つに各企業を当てはめると，企業が実践している形態のうちで最も固定費用の高い組織形態に基づいて，Kohler & Smolka (2009) は国内でのアウトソーシングと比べた各組織形態の生産性プレミアを推計した。その結果は図6.6に描かれている通りである。最も生産性の優位が低い企業は国内でアウトソーシングし，最も生産性の優位が高い企業が多国籍化し外国の子会社から中間財を輸入する。スペイン企業では中程度の優位を持つ場合に資本関係の無い企業から中間財を輸入する。しかしながら，国内で統合している企業の生産性の優位さは，資本関係の無い企業から中間財を輸入する企業のそれとは（統計的な意味で）有意には違っていない。1つの企業を4種類の組織形態のうちの複数に当てはめた場合，生産性プレミアのランキングは明確にはならない。やはり国内でアウトソーシングする企業は他の企業に比べて生産性は低いけれども，他の3形態の推計された生産性プレミアは互いに有意に違いがあるわけではない。この結果を理解するためには，我々はより精緻な企業の調達行動を分析する理論モデルが必要であるが，現在のところそのような理論はまだ世に出ていない。

　統合とアウトソーシング間の固定費用の序列が異なっているけれども，1999年のフランス多国籍企業を分析したDefever & Toubal (2010) はAntràs & Helpman (2004) モデルを支持する結果を報告している。つまり，フランス多国籍企業はアウトソーシングの固定費用よりも統合の固定費用の方が低いと捉えている。そして，この固定費用の序列では，理論はオフショアリングしている企業の中で最も生産性の低いものが多国籍化し，外国の子会社で中間財を生産するが，最も生産性の高い企業が中間財をアウトソースすると予想することになる。このケースでは企業内貿易は生産性の低い企業で発生することになる。結果として，より大きな生産性格差は企業内貿易シェアを下げることになる。

　フランスのデータでは，全取引の21%が子会社からの輸入のみで，64%は企業間の輸入のみで，そして15%が両方のタイプの輸入であることを示

している。言い換えれば，スペインのデータでは，理論が示すほどアウトソーシングと統合の区別はきれいにはいかない。それにもかかわらず，生産性の序列は理論と整合的である。企業間で輸入する企業の全要素生産性の平均値は，子会社から輸入する企業に比べて20%高くなっている（Defever & Toubal (2010) の表1参照）。さらには，生産性格差がより大きいセクターほど企業内輸入のシェアが低くなる。

ここまでのところでは，契約上のフリクションの大きさの役割を，つまりは詳細な契約事項を明記することやそれを履行することの難しさの程度を考慮してきていない。上述の議論では，我々は中間財の供給は契約可能ではないと仮定してきている。つまり，買手と売手は意味のある契約を結ぶ事は無い。それにもかかわらず，契約可能性は中間財間で異なっている。例えば，本社機能サービスと中間財では契約可能性が異なると考えられる。Antràs & Helpman (2008) は，このような違いを考慮するように理論を拡張している。彼らは，この場合では重要なのは本社機能サービスの相対的重要さではなく，むしろ本社機能サービスの*契約不可能性*の相対的重要さであるとする。即ち，契約が可能ではない本社機能サービスの割合×生産プロセスの本社機能サービス集約度と契約が可能ではない中間財の割合×生産プロセスの中間財集約度を比べる必要があるだろう。さらには，本社機能集約度の低いセクターではアウトソーシングが統合よりも多く，契約可能性の度合いは企業内輸入のシェアに影響を与えない。Nunn & Trefler (2008) はアメリカのデータを利用してこれらを支持する結果を得ている。

企業レベルの貿易に注目することは，国際的な生産組織と民間企業の調達パターンに新たな重要な分析視点をもたらすと言えよう。加えて，それは産業別の貿易構造に新たな明かりを照らすことにもなる。それは，Ricard, Hecksher-Ohlin, Helpman-Krugman モデルらをはるかに超えている。時間が経つにつれ国際的な特化パターンの複雑性が増し，国際貿易と直接投資の理論と貿易フローと多国籍企業の行動に関する洗練された実証研究もそうである。この章で考察したトピックは今日において国際経済学の最も注目される研究領域である。

終章

　貿易の量あるいは海外直接投資のストックのような国際的な結びつきの集計的計測が十分に国際相互依存の範囲を映し出しているとはいえない。これら量の変化は時間の経過とともに，世界中の貿易や投資の流れの性質をも変えた経済的，技術的そして政治的な影響力によって，しばしば動かされ，それによって各国がお互いに結びつけられている諸々の形式やその程度に影響を与えている。これらの発展はまた，各国とビジネス企業の間にいっそう複雑な相互連結を導いた。結果として，国際経済活動の研究は，各国がお互いの経済に影響することを通して，進化する経路を評価し，十分に理解するために何度となく焦点を合わせなければならなかった。

　そのような理解の構成を助けるために，本書は過去2世紀の学術的な文献から何を学ぶことができるかについての全体像を提供している。この文献は世界経済が機能する貴重で魅力的な説明を提供する広範囲でそしてまた変化に富んでいる理論的，実証的そして歴史的な研究で構成されている。しかしながら，これらの研究の多くは，本質的には数学モデルや統計的技法を使う技術的なものであり，その結果，多くの研究は何年もの訓練を費やしてきた専門家にのみアクセス可能である。けれども，この文献からの重要な洞察は，本書の数章で証明されたように，平易な言葉での説明が可能である。必然的に，これらの説明は多くを欠いており，時には価値ある細目を欠いている。けれどもそれらはオリジナルな研究成果を忠実に守り続けており，またそれらはこの文献での主要なテーマをカバーしている。

　貿易フローの特徴はもともとも，この分野の開拓者であるDavid Ricardo, Eli HeckscherとBertil Ohlinによって構想され，産業レベルで研究され

てきた。あるいは最近行われているように，企業レベルで研究される可能性がある。それぞれこれらのアプローチは異なった論点に注意を向けるのに適している。実際に，全分野の進展は世界経済の重要な特性を理解する諸々の試みによって動かされ，それは時間とともに変化し，あるいは新しい証拠の結果として浮上した。本書の各章は，新しい証拠や変化する周囲の状況への専門的職業の反応を強調しつつ，この歴史の発展を念頭に入れてまとめられた。これらの発展の推移の中で，例えば，独占的競争が貿易理論とその実証的応用に導入され，また企業の異質性が新しい論点を解決する努力のために付け加えられた。同様に，ビジネス企業の境界が十分に定義されていない中での生産組織への伝統的なアプローチは，バリュー・チェーンのオフショア部分やアウトソーシング部分への決定を盛り込んでいる一層洗練された見解に取って代わられてきた。我々は現在，国民経済間の多くの相互依存の経路と世界経済における貿易と海外直接投資の構造に対する多くのより洗練され，そして微妙な見解を明らかにする豊かな理論と大きな一連の証拠を持っている。

　本書の構想は多くの立場をカバーはしているけれど，この本が扱わない多くのテーマもある。これらの主題のうちの 2 つは最近の研究で多くの注目を受けているが，他方で注目を受けていないものもある。それらのおのおのについて詳しく述べよう。

　一つのテーマは多品種企業の役割に関係する。そのような企業は以前の章では，すべての企業が単一の製品すなわち単一ブランドの差別化された製品の売り手として扱われ，多品種を扱う企業という点で論じられることはなかった。しかしながら，現在は多くの企業が多様な製品を生産し，そしてこれらの企業が大規模で，重要であるとしてよく知られている。Bernard, Redding & Schott（2010, 表 1）の分類に従うと，1997 年にはアメリカ製造企業の 39％が多様な製品を供給し，そしてそれら企業が出荷品の 87％を占めていた。即ち，多品種企業は企業人口の内でも大変わずかしか占めていないけれど，彼らは生産の大多数を支配していた。さらに，このような企業は国際貿易では顕著に主役を演じている。Bernard, Jensen, Redding &

Schott（2007, 表4）は，2000年に，アメリカ製造での単一製品輸出企業がこの産業におけるアメリカ輸出企業の42.2%を占めており，一方で，少なくとも5つの製品を輸出した企業が輸出者の25.9%を占めていることを報告している。他方，単一製品企業は輸出額の0.4%を占めているが少なくとも5つの製品を持つこの多品種企業が，貿易額では98.0%を占めていた。言い換えると，少なくとも5つの製品を持つ多品種を扱う輸出企業が大規模少数派企業から成り，彼らがアメリカ輸出を圧倒的に支配した。

　この証拠から判断して，多品種企業に注意を払わないような単純な世界観において，グローバルな貿易の流れを理解する可能性をいかに多く失っているのだろうか。現在のところ，この問題への回答は明確ではない。一方で，現在の多品種企業との貿易の理論的研究は，特にextensive margin，つまり1企業当りの製品数，を強調しており，そのextensive marginは貿易と貿易自由化に反応する[162]。実際に，輸出企業は生産性と規模で，非輸出企業とは違うというだけではなく，即ち，彼らはまたより多くの製品を生産し，各国間に輸出し製品数の変化にも影響を与える。これらの理由のため，国際貿易における多品種企業の役割を探究することは意味がある。他方，Bernard, Redding & Schott（2006）およびArkolakis & Muendler（2008）のような実証研究では，多品種企業の存在のため貿易に関する我々の見解を大きく変えようとする方法が納得いくようにはいまだに示されてはいない。しかしながら，この研究の線に沿った判断は最終的ではなく，多国籍企業と経済成長を検討するより詳細な研究（以下参照）により，異なる結論が導かれるかもしれない。

　第2のテーマは第4章でごく簡単に触れられた貿易された財の品質に関係する。重大な測定問題が品質に関して生じており，そして品質に関するデータは容易に入手可能ではないため，特に多数国間の貿易を研究するときには問題である。結果として，学者たちは他の経済変数の観察から間接的に品質を推定しようとする。その状況の下では，蓄積された証拠は外国貿易における品質の役割について不確実な絵図を描いている。

　1つのアプローチは，品質の測定として，輸出バスケットの価格指数を表

す輸出単価を扱う [163]。この見解によれば，単価が高ければ高いほど高品質製品を反映する。豊かな国ほど，ますます高い単価を持つ財を輸出するため，このことは1国の1人当り所得がその輸出財の品質と正の相関があることを意味すると解釈される [164]。同様に，この測定を使って，研究者たちは1国の高品質輸出が高所得国へ偏って向けられることを見出した（Hallak, 2006参照）。

しかしながら，その問題は，せいぜいのところ単価が品質の不明確な測定であるということである。それは，それらが品質以外の理由で各国間で異なるからである。例えば，垂直的製品差別化（例，品質による差別化）に加えて，もし第4章－6章で議論された水平的タイプの製品差別化が存在するなら，そのとき，輸出単価は各国間で異なる可能性があり，それは輸出企業が異なる数のブランドを輸出し，さらにそれら財の品質が同じ場合である。このような状況下では，より多角化された輸出品を持つ国が，より低い単価を持つことになる。Hallak & Schott（2010）は輸出財の品質により信頼のある測定を得るために，部門間のデータからこの要素を一掃するための方法論を展開し，そして彼らはこの修正が1989年から2003年までに，43カ国からアメリカへの輸出財の品質に対し，重要で密接な関係を持つことを示している [165]。彼らは依然として輸出財の質が輸出企業に雇用される労働者1人当り所得と正の相関があるということを，クロスセクションデータを使用した分析の中で見いだしているが，彼らはまたそれらの異なる諸国の輸出財の質は数年間で収斂するが，1人当り所得は収斂しないことをを見いだしている。

HallakとSchottはまた輸出財品質による国ランキングが時間の経過とともに際立って変化したことを検出している（Hallak & Schott, 2010, 表IV参照）。スイスは1989年には輸出品の最も高い品質の輸出財を持っており，そしてスイスは，2003年には4位にまで下落したが，他方で，アイルランドが11位から1位にランクを上げた。

シンガポール とマレーシアは大きい勝利者であった。即ち前者はランクを27位から2位まで上げ，一方，後者は42位から7位まで上昇した。他方

で，オーストラリアとニュージーランドは品質のランクを下げ，中国がそのもともとの地位に近いままに残っていた（中国はランクを35位から37位まで下げた）。これらすべての調査結果は組み込まれた測定エラーを持ち，それらの広がりは未知である。

企業個票データからの輸出価格もまた，産業内の企業異質性から成る様々な品質の製品における貿易パターンを研究するために利用されている[166]。不幸にして，部門別レベルでの品質の測定として，価格を使用することの不便さもまたこの研究に適用されている。Verhoogen（2008）は例外である。彼は価格の代わりに，為替相場ショック後にアメリカへのそれらの輸出品がメキシコ企業によって高められている品質を調査するために，品質の測定として認証基準を利用している。けれどもこの研究でさえ品質の測定はきめが粗い。

もう1つの論点は方法論に関係する。ほとんどの研究は水平的製品差別化と垂直的製品差別化を算定するために，CES関数を用いているけれど，Khandelwal（2009）とVerhoogen（2008）はロジットモデルの変形を利用している。しかしながら，Sheu（2010）は，製品多様性の利益の評価が推定法に敏感であることを示している。彼女は，プリンターの速度のような製品の中心となる特性を含め，インドへのプリンター輸入に関する詳細なデータを使用している。これらのデータから彼女はCES需要関数とBerry, Levinsohn & Pakes（1995）流のランダムな係数離散選択モデルの2つを比較するために，Feenstra（1994）の方法論を使って，貿易の厚生の利益を推定する。そして彼女はその結果として生じている推定がどのように方法論で変化するか示している。Sheuは方法論に対する推定の依存を例証するために特定の製品を使うけれど―そしてその結果が他の製品で異なっているかもしれないけれど―，彼女の調査結果はその証拠の解釈のための教訓のメモのように思われる。

これらの困難にもかかわらず，私は変化する品質の製品における貿易を十分に理解する潜在的な利益が重要であることを信じている。品質が特に重要であることが分かるかもしれない1つの領域は，経済成長と経済発展の分析

であり,そこでは多品種企業の研究もまた重要であるかもしれない。この評価の理由は経済成長が人的資本,物的資本そして TFP 成長によって推し進められるということである。過去 25 年の成長に関する文献によって強調されたように,3 つ目の TFP は特に重要である[167]。この見解によれば,TFP は技術革新の結果として起こり,それはコストを減らすか,最終財と中間財の配列を拡大するか,あるいは投入財と消費財の品質を高めるかである。追加的な刺激は汎用技術と制度の発展を含み,そこでは制度が技術変化の可能性としての役割を果たす。しかしながら,最近の成果のため,多様性の成長と品質の向上は特に重要であり,そしてこれら各々が長期の成長と開発の糧となることができる。国際貿易は完全に新しい製品を発明し,既存の製品の品質を引き上げる誘因を刺激するので,それはこれら経路を通して成長と開発に影響を与える。この理由のため,貿易がどのように多様性と製品の質に影響を与えるかについてのより良い理解では,成長と発展の一層の理解を導くことができ,またそれによって生活水準を高めるために工夫されたより有効な経済政策を導くことができる。

　成長に関する文献はこれらの影響の道筋の正しい認識を提供するけれど,その洞察力が 1980 年代からの貿易モデルに依存している[168]。特に,これらのモデルは例えば,貿易の extensive margin と貿易された製品の質のような,ごく最近に明らかにされ始めた国際貿易への調整の種々のマージンを説明してはいない[169]。もし貿易の extensive margin が成長のために重要であることが立証されるならば,その時,それらマージンは貿易された製品の範囲の決定要因において重要な役割を演じるため,多品種企業もまた重要であることが立証される。そして垂直的製品差別化を伴う産業の品質レベルに沿った分業は,成長に重要な影響を与えることができる。Grossman & Helpman (1991) そして Aghion & Howitt (1992) の品質階層モデルは,基本的な方法でこの問題を提起し,他方,変化する品質製品を伴う国際貿易における最近の前進は,品質階層モデルの単純な説明を十分に超え,このメカニズムの作業に関して新しい洞察を提供できる。

　さらに,成長に関する文脈では,ビジネス企業の生産性が技術的な質の向

上の結果として変化することを認識することは可能である。このような状況下では，企業の生産性の分配は内生的であって，時間の経過とともに変化する。しかしながら，それらの技術の質を向上するため，異なった生産性レベルを伴う企業の誘因は，貿易と生産性成長との間の追加的な関連性を導入する外国貿易に依存する[170]。要するに，近代的な成長と発展への国際貿易の新しい見解を統合することによって，我々は生活水準がどのようにグローバル化された世界で高められるかについての，改善された理解を得ることができる。

訳者あとがき

　本書は，ハーバード大学教授 Elhanan Helpman による *Understanding Global Trade*, The Belknap Press of Harvard University Press, 2011 の全訳である。

　改めて紹介する必要はないであろうが，著者の Helpman ハーバード大学教授は 2008 年にノーベル経済学賞を受賞した Paul Krugman プリンストン大学教授とともに 1980 年代に新貿易理論の確立に多大な貢献をされ，近年では企業の異質性（*firm heterogeneity*）に着目し，企業のグローバル化戦略（組織形態の選択）の意思決定メカニズムの解明（主に本書 5 章，6 章で議論されている）の最先端に立ち続けている，希代の国際貿易の理論家である。

　本書の特徴は，この Helpman 教授の手によって，難解な数式を一切使わずに，複雑な国際貿易の展開を，過去と現在，ローカルとグローバルに見渡せる知識を直感的に読者に提供しているところにある。それゆえ，本書は経済学の初学者にも，これまで経済学と縁遠かった人たちにも，経済学以外の研究者にも，もちろん経済学者にも，過去 2 世紀におよぶ国際貿易の多数の研究成果から得られた知見を簡潔に提供することができる。加えて，現在進行中の貿易のグローバル化の中で新たに生じてきたオフショアリング，アウトソーシング，企業内貿易，そしてグローバル・バリューチェーンに対する理論的洞察のみならず，最新と言える実証分析の結果も要約し提供している。

　格段に複雑になる今日の国際貿易の実態のみならず，その分析ツールである国際貿易の理論，そして実証分析手法の難易度も非常に上がってきている。そのため，国際貿易の研究者らが提示する研究成果は，相当のアカデ

ミックなトレーニングを積んだ研究者にしか正確に理解することのできない知見ばかりになってしまっている。けれども，著者が強調するように今日において国際貿易の重要度は高まっており，この国際貿易の変化，展開の要因，そして，その針路を理性的に理解することは，我々国際貿易の研究者にとっては当然であるが，本来は普通に生活をしている人々にこそ大切なはずである。そこで，本書のタイトルに"Understanding"の一語を加えた著者の意図を訳者達なりに解釈し，訳書タイトルを「グローバル貿易の針路をよむ」とさせて頂いた。

　翻訳作業が大きく遅れたにも関わらず，本書の出版を実現頂いた文眞堂の尽力に厚く感謝を申し上げたい。本書の訳者の1人であり，実質的な監訳者である日本大学本多光雄教授のご定年を記念して，本多ゼミ門下生たちが本書の出版を企画した。40年近く続いてきた日本大学経済学部本多ゼミナール，その先輩，同期，後輩たち約600名の支えによって本書を出版できたことはこの上ない喜びである。ここに記して多くの方々の支えに対し，心より感謝申し上げる。

訳者（本多ゼミ門下生）

注

1. McCormick (2001, 第4章) も Ward-Perkins (2005) も，陶器に残る考古学上の証拠の発見を生活水準と貿易の尺度として示している。例えば，McCormick は以下のように記した。即ち，「3世紀からアフリカの財はオスティアやローマを狙って次第に普及している。中でも注目すべきは，それらは壊れたコンテナで5,300万 (推計) ものスペイン油の輸入に取って代わり，それらは今でも"テベレ川沿いに山積み"になっている」。World-Perkins はこの「テベレ川沿いの山積み」についても論じている。
2. その地域とは，東ヨーロッパ，西ヨーロッパ，イスラム世界，サハラ以南のアフリカ，中央アジア，南アジア，東南アジア，東アジアである。
3. O'Rourke & Williamson (2002) は，19世紀後半と20世紀初頭にかけての「グローバリゼーション」のプロセスに対する包括的な処置を提供している。
4. このデータを提供し，この図の作成のために使用を認めてくれた Kevin O'Rourke に私は感謝の意を示したい。
5. このデータを提供し，本書で使用する図の作成を認めてくれた Alan Taylor に私は感謝の意を示したい。
6. Pomeranz (2000) も石炭の役割について強調している。
7. 1688年のイギリスの名誉革命は政治的制度の変化の主要な例としてあげられている。North & Weingast (1989) によると，それはまたその後の経済発展の重要な役割を担うイギリスの金融を好転させた。
8. この場合，国王もまた借金の一連の債務不履行者となり，それがスペインの発展に打撃を与えた。
9. この考察には制限を付ける必要がある。何故なら，生産要素サービスの貿易は国際貿易フローの決定要因に対して絶対優位の考えを導入したからである。詳しくは，Jones (1980) を参照。
10. この議論において，労働は布の生産とワインの生産両方で雇用されることができ，その他の雇用機会は存在しないことが仮定されている。
11. 相対価格決定における需要条件の役割は，1848年に Mill (1909) における "On International Values" の章で最初に議論された。
12. Ricardo はこのことに関しては明確に議論していないが，彼の例はイングランドとポルトガルにおける労働者の技術構成の差異を表しているというより，むしろイングランドとポルトガルの技術力の差異を表していると解釈されてきている。この解釈は，もし諸国間での労働移動が可能な場合，イングランドの全労働者がポルトガ

ルへ移動することは効率的であるという Ricardo の見解と一致している。この記述に潜在しているものは，ポルトガルに移り住んでいるイングランドの労働者はポルトガルの労働者と同等の量を生産できるという仮定である。何故なら，彼らはポルトガルに住んでいるためポルトガルの技術を入手可能となるからである。

13. McKenzie（1953-1954）は中間財投入（中間投入）を考慮した Ricardo のシステムに関する議論を含んでいる。
14. この議論は，輸送費用，関税，そしてその他の貿易障壁は存在せず，さらにすべての市場では競争が存在し，すべての人を価格受容者へと導くと仮定している。私はこの競争の極端な形態からそれた議論を第4章で行うこととする。
15. 私はこの議論においてワインは同質な財と仮定している。即ち，ポルトガルとフランスの両国におけるワインの異なる製造者は，お互いに完全代替となるワインを提供する。ワインに関して，このことは明らかに真実ではなく，そして衣類，医薬品，自動車のような多くの財に対しても当てはまらない。製品差別化とブランドの増加については第4章で取り上げる。
16. 私は，この種の分析に共通であるように，あらゆる国は均衡のとれた貿易を行っていると仮定する。均衡のとれた貿易からそれるケースは実際には重要であるが，しかしそれらは通常は貿易の方向性に対しては小規模な効果しか与えない。
17. 予算制約が原因で，両国で労働需要が供給を超過すること，また労働需要が供給を下回ることは不可能である。
18. Dornbusch, Fischer & Samuelson（1977）では多くの財を扱っており，それぞれの財は線上の点によって表されている。この表現は技術的な理由から非常に便利であるとされているが，経済的な洞察には影響していない。彼らはまた，供給に関する Ricardo の議論をより分かりやすくできるように，需要単純化のために支出シェアを一定としている。Wilson（1980）は一般化した結果を提供している。さらに前に，この文献へ非常に貢献した研究として，Graham（1948）と McKenzie（1954）が含まれる。
19. 輸入可能な財の価格と比較して輸出財輸出可能な財の価格が下落することは交易条件の悪化と呼ばれている。
20. 時々，ある国は彼らの輸出から得た支払いを外国資産の形式で蓄える。しかし，もしこれらの外国資産が財やサービスに対して支払われなければ，その外国資産は明らかにその国の福利に貢献していない。そのために，たとえそのような輸出売上高が直ちに輸入に対して支払われなくても，最終的には支払われるようになる。金・銀の蓄積（輸出超過を通じた）が1国の繁栄に直接貢献しているという，16，17世紀からの重商主義的な観点は現代の研究者によって一掃された。
21. これは"溶解する氷山"型輸送費用として知られており，Samuelson（1954）によって最初に導入された（氷山との類似性は，出荷元から遠くの出荷先へ輸送される間に一部が溶けてしまうところである。）。Helpman（1976）は輸送技術が生産技術と同じように扱われる国際貿易のモデルを発展させ，また Matsuyama（2007）は外国市場へ供給する技術と国内市場へ供給する技術は異なるという Dornbusch, Fischer & Samuelson（1977）のモデルを発展させている。

22. 1950年代〜1960年代にかけて刊行された多くの研究は，Ricardoの理論を検証するために相対費用と第3市場への相対的な輸出の関係を分析した（McDougall, 1951, 1952, Stern, 1962を参照）。しかしながら，偶然にも，その理論は他国が存在する世界ではこれらの変数間の確実な関係性を予測していない。この理由から，興味深いものではあるが，これら研究の結果はこの理論の検証としては価値が限られている。
23. もっと正確に言えば彼らは，労働生産性はFrechet（もしくはType IIの極値）分布に従うと仮定している。
24. Eaton & Kortum（2002）は彼らのモデルにおける一般均衡の構造に関して詳しく言及していない。実際，彼らはカントリーペアごとの貿易フローを予測するために必要とされる方程式を展開させただけである。Alvarez & Lucas（2006）はEaton＝Kortumモデルにおける完全な一般均衡の含意について展開した。
25. Heckscherの原著は1919年にスウェーデンの経済学機関誌であるEconomisk Tidskrift 21：497-512で刊行された。それは1949年に初めて縮約形式で英語に翻訳された。すべての論説で更新された翻訳は，Flam & Flanders（1991）の中で"The Effect of Foreign Trade on the Distribution of Income"として刊行された。Ohlinの原著は1924年に博士論文として今のストックホルム大学へ提出され，スェーデン語で刊行された。この論文の完璧な翻訳もまたFlam & Flanders（1991）の中で，"The Theory of Trade,"として刊行された。この論文の拡張版は1933年に"Interregional and International Trade"というタイトルで本として刊行された（Ohlin, 1933参照）。
26. Eli Heckscherと研究を行った後，OhlinはHeckscherの知的な競争相手であったGustav Casselとともに論文執筆を進めた。OhlinがCasselとの絆を固めたことで，彼とHeckscherの関係は著しく緊迫した。Flam & Flanders（1991）を参照。
27. もしすべての投入の比例的な増加がその比率以上に産出を増加させているならば，その技術は規模の経済性を示している。また，もしすべての投入の比例的な増加がその比率以下でしか産出を増加させていないならば，その技術は規模の不経済性を示す。そして，もしすべての投入の比例的な増加が同じ比率で産出を増加させているならば，その技術は規模の経済性，不経済性のどちらも示していない。Heckscher，そして特にOhlinは，規模の経済性を比較生産費の独立した源泉として議論している。
28. 相対的希少性の役目に関するほぼ同一の意見，例えば生産要素の相対価格，はOhlinによって作られた。つまり，"したがって，結論は，地域内貿易の発生は生産的な要素の相対的な希少性の差異にあるということである。それぞれの地域は「外国」と比較して，ある要素や財においてはより低い絶対価格で明示し，他の要素や財においてはより高い絶対価格で明示する。貿易の直接の原因は，この絶対的な生産費用と絶対価格における差異であり，それはそれぞれの地域を他の地域よりも安く生産できる財への特化へと導く"（Ohlin, 1924, p.89 in Flam & Flanders, 1991）。
29. しかしながら，Ohlinは要素価格均等化を起りそうな結果とは考えていなかった。要素価格に対する貿易の影響に関するより一層の議論は以下，そして次章を参考にしていただきたい。

30. Ford（1982）は，資本と労働の相対価格が諸国間で異なるときはいつでも，Heckscher＝Ohlin モデルが Ricardo モデルのカギとなる特性を得た状況が存在する（例えば，すべての産業で資本と労働の間の代替の弾力性が同一であるとき）。つまり，産業の相対必要労働量の順位と相対費用の順位が一致する。このような状況下で，相対必要労働量は Ricardo の世界のように地理的または"自然的"な特性によって決定されてなく，部門間の単位産出あたりの資本利用量の変化によって決定されている。
31. 要素集約度の逆転が存在する場合，事前そして事後の予測は一致しないであろう。このことは要素集約度の順番で部門を順位づけすることは要素価格に敏感であることを意味する。このような状況下で，ある要素価格が与えられたときの要素集約度による産業の順位付けと，異なる要素価格が与えられたときの要素集約度による部門の順位付けは異なる。このテーマに関する文献のレビューとして Chipman（1966）を参考にしていただきたい。
32. この重要な結果の簡単な導出は，Dixit & Norman（1980，第 4 章），Helpman & Krugman（1985，第 1 章）で確認できる。
33. 多くの経済モデルのように，このモデルも特定の問題に焦点を当てすぎており，そして他の面では事実に反する含意を含んでいる。もしこれが本当なら，大きな問題は，焦点を当てているその問題についてそのモデル（理論）の予測はどれほど堅固であるか，ということである。これについては以下で議論を行っている。
34. これは，産業数が生産要素の数と等しくなり，結果的な単位産出当りの必要投入は産業間で独立しているという技術的条件を満たせるような方法でデータを組み立てなければならない。Leamer（1984）では実際に彼のデータをこの形式で組み立てた。
35. 私は純輸出を利害関係の変数として使用した。なぜなら，部門データの集約レベルが共通なとき，産業内貿易として知られているように，各国は産業内で輸入として輸出を行うが，その理論は一方向の貿易しか予測していないためである。この論点は第 4 章でより詳細に議論することとする。ここからは，もしある国の輸出が輸入を上回るならばその国の純輸出は正の値であり，そしてもしある国の輸出が輸入を下回るならば，その国の純輸出は負の値となることとする。
36. Leamer（1984）のデータは 16 カ国，そして資本，能力水準で差別化された 3 タイプの労働，気候の質により差別化された 4 タイプの土地，石炭，鉱物，石油から成る 11 の要素を含んでいる。そのデータはまた，11 産業を含んでおり，そのうちの 10 産業は表に記載されている。11 番目の産業は GNP の残りの部門として定義されている。
37. 我々は，異なる精度で推計されたこれらの係数の大きさについては関心を持たず，正か負かといったそれらの符号のみに関心を持つ。
38. Leamer（1984）では，線形性は，データが可能な非線形性を示していた機械と化学薬品を除いたすべての産業において，よい近似値となっていることに気付いた。
39. Hunter（1991）では，すべての国における同一の選好が仮定されているが，予算シェアが 1 人当りの所得に依存することは除かれている。つまり選好はホモセ

ティックではない。34カ国における11製品に対する線形支出体系が推計された。事実に反した実験は，選好の相似性による変化に起因する貿易量の推計によって行われた。その結果は，非相似的な選好は産業間貿易フローの4分の1を占めると示唆している。

40. Leamer の洞察に続いて，多くの研究が投入と産出の間における線形性（直線関係）を分析した。
41. 産業における要素集約度の恒常性はしばしば，商品価格は変化せず，そして結果として要素価格も変化しないという仮定から確保される。
42. Rybczynski 定理，Heckscher＝Ohlin 定理，そして他の多くの2産業2生産要素のモデルに対する結果は，Jones（1965）の中で最も的確に得られる。
43. Fitzgerald & Hallak（2004）は，慣習となっている Rybczynski の係数の推定は，諸国間での生産性の差異を説明していないため偏っていることを示した。この偏りは，資本がほとんどの製造業において産出レベルに対して正の影響をもっているという，共通の所見もまた説明している。
44. 要素価格均等化の仮定は強いものである。つまりそれは，各国間における要素賦存の構成は大きく異なっていないことを必要とする。そして，以下で詳しく説明するが，それは特に要素コンテンツ分析に強い影響をもっている。
45. これらの予測は，要素価格均等化が存在する限りは，主要な投入の数や産業数には依存しない。
46. 消費の代わりに，我々は消費，投資，政府支出から成る国内吸収を使わねばならない。しかしながら，説明を明確にするためにわたしは消費に注意を向ける。
47. 結局のところ，このデータ内における他の関係性はアメリカが資本豊富国であることと整合的ではない。このことに関しては Brecher & Choudhri（1982），そしてこの後の Vanek 方程式に関する実証的な検定の議論を参考にしていただきたい。
48. Trefler（1993）は，修正された Vanek 方程式が正確に適用されることが仮定されたモデルの中で，国レベルでの要素によって偏っている技術の差異を推定した。彼は結果として生じた労働生産性の指標は賃金と非常に関係しており，また資本生産性は資本費用と非常に関係していることを示した。
49. Davis & Weinstein（1997）は投入産出係数の違いは日本国内の地域間における貿易の要素コンテンツを説明するためには必要ないことに気付いた。このことは，要素価格は諸国間よりも国内の地域間でより類似するという観点と整合的である。
50. これらの法律は，イギリスが自由貿易政策を採用した1846年に廃止された。
51. この記述は，個人はその経済の中で財を配分するメカニズムをこえた直接効用をもたず，自身の配分に関する直接効用を持つことを仮定している。当然ながら，これはあり得そうにない，なぜなら人々は自由選択を伴う経済よりも計画経済においてより幸福ではないであろうからである。
52. この議論に潜在する仮定は，パスタとチーズ間の限界変形率は，我々がパスタの生産を増加させるかチーズの生産を増加させるか，といった変化の方向に依存しないことである。しかしながら，これは経済モデルの間では共通の仮定であり，貿易利益の議論にとって必須ではない。

53. この説明の中で，資源はある産業から他の産業へ費用をかけずに移動することができ，このことは貿易開始への考えられる調整費用を無視していることを意味する。これらの費用は一時的に使用されていない投入，あるいは転居費などの転置にかかる費用の形態をとることが可能である。
54. あらゆる個人は等しい資源の組み合わせを所有しているため，同一の所得水準であり，したがって同一の予算制約に直面する。この状況下で，あらゆる個人は同じ選好を有するため同一の消費バスケットを選択する。
55. 的確な証明として，Dixit & Norman（1980）を参考にしていただきたい。
56. 国際貿易理論の中で行われているように，ここここが trade-balance constraint をかき立てる場面である。
57. もしその国の貿易フローが国際価格に十分な影響を与えているならば，これらの交換比率は一定ではない。しかしながら，この可能性は本書における議論に対して影響を及ぼさない。
58. Irwin の低い推量は GNP の 4.2% であり，高い推量は 5.5% である。
59. Bernhofen & Brown（2005）を参照。
60. 新古典派経済学においては，これら 2 つの産出を表す基準の差は正である。
61. この図のためにデータを提供してくれた John Brown に感謝の意を示したい。
62. この結果は，貿易の均衡の中で労働者の賃金の購買力はすべての財に関して少なくとも自給自足時と同等の高さである，という事実から生じている。その理由は，貿易の均衡の中でその国が製造している財に対しては同様であるが，諸外国においてより安くなるような輸入財に関しては国内でより高くなるからである。
63. もしワインの価格が布の価格よりも 50% 高かったならば，イングランドとポルトガルの両国はワインを輸出しようとする。そしてもしワインの価格が布の価格よりも 35% 高かったならば，イングランドとポルトガルの両国はワインを輸入しようとする。この 2 つの結果のどちらももっともらしくない。ワインの価格が布の価格よりも 35%〜50% の間で高いことから，イングランドはワインを輸入しようとし，一方でポルトガルはワインを輸入しようとする。さらに，選好に関する標準的な仮定の下で，イングランドが輸入するワインとポルトガルが輸出するワインと等しくなるような価格が存在する。
64. ここにある議論がある。規模に関して収穫一定である競争経済の中で，ある製品の価格はその単位費用と等しい。したがって，ある製品の価格が上昇したとき，その財の単位費用を等しく上昇させるために少なくとも 1 つの投入の価格が引きあがることになる。しかし，他の財の価格は変化していないため，他の財の単位費用は変化しない。したがって，ある要素の報酬が増加した場合，報酬が減少する要素が存在しなければならない。このことにより，少なくとも 1 つの要素報酬が減少することとなる。少なくとも 1 つの要素の報酬が減少し，価格が上昇した財の単位費用は価格上昇と同様に比例的に上昇することが知られており，そしてそのことは製品価格の上昇以上の比率で上昇する要素価格が存在することを暗に意味する。それはなぜか。なぜなら，全投入の報酬増加の加重平均は製品価格の上昇と等しくなるはずだからである。したがって，ある要素報酬の減少は，財価格の上昇率よりも増加し

た要素の報酬を相殺するはずである。
65. この論点に関するより一般的な分析はOhyama (1972) の中で提供されている。
66. 大国の中では再分配計画が国際価格に影響を与える。しかし，貿易の均衡において考慮される価格比率が再分配計画の存在の結果である限り，このことは議論の本質を変えない。問題は，本書の中での議論は考えられるあらゆる価格構造に適用している。
67. なぜかを確認するために，この経済において総民間所得は国民総生産（GDP）と定額補助金の合計から定額税を差し引いたものとする。再分配計画の選択から，このネットでの民間所得は国際価格で評価される自給自足時の消費額と等しくなる。しかし，自給自足時の消費は生産と等しい。結果として，ネットでの民間所得は国際価格で評価される自給自足時の生産額と等しくなる。このことは，もし貿易の均衡において自給自足時の産出レベルで生産していたならば，ネットでの政府の収税，つまり税から補助金を差し引いたもの，はGDPからその国のGDPになるであろうものを差し引いたものである。新古典派の経済における競争は時価で最も高いGDPを確保し，この差は正であり，したがって政府は財政黒字である。すべての人々に貿易利益を確保するような定額税および定額補助金が存在することを示している別の議論（関わってはいるが）は，Dixit & Norman (1980) を参照していただきたい。
68. この図のためにデータを提供してくれたPeter Klenowに感謝したい。伝統的比較優位を越えた考えを求める貿易の追加的特徴は後で議論することとする。
69. Krugman (1979) や Lancaster (1979, 第10章) は差別化財の貿易をはじめてフォーマルな形で1産業モデルを用いて理論構築を行った。いくつかの点で彼らのモデルは異なるところがあるが，両モデルとも，産業内において同じ特性をもつ異なるブランドの製品がどのように貿易されるのかを明らかにしている。Lancaster (1980), Dixit & Norman (1980, 第9章), Helpman (1981) らは，要素比率を製品差別化に統合し，どのように産業内貿易と産業間貿易が共存することができるかを示した。Helpman & Krugman (1985) は「新貿易理論」として知られるようになったモデルの包括的な取り扱いを展開した。これらの研究のすべてはChamberlin (1933) の重要な理論を足場としている。
70. 原則として，技術はある投入量に関して収穫逓増を表し，そして一方で他の投入量に関して収穫逓減を表すことができるけれども，そのような複雑な関係はいつも切り離して推測されている。
71. 単純化のために，ここでは道具の使用については考慮に入れない。
72. Helpman & Krugman (1985, 第3章) はこれらの問題について詳細な議論を提供しており，Grahamの議論をより幅広い視点から掲載している。彼らは国特殊的でない外部経済についても議論をしている（例えば，企業の生産性はその産業の国内産出量よりむしろ世界の産出量に依存するという場合について）。後者の場合，Vinerが言及したように，Grahamの推測は通用しない。
73. 平均費用よりも高く価格をつけることはできない。なぜならそのとき他の企業がこの価格よりも低い価格設定をし，プラスの利益を得ることができるようになってし

まうからである。

74. 伝統的な Ricardo の世界とは異なり，ここでは1国は貿易から利益を得ないかもしれない可能性が存在する。しかしながら，もしすべての製品に対して嗜好が CES であるならば，分業パターンがただ1つに決まるだけではなく，あらゆる国が貿易から利益を得ることとなる，ということを Grossman & Rossi-Hansberg (2010) は示している。
75. Caves, Christensen & Swanson (1981) は 1955 年から 1974 年の期間におけるアメリカの鉄道産業では，大きい規模の経済性（平均費用の低下）を推定し，一方で Christensen & Greene (1976) は，1970 年代には次第に小さくなるが，1955 年におけるアメリカの発電産業において大きい規模の経済性について推定している。
76. しかしながら，これらの産業の規模の経済性は林業以外の上述した天然資源産業における規模の経済性よりも大きい。基礎化学製品，紙・パルプ製品，ガラス製品，たばこ製品のような他の産業の規模の経済性の度合いの推計はそれら産業の規模の経済性を分類するには十分に鮮明ではない。
77. Porter (1990) は集積の経済性が1国の競争優位を形作るにあたり重要な役割を担うことを強調しているけれども，そのような多くの事例を提供している。
78. Helpman & Krugman (1985) もまた限られた製品差別化を伴う産業に適している寡占競争の様々な形態を議論している。しかし，これらの市場の構造は本書の主旨にとってさほど重要ではない。
79. 固定費用に関連した規模の経済性に加え，産出量もまた規模の経済性を生じさせる場合がある。つまり，生産における単位可変費用は産出水準と共に減少するかもしれない。
80. http://www.fda.gov/buyonlineguide/generics_q & a.htm を参照（2009 年 3 月 10 日現在）。
81. この研究におけるバラエティーの実証的定義は，ある特定の国から輸入された製品である。例えば，1988 年では 12,822 製品分類があり，平均 12.2 国から各製品は輸入されており，全体で 156,669 ブランドにおよぶ。
82. バラエティー調整済み価格指数とは，単位当りの輸入の費用の基準となり，この単位は輸入価格だけではなく輸入バラエティーの範囲を考慮に入れた厚生への寄与を明らかにする。
83. 同質製品での貿易を説明する要素賦存比率モデルとは異なり，同質製品の貿易を説明する Ricardo モデルはこのグラビティー方程式と整合的である。
84. Helpman & Krugman (1985) を参照。
85. この場合の比例の要素は2を世界の GDP 水準で割った値であり，それはそれぞれの国のペアで同じである。類似した計算は Dornbusch, Fischer & Samuelson (1977) や Eaton & Kortum (2002) の Ricardo モデルに応用されており，これらの場合においても，いずれの国も差別化された製品を生産している。
86. 富裕国間の貿易の要素比率対産業内特化についてのこの仮説は，Hummels & Levinsohn (1995) により提起され，彼らはその時データにより否定されると主張した。しかし，Debaere (2005) はこの否定が彼らの用いた貿易方程式の不適当な

注　　　　　　　　　　　　　　　　　　　　　　　　　　　181

仕様によるものだとし，その中では貿易量は GDP の比率としてよりむしろレベル形式で推計される。さらに，Evenett & Keller（2002）は，貿易を行っている諸国間の産業内貿易のシェアがより大きくなればなるほど，双方向の貿易フローをより一層説明力のあるものとするために，所得水準の類似性という点が重要となるということを示している。言い換えれば，理論が示しているように，差別化された製品の貿易が重要になればなるほど，重力の力はより強いものとなる。

87. 1人当り GDP の照準より接近することは，資本・労働比率の一層の類似性以外の要素によって動かされる可能性があるけれども，類似性を表すその2つの尺度の間の相関は，データでは非常に高いものとなっており，そして1人当り GDP は資本・労働比率よりもより正確に諸国間の類似性を表すことができる。
88. Hanson & Xiang（2004）はこれらの主張を正当化するために Krugman のモデルを拡張している。
89. Fajgelbaum, Grossman & Helpman（2009）を参照。
90. この図のデータを提供している John Romalis に感謝したい。
91. 彼の研究は，経済活動を形作る制度の役割を明らかにする大まかな傾向の一部を表している。
92. Grossman & Hart（1986）や Hart & Moore（1990）は，不完全な契約という環境における経済関係の分析の先駆的研究を行っている。
93. Levchenko（2007）もまた，貿易フローに関する法律制度の質における諸国間差異の影響を明らかにしているけれども，彼は契約集約度に変えて産業の複雑性の測定を推計に用いている。Costinot（2009）もまた，貿易フローの推計から法律制度の質の差異を省いているが，貿易フローに関する産業の複雑度の役割について研究している。彼の明らかにした制度的質の測定は，Nunn（2007）によっても用いられている，「法による統治」，と呼ばれる測定と非常に高い相関をもっている（Costinot, 2009, 図4）。
94. Baldwin & Gu（2003）がカナダについて，Clerides, Lach & Tybout（1998）がコロンビア，メキシコ，モロッコに，Bernard, Eaton, Jensen & Kortum（2003）および Eaton, Kortum & Kramarz（2004）がフランスに，Delgado, Farinas & Ruano（2002）がスペインに，そして Aw, Chung & Roberts（2000）が台湾についてそれぞれ研究している。
95. Roberts & Tybout（1997）がコロンビアについて，そして Bernard & Jensen（2004）が米国についてそれぞれ明らかにしている。
96. Bernard, Jensen, Redding & Schott（2007, 表2）を参照。
97. Bernard, Jensen, Redding & Schott（2007, 表3）を参照。
98. Bernard, Jensen, Redding & Schott（2007, 表2）を参照。
99. Bernard, Eaton, Jensen & Kortum（2003）は同じ所見を説明する別のモデルを展開した。しかし，Melitz のフレームワークは学術的な基準となるモデルとなった。
100. FDI のケースについては第6章で議論するため，ここでは考慮に入れないこととする。
101. 具体的には，前者は製造業のような可変費用を生じる経済活動での要素構成を意味

し，後者はR&Dのような固定費用が生じる経済活動での構成要素を意味する。
102. この文献に対する近年の貢献的研究としては，Anderson & van Wincoop (2003) を参照。
103. Helpman, MelitzとRubinsteinによる158カ国のサンプルでは，約半分の双方向貿易はゼロ貿易である。
104. Balistreri, HillberryとRutherfordにより比較されたその2つのモデルは同じパラメーターをもち，差別化産業にいる企業について同じ平均生産性をもっていることをデータにより推計または測定された。「標準的」モデルでは，企業の平均生産性は貿易の自由化により変化することは示されていないが，異質性モデルではその変化が示された。
105. マークアップの低下（製品価格と限界費用の差）は貿易の利益や貿易の自由化の源泉となる。このメカニズムについてはMelitz & Ottaviano (2008) やFeenstra & Weinstein (2010) を参照。
106. Feenstra (2009) はこの分析結果をわかりやすく説明しており，これは製品間の代替の弾力性は一定であるというDemidova, KlenowとRodriguez-Clareの分析での仮定に強く依存している。
107. 欧州委員会HPを参照
(http://ec.europa.eu/social/main.jsp?catId=101&langId=en)。
108. 欧州議会HPを参照 (http://www.europarl.europa.eu/summits/lis1_en.htm)。
109. 表5.4は少数のサンプル国に対するこれらの指数を報告したものであり，世界銀行のウェブサイトは100カ国以上の国に対してこれらの指数を公開している。
110. この詳細についてはPissarides (2000) を参照。貿易と労働市場摩擦に関する研究はBrecher (1974) の最低賃金に関する研究や，Matusz (1986) の暗黙の契約に関する研究や，Copeland (1989) の能力給に関する研究などを含む。
111. 前者の研究はPissarides (2000)，後者の研究にはDavidson, Martin & Matusz (1999) を参照。
112. ごく最近では，サーチ・マッチング・モデルは景気循環の分析に組み込まれている。Shimer (2005) を参照。
113. これは2009年9月に以下のウェブサイトによる。http://www.bls.gov/news.release/jolts.htm and http://www.bls.gov/news.release/empsit.t08.htm。
114. この研究の大部分は長期での失業を導く雇用の流入と流出の動学的状況を検討しているけれども，私は動学モデルを取り去り，本書でこれまで見てきたとおり，静学モデルを検討することによりその分析を簡素化する。この目的のために欠員数と職を探している個々の数の両方よりも少ないマッチングの数を導くマッチング・プロセスについて考慮することは価値あることである。この様な状況下で，すべての欠員が満たされ，すべての労働者が雇用を見つけるということはない。
115. ここでは失業保険や退職金のような政策には私は注意を払わない。しかしながら，Helpman & Itskhoki (2010) による議論を参照。
116. 労働者を採用する費用は欠員費用を欠員を埋める確率で割ったものに等しく，また以下の分析で重要な役割を担うこの測定は，同質財部門と差別化財部門により異な

ることがあり得る。
117. 2009年9月29日付けでのアクセスによる，http://www.bls.gov/cps/cpsaat26.pdf, を参照。
118. 同質財部門においては，企業と各労働者は彼らの関係からその余剰を等しく分けあう。差別化財部門では，賃金交渉は，Stole & Zwiebel (1996a, b) で提案されているように，多角的である。
119. この結果もまた，労働市場摩擦があるにもかかわらず，両国とも貿易の利益を享受するということを示唆している。
120. これらの図は Helpman & Itskhoki (2010) で報告されたパターンであり，労働市場摩擦のない同質財部門での数値シミュレーションから導いたものである。
121. この種の賃金の不平等性のタイプは「残差」あるいは「グループ内」賃金の不平等性としてしばしば言及されている。この実証として，Lemieux (2006) や Autor, Katz & Kearney (2008) を参照。
122. その証拠ともう1つの説明についての再考については Helpman (2004, 第6章) を参照。また，不平等性の高まりについての議論は Goldberg & Pavcnik (2007) を参照。
123. 今のところ，この問題に関する結論をまとめる量的な証拠は不足している。
124. この結果とそれに続く議論については Helpman, Itskhoki & Redding (2010b) を参照。
125. この図は Helpman, Itskhoki & Redding (2010b) により報告されたシミュレーションに基づいている。
126. 経営上のヒエラルキー構造がフラット化している証拠に関しては，Rajan & Wulf (2006) を参照。
127. 産業別の証拠に関して以下を参照。Bardi & Tracey (1991)：輸送業，Gardner (1991)：医療業，Helper (1991)：自動車業，Abraham & Taylor (1996), Bartel, Lach & Sicherman (2005)：その他の産業。
128. 加えて，Hummels, Ishii & Yi (2001), Yeats (2001) は，中間財貿易が最終財貿易よりも速く増加していることを示している。このことを分析するために Yi (2003) は複数の生産過程を考慮できるように理論モデルを拡張している。
129. UNCTAD (2008) を参照。これ以前の対内直接投資フローのピークは，2000年の1.4兆ドル強であったが，2003年にはハイテク企業の株価下落を受けて5,600億ドルに減少してしまった。これに関しては UNCTAD (2004) を参照。けれどもその後2006年には2000年のピークの金額に並び，2007年にはさらに上昇していった。UNCTAD (2008) の表2.1を参照。
130. UNCTAD (2008) の表2.1を参照。
131. UNCATD の World Investment Reports はフローとストックの FDI 金額を掲載している。ストックの方が多国籍企業の外国での活動を理解するには適切である。例えば，2007年では対内直接投資ストック額は15.2兆ドルで，対内直接投資フローは1.8兆ドルであった（UNCTAD, 2008, 表1.4参照）。しかし，対外直接投資ストックも多国籍企業が外国に有している経営的コントロールの程度を正確には示し

ていない。なぜなら，多国籍企業は投資先国の金融機関からの借入金で投資資金を調達することができる。このような投資先国で調達する金額の方が，親企業が支払う投資額よりも多いこともありえる。さらには，もし投資先国における調達額を差し引くことができ，正確なFDIストックを把握できたとしても，それと設備投資額，売上高，現地雇用者数などと正確に結びつけることは難しい。

132. ここでは関連企業とは多国籍企業の親会社と子会社である。
133. 定義によってはこれらの数値はいくぶん変化する。アメリカ商務省経済分析局の統計では，輸出の場合に関連企業を親会社が所有権の10％を保有していると定義し，同様に輸入の場合に6％を保有していると定義している。この定義では多数の企業が多国籍企業として計上されることになる。より狭い定義では，過半数の所有権を保有している企業のみを多国籍企業とする。Bernard, Jensen, Redding, & Schott (2010b) は過半数所有の定義も用いて企業内輸入は2000年のアメリカ輸入金額の46％しか占めていないと報告している。このシェアはパートナー間でかなり異なる。パキスタンからの輸入では3.5％，中国からの輸入では18％。ロシアからの輸入では26.6％，ドイツからの輸入では65％，ニューカレドニアからの輸入では97％であった。
134. それは貿易に間接的に影響を及ぼし得る。なぜなら，エンジンの自国のサプライヤー（供給企業）は自動車メーカーの注文に応じるために鉄鋼や他の中間財を輸入するかもしれない。
135. 確かに，Zhu & Trefler (2005) は発展途上国と先進国間に貿易はあるが海外直接投資がない場合，そして技術水準において発展途上国が先進国にキャッチアップしている場合に，同様な分析結果を得ている。
136. Helpman (1984) & Markusen (1984) は共に，企業が外国に工場設立が利益をもたらす場合，子会社の経営権を有することから利益をもたらすと仮定している。Ethier (1986) は経営権を保有するかどうかを明示的に分析するモデルを構築した。このことは6.5節における内部化の議論で再び取り上げられる。
137. FDIのタイプに関する議論は，Grossman, Helpman, & Szeidl (2006), Ekholm, Forslid, & Markusen (2007) を参照。
138. Dunningの折衷パラダイムは理論的な予測を導きだすほど精緻化されていないが，多数の実証分析を生み出してきた。これらの研究成果に関してCaves (2007) が詳しくまとめている。特に，これらの研究はFDIと関連性が強い産業的な特徴を明らかにしようとしている。
139. 企業をブランドという差別化財のサプライヤーと考えることが最善であろう。もちろんこれは同質財の場合でも同様なことを指摘できる。同質財に関してはMarkusen (1984) を参照。
140. 図では，利潤曲線は直線として描かれているが，もちろん一般的には曲線である。重要なことは，両利潤曲線が市場規模の拡大に応じて右上がりであることで，曲線の形状はここでの議論に重要ではない。
141. その当時，日本の自動車メーカーはアメリカの保護主義の高まりを予見して先制的なFDIをしたと指摘されることもある。

142. 市場規模の役割は Carr, Markusen, & Maskus（2001）で強調されている。
143. Melitz モデルの議論に関しては 5 章を参照。
144. これらの中で，労働生産性の序列を報告している研究もあれば，TFP の序列を報告している研究もある。Tomiura（2007）は両方を報告している。
145. Helpman, Melitz, & Yeaple（2004）は，38 カ国というより大きなサンプルによって同様な推定結果を得ている。
146. パレート分布の形状パラメーターは分散の程度を表しており，この値が大きくなるほど分散が小さくなる。
147. 要素コンテンツアプローチが，世界に比べて豊富である全ての投入要素を輸出し，世界に比べて稀少な投入要素を輸入する，ことを示していることを思い返してほしい。Vanek（1968）で展開された数式がこのことを詳細に定式化している。
148. より詳細には，Yeaple（2003b）は輸出額と子会社売上額の合計値で輸出額を除した変数を水平型および垂直型 FDI に関連する変数に回帰させている。
149. マレーシアでは，アメリカ企業の子会社の総売上の 39％がアメリカへの逆輸入で，第 3 国への輸出は 28％であった。フィリピンではそれぞれ 35％と 38％であった。
150. MNE＝multinational enterprise.
151. 企業理論における取引費用アプローチに関しては Williamson（1975）を参照。
152. 前者は Holmstrom & Milgrom（1991），後者は Aghion & Tirole（1997）により展開されている。
153. 不完備契約を用いる知的財産権アプローチは Grossman & Hart（1986）および Hart & Moore（1990）によって構築された。
154. 読者が想像できるように，これは単純すぎるが不完備契約に関する基礎的アプローチのエッセンスをうまく捉えている。
155. これは 1987 年，1989 年，1992 年，そして 1994 年のデータを含んでいる。
156. 図に利用したデータを Pol Antràs 教授から提供を受けたことに感謝致したい。これは Antràs（2003）にある図 2 を再製したものである。
157. Deferver & Toubal（2010）によれば，サービス産業統計によるフランス多国籍企業のサーベイはこれらの企業が垂直的統合の固定費用よりもアウトソーシングの固定費用の方が高いと認識していることを報告している。フランスのデータに関しては後に論じる。
158. Yeaple（2006）はアメリカ商務省経済分析局のデータを使用しているが，Nunn & Trefler（2008）はアメリカ国勢調査局のデータを使用している。前者は機密データである。
159. なぜなら，この詳細なレベルでは R＆D 集約度のデータを入手できない。Nunn & Trefler は本社機能集約度の代理変数としてスキル集約度を使用している。
160. 1997 年において同様なデータを使用して，Bernard, Jensen, Redding, & Schott（2010a）は産業レベルで資本集約度と企業内輸入シェアの間に正の相関がある事を報告している。加えて，彼らはこのシェアが資本豊富国からの資本集約的産業の輸入において相対的に高いという結果も得ている。けれども，彼らは Nunn & Trefler（2008）の分析結果と同じように，スキル集約度が高い産業ほど企業内輸入

のシェアも上がることを報告しているが，このシェアはスキル希少国からの輸入ほど高くなることも報告している。言い換えれば，資本豊富国からの輸入ほど企業内貿易シェアが高まり，スキル豊富国からの輸入ほど企業内貿易の比率が下がる。資本とスキルは生産においては補完的と考えられており，資本とスキルの間にこのような相違がある理由は現時点では不明である。

161. 従業員数が 200 名以下のような小規模企業ほどこのような結果を得ている。このような企業は国内外において大規模企業よりも頻繁にアウトソーシングをしている。これに関しては Kohler & Smolka（2009, 表 1）を参照。
162. Nocke & Yeaple（2006），Bernard, Redding & Schott（2006），Feenstra & Ma（2008），Arkolakis & Muendler（2008），そして Eckel & Neary（2010）を参照。
163. 単価は輸出額を数量尺度で割って計算される。その数量は，鉄鋼ではキロのような，ウエイトから得て，あるいはテレビセットのようなものは，ユニット数で得られる。後者の例ではテレビの単価は平均価格に反映し，それはそのくらい多くの大小の画面セットが輸出されるかに依存している。
164. Schott（2004），Hummels & Klenow（2005），および Hallak & Schott（2010）を参照。
165. Khandelwal（2009）は米国輸入の品質を評価するために異なる方法を使っており，それはまた水平的製品差別化をも表している。
166. 例えば，Johnson（2010），Manova & Zhang（2009）を参照。
167. 参考のために Helpman（2004）を参照。
168. Helpman（2004, 第 5 章）．
169. しかしながら，近年の例外として Atkison & Burstein（2010）を参照。
170. この関連を調べる試みのために Costantini & Melitz（2008）および Bustos（2009）を参照。ごく最近の進行中の論文では，Burstein と Melitz は企業の輸出決定と技術における彼らの投資決定との間の相互作用に由来する興味ある過渡的な動的関係を識別した。

参考文献

Abraham, Katharine G. and Susan K. Taylor. 1996. "Firms' Use of Outside Contractors: Theory and Evidence." *Journal of Labor Economics* 14: 394-424.

Acemoglu, Daron, Simon Johnson and James Robinson. 2005. "The Rise of Europe: Atlantic Trade, Institutional Change, and Economic Growth." *American Economic Review* 95: 546-579.

Aghion, Philippe and Peter Howitt. 1992. "A Model of Growth through Creative Destruction." *Econometrica* 60: 323-351.

Aghion, Philippe and Jean Tirole. 1997. "Formal and Real Authority in Organizations." *Journal of Political Economy* 105: 1-29.

Alfaro, Laura and Andrew Charlton. 2009. "Intra-Industry Foreign Direct Investment." *American Economic Review* 99: 2096-2119.

Allen, Robert C. 2009. *The British Industrial Revolution in Global Perspective* (Cambridge, UK: Cambridge University Press).

Alvarez, Fernando and Robert E. Lucas, Jr. 2007. "General Equilibrium Analysis of the Eaton-Kortum Model of International Trade." *Journal of Monetary Economics* 54: 1726-1768.

Anderson, James and Eric van Wincoop. 2003. "Gravity with Gravitas: A Solution to the Border Puzzle." *American Economic Review* 93: 170-192.

Antràs, Pol. 2003. "Firms, Contracts, and Trade Structure." *Quarterly Journal of Economics* 118: 1375-1418.

Antràs, Pol and Elhanan Helpman. 2004. "Global Sourcing." *Journal of Political Economy* 112: 552-580.

Antràs, Pol and Elhanan Helpman. 2008. "Contractual Frictions and Global Sourcing." In Helpman, Elhanan, Dalia Marin and Thierry Verdier (eds.) *The Organization of Firms in a Global Economy* (Cambridge, MA: Harvard University Press).

Antweiler, Werner and Daniel Trefler. 2002. "Increasing Returns and All That: A View from Trade." *American Economic Review* 92: 93-119.

Arkolakis, Costas, Svetlana Demidova, Peter J. Klenow and Andrés Rodríguez-Clare. 2008. "Endogenous Variety and the Gains from Trade."*American Economic Review* (Papers and Proceedings) 98: 444-450.

Arkolakis, Costas and Marc-Andreas Muendler. 2008. "The Extensive Margin of

Exporting Goods: A Firm-Level Analysis." Mimeo.
Arrow, Kenneth J. and Frank H. Hahn. 1971. *General Competitive Analysis* (San Francisco: Holden-Day).
Atkeson, Andrew and Ariel Burstein. 2010. "Innovation, Firm dynamics, and International Trade." *Journal of Political Economy* 118: 433-484.
Autor, David H., Lawrence F. Katz and Melissa Schettini Kearney. 2008. "Trends in U.S. Wage Inequality: Re-assessing the Revisionists." *Review of Economics and Statistics* 90: 300-323.
Aw, Bee-Yan, Sukkyun Chung and Mark J. Roberts. 2000. "Productivity and Turnover in the Export Market: Micro-level Evidence from the Republic of Korea and Taiwan (China)." *World Bank Economic Review* 14: 65-90.
Balassa, Bela. 1966. "Tariff Reductions and Trade in Manufactures among the Industrial Countries." *American Economic Review* 56: 466-473.
Balassa, Bela. 1967. *Trade Liberalization Among Industrial Countries* (New York: McGraw-Hill).
Baldwin, John R. and Wulong Gu. 2003. "Export Market Participation and Productivity Performance in Canadian Manufacturing." *Canadian Journal of Economics* 36: 634-657.
Baldwin, Robert E. 1971. "Determinants of the Commodity Structure of U.S Trade." *American Economic Review* 61: 126-146.
Balistreri, Edward J., Russel H. Hillberry and Thomas F. Rutherford. 2008. "Structural Estimation and Solution of International Trade Models with Heterogeneous Firms." Working Paper 09/89, CER-ETH - Center of Economic Research at ETH Zurich.
Bardi, Edward J. and Michael Tracey. 1991. "Transportation Outsourcing: A Survey of U.S. Practices." *International Journal of Physical Distribution and Logistics Management* 21: 15-21.
Bartel, Ann, Saul Lach and Nachum Sicherman. 2005. "Outsourcing and Technological Change." NBER Working Paper No.11158.
Bernard, Andrew B., Jonathan Eaton, J. Bradford Jensen, and Samuel Kortum. 2003. "Plants and Productivity in International Trade." *American Economic Review* 93; 1268-1290.
Bernard, Andrew B. and J. Bradford Jensen. 1995. "Exporters, Jobs, and Wages in U.S. Manufacturing, 1976-1987." *Brookings Papers on Economic Activity, Microeconomics* 67-119.
Bernard, Andrew B. and J. Bradford Jensen. 1999. "Exceptional Exporter Performance: Cause, Effect, or Both?" *Journal of International Economics* 47: 1-25.
Bernard, Andrew B. and J. Bradford Jensen. 2004. "Why Some Firms Export." *Review of Economics and Statistics* 86: 561-569.
Bernard, Andrew B., J. Bradford Jensen, Stephen J. Redding and Peter K. Schott.

2007. "Firms in International Trade." *Journal of Economic Perspectives* 21: 105–130.

Bernard, Andrew B., J. Bradford Jensen, Stephen J. Redding and Peter K. Schott. 2010a. "Intra-Firm Trade and Product Contractibility." *American Economic Review* (Papers and Proceeding) 100: 444–448.

Bernard, Andrew B., J. Bradford Jensen, Stephen J. Redding and Peter K. Schott. 2010b. "Intra-Firm Trade and Product Contractibility (Long Version)." NBER Working Paper No.15881.

Bernard, Andrew B., J. Bradford Jensen and Peter K. Schott. 2009. "Importers, Exporters, and Multinationals: A Portrait of U.S. Firms that Trade Goods." In Dunne, Timothy, J. Bradford Jensen and Mark J. Roberts (eds.) *Producer Dynamics: New Evidence from Micro Data* (Chicago: University of Chicago Press).

Bernard, Andrew B., Stephen J. Redding and Pete K. Schott. 2006. "Multi-Product Firms and Trade Liberalization." NBER Working Paper No.12782.

Bernard, Andrew B., Stephen J. Redding and Pete K. Schott. 2007. "Comparative Advantage and Heterogeneous Firms." *Review of Economic Studies* 74: 31–66.

Bernard, Andrew B., Stephen J. Redding and Pete K. Schott. 2010a. "Multi-Product Firms and Product Switching." *American Economic Review* 100: 70–97.

Bernard, Andrew B., Stephen J. Redding and Pete K. Schott. 2010b. "Multi-Product Firms and Trade Liberalization." *Quarterly Journal of Economics*, forthcoming.

Bernhofen, Daniel M. and John C. Brown. 2004. "A Direct Test of the Theory of Comparative Advantage: The Case of Japan," *Journal of Political Economy* 112: 48–67.

Bernhofen, Daniel M. and John C. Brown. 2005. "An Empirical Assessment of the Comparative Advantage Gains from Trade: Evidence from Japan." *American Economic Review* 95: 208–225.

Berry, Steven, James Levinsohn and Ariel Pakes. 1995. "Automobile Prices in Market Equilibrium." *Econometrica* 63: 841–890

Blanchard, Olivier J. and Pedro Portugal. 2001. "What Hides Behind an Unemployment Rate: Comparing Portuguese and US Unemployment." *American Economic Review* 91: 187–207.

Blanchard, Olivier J. and Justin Wolfers. 2000. "The Role of Shocks and Institutions in the Rise of European Unemployment: The Aggregate Evidence." *Economic Journal* 110: C1–C33.

Blonigen, Bruce A. 2005. "A Review of the Empirical Literature on FDI Determinants." *Atlantic Economic Journal* 33: 383–403.

Botero, Juan C., Simeon Djankov, Rafael La Porta, Florencio Lopez-de-Silanes and Andrei Shleifer. 2004. "The Regulation of Labor." *Quarterly Journal of Economics* 119: 1339–1382.

Bowen, Harry P., Edward E. Leamer, and Leo Sveikauskas. 1987 "Multicountry, Multifactor Tests of the Factor Abundance Theory." *American Economic Review* 77: 791-809.

Brainard, Lael S. 1997. "An Empirical Assessment of Proximity-Concentration Tradeoff between Multinational Sales and Trade." *American Economic Review* 87: 520-544.

Brecher, Richard. 1974. "Minimum Wage Rates and the Pure Theory of International Trade." *Quarterly Journal of Economics* 88: 98-116.

Brecher, Richard A. and Ehsan U. Choudhri. 1982. "The Leontief Paradox, Continued." *Journal of Political Economy* 90: 264-267.

Broda, Christian and David E. Weinstein. 2006. "Globalization and the Gains from Variety." *Quarterly Journal of Economics* 121: 541-585.

Bustos, Paula. 2009. "Trade Liberalization, Exports and Technology Upgrading: Evidence on the impact of MERCOSUR on Argentinean Firms." *American Economic Review*, forthcoming.

Campa, Jose and Linda S. Goldberg. 1997. "The Evolving External Orientation of Manufacturing Industries: Evidence from Four Countries." *Federal Reserve Bank of New York Economic Policy Review* 4: 79-99.

Carr, David, James Markusen and Keith Maskus. 2001. "Estimating the Knowledge-Capital Model of the Multinational Enterprise." *American Economic Review* 91: 691-708.

Caves, Douglas W., Laurits R. Christensen and Joseph A. Swanson. 1981. "Productivity Growth, Scale Economies, and Capacity Utilization in U.S. Railroads, 1955-74." *American Economic Review* 71: 994-1002.

Caves, Richard E. 2007. *Multinational Enterprise and Economic Analysis* (Cambridge: Cambridge University Press, 3rd ed.).

Chamberlin, Edward H. 1933. *The Theory of Monopolistic Competition* (Cambridge, MA: Harvard University Press).

Chipman, John S. 1966. "A Survey of the Theory of International Trade: Part 3, the Modern Theory." *Econometrica* 34: 18-76.

Christensen, Laurits R. and William H. Greene. 1976. "Economies of Scale in U.S. Electric Power Generation." *Journal of Political Economy* 84: 655-676.

Cie'slik, Andrzej. 2005. "Intraindustry Trade and Relative Factor Endowments," *Review of International Economics* 13: 904-926.

Clerides, Sofronis K., Saul Lach and James R. Tybout. 1998. "Is Learning by Exporting Important? Micro-Dynamic Evidence from Colombia, Mexico, and Morocco." *Quarterly Journal of Economics* 113: 903-947.

Copeland, Brian. 1989. "Efficiency Wages in a Ricardian Model of International Trade." *Journal of International Economics* 27: 221-244.

Costantini, James A. and Marc Melitz. 2008. "The Dynamics of Firm-Level

Adjustment to Trade Liberalization." In Helpman, Elhanan, Dalia Marin and Thierry Verdier (eds.) *The Organization of Firms in a Global Economy* (Cambridge, MA: Harvard University Press).

Costinot, Arnaud. 2009. "On the Origins of Comparative Advantage." *Journal of International Economics* 77: 255-264.

Council on Foreign Relations. 2002. *America—Still Unprepared, Still in Danger* (New York: Council on Foreign Relations).

Das, Mita, Mark Roberts and James R. Tybout. 2007. "Market Entry Costs, Producer Heterogeneity and Export Dynamics." *Econometrica* 75: 837-873.

Davidson, Carl, Lawrence Martin and Steven Matusz. 1999. "Trade and Search Generated Unemployment." *Journal of International Economics* 48: 271-299.

Davis, Donald R., David E. Weinstein, Scott C. Bradford and Kazushige Shimpo. 1997. "Using International and Japanese Regional Data to Determine When the Factor Abundance Theory of Trade Works." *American Economic Review* 87: 421-446.

Davis, Donald R. and David W. Weinstein. 1999. "Economic Geography and Regional Production Structure: An Empirical Investigation." *European Economic Review* 43: 379-407.

Davis, Donald R. and David W. Weinstein. 2001. "An Account of Global Factor Trade." *American Economic Review* 91: 1423-1453.

Davis, Donald R. and David W. Weinstein. 2003. "Market Access, Economic Geography and Comparative Advantage: An Empirical Assessment." *Journal of International Economics* 59: 1-24.

Deardorff, Alan V. 1980. "The General Validity of the Law of Comparative Advantage." *Journal of Political Economy* 88: 941-957.

Debaere, Peter. 2005. "Monopolistic Competition and Trade Revisited: Testing the Model without Testing for Gravity," *Journal of International Economics* 66: 249-266.

Defever, Fabrice and Farid Toubal. 2010. "Productivity, Relation-Specific Inputs and the Sourcing Modes of Multinational Firms." Mimeo, January.

Delgado, Miguel A., Jose C. Fariñas, and Sonia Ruano. 2002. "Firm Productivity and Export Markets: A Non-Parametric Approach." *Journal of International Economics* 57: 397-422.

Diamond, Peter A. 1982a. "Demand Management in Search Equilibrium." *Journal of Political Economy* 90: 881-894.

Diamond, Peter A. 1982b. "Wage Determination and Efficiency in Search Equilibrium." *Review of Economic Studies* 49: 217-227.

Dixit, Avinash K. and Victor Norman. 1980. *Theory of International Trade* (Cambridge: Cambridge University Press).

Dixit, Avinash K. and Victor Norman. 1986. "Gains from Trade Without Lump-

Sum Compensation." *Journal of International Economics* 21: 111-121.
Dixit, Avinash K. and Joseph E. Stiglitz. 1977. "Monopolistic Competition and Optimum Product Diversity." *American Economic Review* 67: 297-308.
Dollar, David and Edward N. Wolff. 1993. *Competitiveness, Convergence, and International Specialization* (Cambridge, MA: The MIT Press).
Dornbusch, Rudiger, Stanley Fischer and Paul A. Samuelson. 1977. "Comparative Advantage, Trade and Payments in a Ricardian Model with a Continuum of Goods." *American Economic Review* 67: 823-839.
Dornbusch, Rudiger, Stanley Fischer and Paul A. Samuelson. 1980. "Heckscher-Ohlin Trade Theory with a Continuum of Goods." *Quarterly Journal of Economics* 95: 203-224.
Drelichman, Mauricio. 2005. "All that Glitters: Precious Metals, Rent Seeking, and the Decline of Spain." *European Review of Economic History* 9: 313-336
Drelichman, Mauricio and Hans-Joachim Voth. 2008. "Institutions and the Resource Curse in Early Modern Spain." In Elhanan Helpman (ed.), *Institution and Economic Performance* (Cambridge, MA: Harvard University Press).
Dunning, John H. 1977. "Trade, Location of Economic Activity and the MNE: A Search for an Eclectic Approach." In B. Ohlin, P.-O. Hesselborn and P.M. Wijkman (eds.). *The International Allocation of Economic Activity: Proceedings of a Nobel Symposium Held at Stockholm* (London: Macmillan).
Dunning, John H. 1988. "The Eclectic Paradigm of International Business: A Restatement and Extensions." *Journal of International Business Studies* 19: 1-31.
Eaton, Jonathan and Samuel Kortum. 2002. "Technology, Geography, and Trade," *Econometrica* 70: 1741-1779.
Eaton, Jonathan, Samuel Kortum and Francis Kramarz. 2004. "Dissecting Trade: Firms, Industries, and Export Destination." *American Economic Review* (Papers and Proceedings) 94: 150-154.
Eckel, Carsten and Peter J. Neary. 2010. "Multi-Product Firms and Flexible Manufacturing in the Global Economy." *Review of Economic Studies* 77: 188-217.
Ekholm, Karolina, Rikard Forslid and James R. Markusen. 2007. "Export-Platform Foreign Direct Investment." *Journal of the European Economic Association* 5: 776-795.
Estevadeordal, Antoni, Brian Frantz and Alan M. Taylor. 2003. "The Rise and Fall of World Trade: 1870-1939," *Quarterly Journal of Economics* 118: 359-407.
Ethier, Wilfred J. 1982a. "Decreasing Costs in International Trade and Frank Graham's Argument for Protection." *Econometrica* 50: 1243-1268.
Ethier, Wilfred J. 1982b. "National and International Returns to Scale in the Modern Theory of International Trade." *American Economic Review* 72: 389-405.

Ethier, Wilfred .J. 1986. "The Multinational Firm." *Quarterly Journal of Economics* 101: 805-833.

Evenett, Simon J. and Wolfgang Keller. 2002. "On Theories Explaining the Success of the Gravity Equation." *Journal of Political Economy* 110: 281-316.

Fajgelbaum, Pablo, Gene M. Grossman and Elhanan Helpman. 2009. "Income Distribution, Product Quality, and International Trade." NBER Working Paper No.15329.

Feenstra, Robert C. 1994. "New Product Varieties and the Measurement of International Prices." *American Economic Review* 84: 157-177

Feenstra, Robert C. 2009. "Measuring the Gains from Trade under Monopolistic Competition." Mimeo.

Feenstra, Robert C. and Gordon H. Hanson. 1996a. "Foreign Investment, Outsourcing and Relative Wages." In Feenstra, Robert C., Gene M. Grossman and Douglas A. Irwin (eds.). *The Political Economy of Trade Policy* (Cambridge, MA: MIT Press).

Feenstra, Robert C. and Gordon H. Hanson. 1996b. "Globalization, Outsourcing, and Wage Inequality." *American Economic Review* (Paper and Proceeding) 86: 240-245.

Feenstra, Robert C. and Gordon H. Hanson. 1997. "Foreign Direct Investment and Relative Wages: Evidence from Mexico's Maquiladoras." *Journal of International Economics* 42: 371-393.

Feenstra, Robert C. and Hong Ma. 2008. "Optimal Choice of Product Scope for Multiproduct Firms." In Helpman, Elhanan, Dalia Marin and Thierry Verdier (eds.) *The Organization of Firms in a Global Economy* (Cambridge, MA: Harvard University Press).

Feenstra, Robert C. and David E. Weinstein. 2010. "Globalization, Markups, and the U.S. Price Level." NBER Working Paper No.5749.

Findlay, Ronald and Kevin H. O'Rourke. 2007. *Power and Plenty: Trade, War, and the World Economy in the Second Millennium* (Princeton: Princeton University Press).

Fitzgerald, Doireann and Juan Carlos Hallak. 2004. "Specialization, Factor Accumulation and Development." *Journal of International Economics* 64: 277-302.

Flam, Harry and M. June Flanders. 1991. *Heckscher-Ohlin Trade Theory* (Cambridge, MA: MIT Press).

Ford, John L. 1982 "The Ricardian and Heckscher-Ohlin Explanations of Trade: A General Proof of an Equivalence Theorem and its Implications." *Oxford Economic Papers* 34: 141-149.

Gardner, Elizabeth. 1991. "Going On Line with Outsiders." *Modern Healthcare* 21: 35-47.

Girma, Sourafel, Holger Görg and Eric Strobl. 2004. "Exports, International Investment, and Plant Performance; Evidence from a Non-Parametric Test." *Economics Letters* 83: 317-324.

Girma, Sourafel, Richard Kneller and Mauro Pisu. 2005. "Exports versus FDI: An Empirical Test." *Review of World Economics* 141: 193-218.

Goldberg, Penny and Nina Pavcnik. 2007. "Distributional Effects of Globalization in Developing Countries." *Journal of Economic Literature* 45: 39-82.

Graham, Frank D. 1923. "Some Aspects of Protection Further Considered." *Quarterly Journal of Economics* 37: 199-227.

Graham, Frank D. 1948. *The Theory of International Values* (Princeton: Princeton University Press).

Grossman, Gene M. and Elhanan Helpman. 1996. "Foreign Investment with Endogenous Protection." In Robert C. Feenstra, Gene M. Grossman, and Douglas A. Irwin (eds.), *The Political Economy of Trade Policy* (Cambridge, MA: MIT Press).

Grossman, Gene M. and Elhanan Helpman. 2002a. "Integration versus Outsourcing in Industry Equilibrium." *Quarterly Journal of Economics* 117: 85-120.

Grossman, Gene M. and Elhanan Helpman. 2002b. *Interest Groups and Trade Policy* (Princeton: Princeton University Press).

Grossman, Gene M. and Elhanan Helpman. 2004. "Managerial Incentives and the International Organization of Production." *Journal of International Economics* 63: 237-262.

Grossman, Gene M., Elhanan Helpman and Adam Szeidl. 2006. "Optimal Integration Strategies for the Multinational Firm." *Journal of International Economics* 70: 216-238.

Grossman, Gene M. and Esteban Rossi-Hansberg. 2008. "Trading Tasks: A Simple Theory of Offshoring." *American Economic Review* 98: 1978-1997.

Grossman, Gene M. and Esteban Rossi-Hansberg. 2010. "External Economies and International Trade Redux." *Quarterly Journal of Economics* 125: 829-858.

Grossman, Sanford J. and Oliver D. Hart. 1986. "The Costs and Benefits of Ownership: A Theory of Vertical and Lateral Integration." *Journal of Political Economy* 94: 691-719.

Grubel, Herbert G. and Peter J. Lloyd. 1975. *Intra-Industry Trade: The Theory and Measurement of International Trade in Differentiated Products*. (London: Macmillan).

Hakura, Dalia S. 2001. "Why does HOV Fail? The Role of Technological Differences within the EC." *Journal of International Economics* 54: 361-382.

Hallak, Juan Carlos. 2006. "Product Quality and the Direction of Trade." *Journal of International Economics* 68: 238-265.

Hallak, Juan Carlos and Peter K. Schott. 2010. "Estimating Cross-Country

Differences in Product Quality." *Quarterly Journal of Economics*, forthcoming.
Hanson, Gordon H. and Chong Xiang. 2004. "The Home-Market Effect and Bilateral Trade Patterns." *American Economic Review* 94: 1108-1129.
Hanson, Gordon H., Raymond J. Mataloni, Jr. and Matthew J. Slaughter. 2001. "Expansion Strategies of U.S. Multinational Firms." In Dani Rodrik and Susan Collins (eds.), *Brookings Trade Forum 2001* (Washington, D.C.: Brookings Institution).
Hanson, Gordon H., Raymond J. Mataloni, Jr. and Matthew J. Slaughter. 2005. "Vertical Production Networks in Multinational Firms." *Review of Economics and Statistics* 87: 664-678.
Harrigan, James. 1995. "Factor Endowments and the International Location of Production: Econometric Evidence for the OECD, 1970-1985." *Journal of International Economics* 39: 123-141.
Hart, Oliver D. and John Moore. 1990. "Property Rights and the Nature of the Firm." *Journal of Political Economy* 98: 1119-1158.
Head, Keith and John Ries. 2001. "Increasing Returns Versus National Product Differentiation as an Explanation for the Pattern of US-Canada Trade." *American Economic Review* 91: 858-876.
Head, Keith and John Ries. 2003. "Heterogeneity and the FDI versus Export Decision of Japanese Manufacturers." *Journal of the Japanese and International Economy* 17: 448-467.
Heckscher, Eli F. 1919. "The Effect of Foreign Trade on the Distribution of Income." In Harry Flam and M. June Flanders, *Heckscher-Ohlin Trade Theory* (Cambridge, MA: MIT Press, 2001).
Helper, Susan. 1991. "Strategy and Irreversibility in Supplier Relations: The Case of the U.S. Automobile Industry." *Business History Review* 65: 781-824.
Helpman, Elhanan. 1976. "Solutions of General Equilibrium Problems for a Trading World." *Econometrica* 44: 547-559.
Helpman, Elhanan. 1981. "International Trade in the Presence of Product Differentiation, Economies of Scale and Monopolistic Competition: A Chamberlin-Hechscher-Ohlin Approach." *Journal of International Economics* 11: 305-340.
Helpman, Elhanan. 1984. "A Simple Theory of International Trade with Multinational Corporations." *Journal of Political Economy* 92: 451-471.
Helpman, Elhanan. 1987. "Imperfect Competition and International Trade: Evidence from Fourteen Industrial Countries." *Journal of the Japanese and International Economies* 1: 62-81.
Helpman, Elhanan. 2004. *The Mystery of Economic Growth* (Cambridge, MA: Belknap Press of Harvard University Press)．［大住圭介・池下研一郎・野田英雄・伊ヶ崎大理訳『経済成長のミステリー』九州大学出版会，2009年。］

Helpman, Elhanan and Oleg Itskhoki. 2010. "Labor Market Rigidities, Trade and Unemployment." *Review of Economic Studies* 77: 1100-1137.

Helpman, Elhanan, Oleg Itskhoki and Stephen J. Redding. 2010a. "Inequality and Unemployment in a Global Economy." *Econometrica* 78: 1239-1283.

Helpman, Elhanan, Oleg Itskhoki and Stephen J. Redding. 2010b. "Unequal Effects of Trade on Workers with Different Abilities." *Journal of the European Economic Association* (Papers and Proceedings) 8(2-3): 421-433.

Helpman, Elhanan and Paul R. Krugman. 1985. *Market Structure and Foreign Trade* (Cambridge, MA: MIT Press).

Helpman, Elhanan, Marc J. Melitz and Yona Rubinstein. 2008. "Trading Partners and Trading Volumes." *Quarterly Journal of Economics* 123: 441-487.

Helpman, Elhanan, Marc J. Melitz and Stephen R. Yeaple. 2004. "Export versus FDI with Heterogeneous Firms." *American Economic Review* 94: 300-316.

Holmström, Bengt and Paul Milgrom. 1991. Multitask Principal-Agent Analyses: Incentive Contracts, Asset Ownership, and Job Design." *Journal of Law, Economics and Organization* 7: 24-52.

Huber, J. Richard. 1971. "Effect on Prices of Japan's Entry into World Commerce after 1858." *Journal of Political Economy* 79: 614-628.

Hummels, David, Jun Ishii, and Kei-Mu Yi. 2001. "The Nature and Growth of Vertical Specialization in World Trade." *Journal of International Economics* 54: 75-96.

Hummels, David and Peter J. Klenow. 2005. "The Variety and Quality of a Nation's Exports." *American Economic Review* 95: 704-723.

Hummels, David and James Levinsohn. 1995. "Monopolistic Competition and International Trade: Reconsidering the Evidence." *Quarterly Journal of Economics* 110: 799-836.

Hunter, Linda. 1991. "The Contribution of Non-Homothetic Preferences to Trade." *Journal of International Economics* 30: 345-358.

Irwin, Douglas A. 2005. "The Welfare Costs of Autarky: Evidence from the Jeffersonian Embargo, 1807-1809." *Review of International Economics* 13: 631-645.

Johnson, Robert. 2010. "Trade and Prices with Heterogeneous Firms." Mimeo.

Jones, Ronald W. 1965. "The Structure of Simple General Equilibrium Models." *Journal of Political Economy* 73: 557-572.

Jones, Ronald W. 1971. "A Three-Factor Model in Theory, Trade and History." In Jagdish N. Bhagwati, Ronald W. Jones, Robert A. Mundell and Jaroslav Vanek (eds.), *Trade, Balance of Payments and Growth: Papers in International Economics in Honor of Charles P. Kindleberger* (Amsterdam: North-Holland): 3-21.

Jones, Ronald W. 1980. "Comparative and Absolute Advantage." *Schweizerische*

Zeitschrift für Volkswirtschaft und Statistik 3: 235-260.

Jones, Ronald W. and Jose A. Scheinkman. 1977. "The Relevance of the Two-Sector Production Model in Trade Theory." *Journal of Political Economy* 85: 909-935.

Juhn, Chinhui, Kevin M. Murphy and Robert H. Topel. 1991. "Why Has the Natural Rate of Unemployment Increased over Time?" *Brookings Papers on Economic Activity* 2: 75-142.

Kemp, Murray C. 1962. "The Gains from International Trade." *Economic Journal* 72: 803-819.

Khandelwal, Amit. 2009. "The Long and Short (of) Quality Ladders." *Review of Economic Studies* 77: 803-819.

Knight, Frank H. 1924. "Some Fallacies in the Interpretation of Social Costs." *Quarterly Journal of Economics* 38: 582-606.

Kohler, Wilhelm K. and Marcel Smolka. 2009. "Global Sourcing Decisions and Firm Productivity: Evidence from Spain." *CESifo Working Paper* No.2903.

Krugman, Paul R. 1979. "Increasing Returns, Monopolistic competition, and International Trade." *Journal of International Economics* 9: 469-479.

Krugman, Paul R. 1980. "Scale Economies, Product Differentiation, and the Pattern of Trade." *American Economic Review* 70: 950-959.

Krugman, Paul R. 1981. "Intraindustry Specialization and the Gains from Trade." *Journal of Political Economy* 89: 959-973.

Krugman, Paul R. and Maurice Obstfeld. 2009. *International Economics: Theory & Policy*, 8th edition (Boston: Pearson, Addison Wesley). [山本章子訳『クルーグマンの国際経済学』(上・下巻) ピアソン桐原、2011年。]

Lancaster, Kelvin. 1979. *Variety, Equity, and Efficiency* (New York: Columbia University Press).

Lancaster, Kelvin. 1980. "Intra-Industry Trade under Perfectly Monopolistic Competition." *Journal of International Economics* 10: 151-175.

Leamer, Edward E. 1980. "The Leontief Paradox, Reconsidered." *Journal of Political Economy* 88: 495-503.

Leamer, Edward E. 1984. *Sources of International Comparative Advantage* (Cambridge, MA: The MIT Press).

Leamer, Edward E. and James Levinsohn. 1995. "International Trade Theory: The Evidence." in Gene M. Grossman and Kenneth S. Rogoff (eds.), *Handbook of International Economics*, vol.3 (New Your: Elsevier Science).

Lemieux, Thomas. 2006. "Increasing Residual Wage Inequality: Composition Effects, Noisy Data or Rising Skill Returns?" *American Economic Review* 96: 461-98.

Leontief, Wassily. 1953. "Domestic Production and Foreign Trade: The American Capital Position Re-Examined." *Proceedings of the American Philosophical*

Society 97: 332-349.

Levchenko, Andrei. 2007. "Institutional Quality and International Trade." *Review of Economic Studies* 74: 791-819.

McCormick, Michael. 2001. *Origins of the European Economy: Communications and Commerce, AD 300-900* (New York: Cambridge University Press).

McDougall, G. D. A. 1951. "British and American Exports: A Study Suggested by the Theory of Comparative Costs, Part 1." *Economic Journal* 61: 697-724.

McDougall, G. D. A. 1952. "British and American Exports: A Study Suggested by the Theory of Comparative Costs, Part 2." *Economic Journal* 62: 487-521.

McKenzie, Lionel W. 1953-1954. "Specialization and Efficiency in World Production." *Review of Economic Studies* 21: 165-180.

McKenzie, Lionel W. 1954. "On Equilibrium in Graham's Model of World Trade and Other Competitive Systems." *Econometrica* 22: 147-161.

Manova, Kalina and Zhiwei Zhang. 2009. "Quality Heterogeneity across Firms and Export Destination." Mimeo.

Marin, Dalia and Thierry Verdier. 2008a. "Competing in Organizations: Firm Heterogeneity and International Trade." In Helpman, Elhanan, Dalia Marin and Thierry Verdier (eds.), *The Organization of Firms in a Global Economy* (Cambridge, MA: Harvard University Press).

Marin, Dalia and Thierry Verdier. 2008b. "Power Inside the Firm and the Market: A General Equilibrium Approach." *Journal of the European Economic Association* 6: 758-788.

Markusen, James R. 1984. "Multinationals, Multi-Plant Economies and the Gain from Trade." *Journal of International Economics* 16: 205-216.

Markusen, James R. 2002. *Multinational Firms and the Theory of International Trade* (Cambridge, MA: MIT Press).

Marshall, Alfred. 1920. *Principles of Economics*, 8th edition (London: Macmillan).

Matsuyama, Kiminori. 2007. "Beyond Icebergs: Towards a Theory of Biased Globalization." *Review of Economic Studies* 74: 237-253.

Matusz, Steven J. 1986. "Implicit Contracts, Unemployment and International Trade." *Economic Journal* 96: 71-84.

Mayda, Anna Maria and Dani Rodrik. 2005. "Why are Some People (and Countries) More Protectionist than Others?" *European Economic Review* 49: 1393-1691.

Melitz, Marc J. 2003. "The Impact of Trade on Intra-Industry Reallocations and Aggregate Industry Productivity." *Econometrica* 71: 1695-1725.

Melitz, Marc J. and Gianmarco Ottaviano. 2008. "Market Size, Trade, and Productivity" *Review of Economic Studies* 75: 295-316.

Mill, John Stuart. 1909. *Principles of Political Economy* (London: Longmans, Green) (original ed., 1848).

Mortensen, Dale T. and Christopher A. Pissarides. 1994. "Job Creation and Job Destruction in the Theory of Unemployment." *Review of Economic Studies* 61: 397-415.

Mussa, Michael. 1974. "Tariffs and the Distribution of Income: the Importance of Factor Specificity, Substitutability, and Intensity in the Short and Long Run." *Journal of Political Economy* 82: 1191-1204.

Neary, J. Peter. 1978. "Short-Run Capital Specificity and the Pure Theory of International Trade." *Economic Journal* 88: 488-510.

Nickell, Steven, Luca Nunziata, Wolfgang Ochel and Glenda Quintini. 2002. "The Beveridge Curve, Unemployment and Wages in the OECD from the 1960s to the 1990s." CEP Discussion Paper, London School of Economics Centre for Economic Performance.

Nocke, Volker and Stephen R. Yeaple. 2006. "Globalization and Endogenous Firm Scope." NBER Working Paper No.12322.

North, Douglas C. and Barry R. Weingast. 1989. "Constitutions and Commitment: Evolution of Institutions Governing Public Choice in Seventeenth Century England." *Journal of Economic History* 49: 803-832.

Nunn, Nathan. 2007. "Relationship-Specificity, Incomplete Contracts, and the Pattern of Trade." *Quarterly Journal of Economics* 132: 569-600.

Nunn, Nathan and Daniel Trefler. 2008. "The Boundaries of the Multinational Firm: An Empirical Analysis," in Elhanan Helpman, Dalia Marin and Tierry Verdier (eds.), *The Organization of Firms in a Global Economy* (Cambridge, MA: Harvard University Press).

Obstfeld, Maurice and Alan M. Taylor. 2004. *Global Capital Markets: Integration, Crisis, and Growth* (New York: Cambridge University Press).

Ohlin, Bertil. 1924. "*The Theory of Trade*." In Harry Flam and M. June Flanders, *Heckscher-Ohlin Trade Theory* (Cambridge, MA: MIT Press, 2001).

Ohlin, Bertil. 1933. *Interregional and International Trade* (Cambridge, MA: Harvard University Press).［木村保重訳『貿易理論―域際および国際貿易―』ダイヤモンド社，1970年。］

Ohyama, Michihiro. 1972. "Trade and Welfare in General Equilibrium." *Keio Economic Studies* IX: 37-73.

Oi, Walter Y. and T. L. Idson. 1999. "Firm Size and Wages." In Orly Ashenfelter and David Card (eds.), *Handbook of Labor Economics*, vol.3 (Amsterdam: Elsevier).

Organization for Economic Cooperation and Development. 2002. *OECD Economic Outlook 71* (Paris: OECD).

O'Rourke, Kevin H. and Richard Sinnott. 2001. "What Determines Attitudes Towards Protection? Some Cross-Country Evidence," in Susan M. Collins and Dani Rodrik (eds.), *Brookings Trade Forum 2001* (Washington, D.C.: Brookings

Institute Press).
O'Rourke, Kevin H. and Jeffrey G. Williamson. 1999. *Globalization and History: The Evolution of the Nineteenth-Century Atlantic Economy* (Cambridge, MA: MIT Press).
O'Rourke, Kevin H. and Jeffrey G. Williamson. 2002. "When did Globalization Begin?" *European Review of Economic History* 6: 23-50.
Pavcnik, Nina. 2002. "Trade Liberalization, Exit, and Productivity Improvements: Evidence from Chilean Plants." *Review of Economic Studies* 69: 245-276.
Pissarides, Christopher A. 2000. *Equilibrium Unemployment Theory* (Cambridge, MA: The MIT Press, 2nd ed.).
Pomeranz, Kenneth. 2000. *The Great Divergence: China, Europe, and the Making of the Modern World Economy* (Princeton: Princeton University Press).
Porter, Michael E. 1990. *The Competitive Advantage of Nations* (New York: The Free Press). [土岐坤・中辻萬治・小野寺武夫・戸成富美子訳『国の競争優位』(上・下巻) ダイヤモンド社, 1992年。]
Rajan, Raghuram, and Julie Wulf. 2006. "The Flattening Firm: Evidence from Panel Data on the Changing Nature of Corporate Hierarchies." *Review of Economics and Statistics* 88: 759-773.
Reeve, Trevor A. 2006. "Factor Endowments and Industrial Structure." *Review of International Economics* 14: 30-53.
Ricardo, David. 1971. *On the Principles of Political Economy, and Taxation.* (Harmondsworth: Pelican Books [text, 3rd ed., 1821; original ed., 1817]).
Roberts, Mark J. and James R. Tybout. 1997. "The Decision to Export in Colombia: An Empirical Model of Entry with Sunk Costs." *American Economic Review* 87: 545-564.
Romalis, John. 2004. "Factor Proportions and the Structure of Commodity Trade." *American Economic Review* 94: 67-97.
Rybczynski, Tadeusz N. 1955. "Factor Endowments and Relative Commodity Prices." *Economica* 22: 336-341.
Samuelson, Paul A. 1939. "The Gains from International Trade." *Canadian Journal of Economics and Political Science* 5: 195-205.
Samuelson, Paul A. 1948. "International Trade and the Equalization of Factor Prices." *Economic Journal* 58: 163-184.
Samuelson, Paul A. 1954. "Transfer Problem and Transport Cost, II: Analysis of Effects of Trade Impediments." *Economic Journal* 64: 264-289.
Samuelson, Paul A. 1962. "The Gains from International Trade Once Again." *Economic Journal* 72: 820-829.
Scheve, Kenneth F. and Matthew J. Slaughter. 2001. "What Determines Individual Trade-Policy Preferences?" *Journal of International Economics* 54: 267-292.
Schott, Peter K. 2004. "Across-Product versus Within-Product Specialization in

International Trade." *Quarterly Journal of Economics* 119, 647-678.
Sheu, Gloria Yah-Shing. 2010. "Product Diversification versus Within-Product Specialization in International Trade." Ph.D. thesis, Harvard University.
Shimer, Robert. 2005. "The Cyclical Behavior of Equilibrium Unemployment and Vacancies." *American Economic Review* 95: 25-49.
Smith, Adam. 1937. *The Wealth of Nations*. (New York: The Modern Library [original ed., 1776]). [大河内一男監訳『国富論II』中央公論社, 2010年。]
Stern, Robert M. 1962. "British and American Productivity and Comparative Costs in International Trade." *Oxford Economic Papers* 14: 275-296.
Stole, Lars A. and Jeffrey Zwiebel. 1996a. "Intra-Firm Bargaining under Non-Binding Contracts." *Review of Economic Studies* 63: 375-410.
Stole, Lars A. and Jeffrey Zwiebel. 1996b. "Organizational Design and Technology Choice under Intrafirm Bargaining." *American Economic Review* 86: 195-222.
Stolper, Wolfgang W. and Paul A. Samuelson. 1941. "Protection and Real Wages." *Review of Economic Studies* 9: 58-73.
Tinbergen, Jan.1962. *Shaping the World Economy* (New York: The Twentieth Century Fund).
Tomiura, Eiichi. 2007. "Foreign Outsourcing, Exporting, and FDI: A Productivity Comparison at the Firm Level." *Journal of International Economics* 72: 113-127.
Trefler, Daniel. 1993. "International Factor Price Differences: Leontief was Right!" *Journal of Political Economy* 101: 961-987.
Trefler, Daniel. 1995. "The Case of the Missing Trade and Other Mysteries." *American Economic Review* 85: 1029-1046.
Trefler, Daniel. 2004. "The Long and Short of the Canada-U.S. Free Trade Agreement." *American Economic Review* 94: 870-895.
Tybout, James R. and M. Daniel Westbrook. 1995. "Trade Liberalization and the Dimensions of Efficiency Changes in Mexican Manufacturing Industries." *Journal of International Economics* 39: 53-78.
UNCTAD. 1998. *World Investment Report: Trends and Determinants* (New York and Geneva: United Nations Conference on Trade and Development).
UNCTAD. 2004. *World Investment Report: The Shift Towards Services* (New York and Geneva: United Nations Conference on Trade and Development).
UNCTAD. 2008. *World Investment Report: Transnational Corporations and the Infrastructure Challenge* (New York and Geneva: United Nations Conference on Trade and Development).
UNCTAD. 2009. *World Investment Report: Transnational Corporations, Agricultural Production and Development* (New York and Geneva: United Nations Conference on Trade and Development).
Vanek, Jaroslav. 1968. "The Factor Proportions Theory: The N-Factor Case." *Kyklos* 21: 749-754.

Verhoogen, Eric. 2008. "Trade, Quality Upgrading, and Wage Inequality in the Mexican Manufacturing Sector: Theory and Evidence from an Exchange Rage Shock." *Quarterly Journal of Economics* 123: 489–530.

Viner, Jacob. 1965. *Studies in the Theory of International Trade* (New York: Harper & Brothers [original ed., 1937]). [中澤進一訳『国際貿易の理論』勁草書房, 2010年。]

de Vries, Jan. 1993. "Between Purchasing Power and the World of Goods: Understanding the Household Economy in Early Modern Europe." In Brewer, John and Roy Porter (eds.), *Consumption and the World of Goods* (London: Routledge).

Wake, C. H. H. 1986. "The Volume of European Spice Imports at the Beginning and End of the Fifteenth Century." *Journal of European Economic History* 15: 621–635.

Ward-Perkins, Bryan. 2005. *The Fall of Rome and the End of Civilization* (Oxford: Oxford University Press).

Williamson, Oliver E. 1975. *Markets and Hierarchies: Analysis and Antitrust Implications.* (New York: Free Press).

Wilson, Charles A. 1980. "On the General Structure of Ricardian Models with a Continuum of Goods: Applications to Growth, Tariff Theory, and Technical Change." *Econometrica* 48: 1675–1702.

World Trade Organization. 2006. *International Trade Statistics 2006* (Geneva: World Trade Organization).

World Trade Organization. 2008. *World Trade Report 2008: Transnational Corporations, and the Infrastructure Challenge* (Geneva: World Trade Organization).

Yeaple, Stephen R. 2003a. "The Complex Integration Strategies of Multinationals and Cross Country Dependencies in the Structure of Foreign Direct Investment." *Journal of International Economics* 60: 293–314.

Yeaple, Stephen R. 2003b. "The Role of Skill Endowments in the Structure of U.S. Outward Foreign Direct Investment." *Review of Economics and Statistics* 85: 726–734.

Yeaple, Stephen R. 2006. "Offshoring, Foreign Direct Investment, and the Structure of U.S. Trade." *Journal of the European Economic Association* (Papers and Proceedings) 4: 602–611.

Yeaple, Stephen R. 2009. "Firm Heterogeneity and the Structure of U.S. Multinational Activity." *Journal of International Economics* 78: 206–215.

Yeats, Alexander J. 2001. "Just How Big Is Global Production Sharing?" in Sven W. Arndt and Henryk Kierzkowski (eds.), *Fragmentation: New Production Patterns in the World Economy* (Oxford: Oxford University Press).

Yi, Kei-Mu. 2003. "Can Vertical Specialization Explain the Growth of World

Trade?" *Journal of Political Economy* 111: 52–102.

Zhu, Susan Chun and Daniel Trefler. 2005. "Trade and Inequality in Developing Countries: A General Equilibrium Analysis." *Journal of International Economics* 65: 21–48.

索引

[事項索引]

[欧文]

extensive margin 108, 109, 110
FDI 129
FTA 106
Grubel-Lloyd 指数 70
Heckscher＝Ohlin の定理 33, 36, 37
Helpman-Krugman モデル 163
Helpman-Krugman 型貿易モデル 142
Hicks の中立的全要素生産性 44
intensive margin 108, 109
Leontief の逆説 39
match-specific な生産性 123
OECD 114, 115, 129
OLI アプローチ 132
Rybczynski 係数 36, 37
Rybczynski 定理 36
TFP 27, 44, 96, 97, 112

[ア行]

アイルランド 147
アウトソーシング 126, 128
アジア 3, 4
アムステルダム条約 113
アメリカ 38, 40, 41, 42, 53, 54, 114
イギリス 7, 11, 71, 113, 114
医薬産業 74
インド 36
インドネシア 147
ウガンダ 114
欧州雇用戦略 113
オーストラリア 71, 111

オーストリア 35
オフショアリング 126, 127, 129, 130, 132
オランダ 4, 7

[カ行]

海外直接投資 1, 10
カナダ 71, 106, 107
カロリング朝 2
関税 105, 110
────障壁回避 137
企業内貿易 128
企業の異質性 110
規模賃金プレミア 123
規模に関して収穫一定 74, 80
規模に関して収穫逓減 74
規模の経済 74, 75, 96, 175
────性 76, 77, 79, 80
距離（貿易障壁） 109
近接-集中トレードオフ 134, 140, 145
国の規模 87
グラビティー方程式 86
グローバリゼーション 129
『経済学及び課税の原理』 15
経済成長 7, 8
────と経済発展 168
経済発展 1, 2, 7
契約集約的部門 95
交易条件 25, 27, 54, 55, 174
交渉力 155
香辛料交易 3

事項索引

厚生経済学　52, 51
分配上の対立　57, 58, 59
鉱物　35
子会社　132, 143
穀物法　47
国際貿易　8
固定費用　74

[サ行]

サーチ・マッチング　116
　　──・アプローチ　115
最小の生産費用を持つ国　20
差別化産業部門　183
産業革命　7
産業内特化　88
産業内貿易　88, 89
産業連関表　38, 39, 40, 43
産出レベル　34, 36
参入費用　81, 102, 103
自国市場効果　90, 91
支出シェア　34, 35
市場経済　51
市場支配力　78, 79, 81
資本　25, 29, 30, 31, 32, 33, 34, 37, 62
　　──・労働比率　156
集積　149
需要曲線　83, 84
需要条件　18
消費　35, 41
情報技術（IT）　126
食料　34
『諸国民の富』　13
シンガポール　147
新古典派経済学　51
新世界　4, 7, 8
新貿易理論　179
スイス　35
垂直的FDI　133, 142, 143, 145
水平的FDI　133, 134, 145
数量的評価　108

スクリーニング　123
スペイン　7, 8, 113
政策手段　64
生産性カットオフ　109
生産性効果　131
生産要素の限界効果　34
製造サービス　142
製品差別化　72, 73, 80, 81, 88, 97, 98, 179
世界市場　4
石油　34
絶対優位　17
全要素生産性　27
相互依存　1, 7, 23
相対価格効果　131

[タ行]

代替の弾力性　91
多国籍企業　127, 132
単位費用　149
地域　70
　　──別　70
チェコ　71
知的財産権アプローチ　154
中国　111
中世　3
賃金　18, 20, 22, 23, 24, 25, 26
　　──格差　129
　　──の不平等性　122
　　──率　18, 19, 20, 21, 25, 26
通貨同盟　109
通商停止　53, 54
伝統的アプローチ　69
同質産業部門　183
独占的競争　80, 84
独占力　82, 83
都市　2
　　──国家　3
土地　29
特許　81
取引費用アプローチ　185

[ナ行]

2008年のグローバル危機　1
日本　54, 56
ニュージーランド　111

[ハ行]

バラエティー　85, 98
範囲の経済　157
ハンガリー　71
比較優位　15, 16, 17, 23, 26, 29
東インド　4
東ヨーロッパ　111
フィリピン　36, 147, 148
複合型FDI　148
フランス　7, 71
ブランド　82
分配の対立　49
貿易自由化　105
貿易障害　28
貿易障壁　86, 90
貿易の"extensive margin"　73
貿易費用　91, 103
貿易フロー　69, 72
北米　70
ポルトガル　4, 7
本社サービス　142, 143, 144

[マ行]

マッチング関数　115
メキシコ　144, 147
モロッコ　114

[ヤ行]

輸出価格　168
輸出企業対非輸出企業　99
輸出の単価　92
輸送費　91
輸送費用　26, 148, 174
溶解する氷山型輸送費用　174

要素価格　30, 31, 32, 33, 34, 39
　　——均等化定理　33
要素コンテントアプローチ　38
要素集約性　37
要素集約度の逆転　176
要素比率　93, 179
　　——理論　122
要素賦存　92, 94
要素豊富性　43
ヨーロッパ　70
　　——経済　3, 4
余剰予算　67

[ラ行]

ラテンアメリカ　111
利潤曲線　135
リスボンアジェンダ　113
労働価値説　16
労働供給　23, 24
　　——効果　131
労働市場の緊張　118
労働市場の硬直性　114
労働市場摩擦　113, 114, 115, 116, 117, 118, 119, 121, 122
労働需要　23
ローマ帝国　2

[人名索引]

[A]

Acemoglu, Daron 7
Aghion, Philippe 169, 185n152
Antràs, Pol 153, 156, 157, 159, 160, 162, 163, 185n156
Antweiler, Werner 79
Arkolakis, Costas 112, 166, 186n162

[B]

Balassa, Bela 105
Baldwin, Robert E. 93
Balistreri, Edward J. 110, 112
Bernard, Andrew B. 100, 107, 127, 165, 166
Bernhofen, Daniel M. 55, 56
Blanchard, Olivier J. 115, 122
Blonigen, Bruce A. 146
Bowen, Harry 43
Brainard, Lael S. 137, 140, 145
Brecher, Richard 177n47, 182n110
Broda, Christian 85
Brown, John C. 55, 56

[C]

Campa, Jose 127
Carr, David 185n142
Cassel, Gustav 29
Caves, Douglas W. 180n75
Chamberlin, Edward H. 82, 83, 84
Choudhri, Ehsan U. 177n47
Christensen, Laurits R. 180n75
Cieślik, Andrzej 89
Columbus, Christopher 3
Copeland, Brian 182n110

[D]

Das, Mita 100
Davis, Donald R. 46, 91, 177n49
Deardorff, Alan V. 56
Debaere, Peter 88, 90
Defever, Fabrice 162, 163, 185n157
Diamond, Peter A. 115
Dixit, Avinash K. 56, 67, 176n32
Dornbusch, Rudiger 22, 23, 26, 32
Drelichman, Mauricio 8
Dunning, John H. 132, 133, 153, 184n138

[E]

Eaton, Jonathan 27, 28
Ekholm, Karolina 146, 184n137
Estevadeordal, Antoni 4
Ethier, Wilfred J. 77, 133

[F]

Feenstra, Robert C. 127, 129, 130, 132, 168
Findlay, Ronald 3, 4
Fischer, Stanley 22, 23, 26, 32
Fitzgerald, Doireann 37, 177n43
Flam, Harry 29, 175n25
Flanders, M. June 29, 175n25
Ford, John L. 176n30
Forslid, Rikard 146, 184n137
Frantz, Brian 4

[G]

Gama, Vasco da 4
Girma, Sourafel 140
Goldberg, Linda S. 127

Graham, Frank D. 75, 76, 77, 174n18
Greene, William H. 180n75
Grossman, Gene M. 78, 79, 130, 131, 149, 153, 169, 180n74
Grossman, Sanford J. 185n153
Grubel, Herbert G. 70

[H]

Hallak, Juan Carlos 37, 167, 177n43
Hanson, Gordon H. 91, 127, 129, 130, 132, 144
Hart, Oliver, D. 185n153
Head, Keith 91, 140
Heckscher, Eli 9, 29, 30, 32, 33, 36
Helpman, Elhanan 9, 44, 86, 87, 88, 89, 96, 97, 108, 109, 116, 123, 129, 133, 138, 140, 142, 149, 153, 156, 157, 159, 162, 163, 169, 185n145
Hillberry, Russel H. 110, 112
Huber, Richard 55
Hummels, David 73, 90, 183n128
Hunter, Linda 36, 176n39

[I]

Irwin, Douglas 53, 54
Ishii, Jun 183n128
Itskhoki, Oleg 116, 123

[J]

Jefferson, Thomas 53, 54
Jensen, J. Bradford 100, 127, 166
Johnson, Simon 7
Jones, Ronald W. 37, 60, 63, 173n9

[K]

Kemp, Murray C. 64
Khandelwal, Amit 168
Klenow, Peter J. 73
Kneller, Richard 140
Knight, Frank H. 76

Kohler, Wilhelm K. 160, 162, 186n161
Kortum, Samuel 27, 28
Krugman, Paul R. 92, 97, 179n69

[L]

Lancaster, Kelvin 179n69
Leamer, Edward 34, 36, 41, 42, 43, 93, 176n34
Leontief, Wassily 38, 39, 41, 43
Levinsohn, James 90, 93, 168
Lloyd, Peter J. 70

[M]

Marin, Dalia 153
Markusen, James R. 133, 137, 142, 146, 184n137, 185n142
Marshall, Alfred 77
Maskus, Keith 185n142
Mataloni, Raymond H., Jr. 144
Matsuyama, Kiminori 174n21
Mayda, Anna Maria 62
McCormick, Michael 2, 3, 173n1
McDougall, C.D.A. 175n22
Melitz, Marc J. 102, 105, 108, 109, 117, 138, 140, 185n145
Mill, John S. 173n11
Moore, John 185n153
Mortensen, Dale T. 115
Muendler, Marc-Andreas 166, 186n162

[N]

Nickell, Steven 115
Norman, Victor 56, 67, 176n32
North, Douglas C. 173n7
Nunn, Nathan 94, 95, 160, 163
Nunziata, Luca 115

[O]

Ochel, Wolfgang 115
Ohlin, Bertil 8, 9, 29, 30, 32, 33, 36, 38, 75

人名索引

Ohyama, Michihiro　179n65
O'Rourke, Kevin H.　3, 4, 5, 173n3

[P]

Pavcnik, Nina　105
Pissarides, Christopher A.　115
Pisu, Mauro　140
Pomeranz, Kenneth　173n6
Porter, Michael E.　180n77
Portugal, Pedro　122

[Q]

Quintini Glenda　115

[R]

Redding, Stephen J.　107, 123, 165, 166
Ricardo, David　9, 15, 16, 17, 18, 19, 20, 23, 27, 29, 30, 32, 47, 57, 58, 60
Ries, John　91, 140
Roberts, Mark　100
Robinson, James　7
Rodrik, Dani　62
Romalis, John　93, 94, 95, 145
Rossi-Hansberg, Esteban　78, 79, 130, 131, 180n74
Rubinstein, Yona　108, 109
Rutherford, Thomas F.　110, 112
Rybczynski, Theorem　37

[S]

Samuelson, Paul A.　22, 23, 26, 32, 33, 62, 64
Scheinkman, Jose A.　37, 63
Schott, Peter K.　107, 127, 165, 166, 167
Sheu, Gloria T-S.　168
Slaughter, Matthew J.　144
Smith, Adam　13, 14, 47
Smolka, Marcel　160, 162, 186n161
Stern, Robert M.　175n22
Stolper, Wolfgang W.　62

Sveikauskas, Leo　43
Swanson, Joseph A.　180n75
Szeidl, Adam　149

[T]

Taylor, Alan M.　4
Tinbergen, Jan　86
Tirole, Jean　185n152
Tomiura, Eiichi　140, 185n144
Toubal, Farid　162, 163, 185n157
Trefler, Daniel　39, 43, 44, 45, 79, 105, 160, 163, 177n48
Tybout, James R.　100, 105

[V]

Vanek, Jaroslav　39, 40, 43
Verdier, Thierry　153
Verhoogen, Eric　168
Viner, Jacob　76
Voth, Hans-Joachim　8

[W]

Ward-Perkins, Bryan　2, 173n1
Weingast, Barry R.　173n7
Weinstein, David E.　46, 85, 91, 177n49
Westbrook, M. Daniel　105
Williamson, Jeffrey G.　4, 5, 173n3
Wilson, Charles A.　174n18
Wolfers, Justin　115

[X]

Xiang, Chong　91

[Y]

Yeaple, Stephen R.　137, 138, 140, 141, 145, 147, 148, 149, 159, 160, 185n145
Yeats, Alexander J.　183n128
Yi, Kei-Mu　183n128

[訳者紹介]

本多光雄（ほんだ　みつお）

日本大学経済学部教授.

明治大学大学院商学研究科博士課程満期退学．経済学博士（日本大学）．日本大学経済学部専任講師，助教授を経て現職．主要業績に『産業内貿易の理論と実証―国際競争力と比較優位』文眞堂，1999 年，『産業集積と新しい国際分業―グローバル化が進む中国経済の新たな分析視点』（共著）文眞堂，2007 年（日本貿易学会奨励賞，2008 年），「新シルクロードにおけるビーズ型産業都市の形成」（共著）『JAFTAB』第 46 号，2008 年等．

井尻直彦（いじり　なおひこ）

日本大学経済学部准教授.

1998 年日本大学大学院経済学研究科博士後期課程単位修得満期退学．MSc in Economics and International Economics (The University of Nottingham, 1998 年)，静岡英和学院大学人間社会学部専任講師，日本大学経済学部専任講師を経て現職．主要業績に『産業集積と新しい国際分業―グローバル化が進む中国経済の新たな分析視点』（共著）文眞堂，2007 年（日本貿易学会奨励賞，2008 年），"Outsourcing to China", in D. Greenaway, C. Milner, and S. Yao (eds.). *China and the World Economy*, Palgrave,「グラビティモデルによる国内航空輸送流動量の決定要因分析：中国のケース」『研究助成』航空政策研究会，2011 年等．

前野高章（まえの　たかあき）

日本大学経済学部助手.

常磐大学非常勤講師．2009 年 日本大学大学院経済学研究科博士後期課程満期退学．Master of Arts, Economics (Carleton University, 2005 年)．主要業績に "How Big is the Extensive Margin of Trade?: Evidence from Trade Data in Japan," *The Nihon University Economic Review*, Vol.79 (4), 2010,「貿易構造の分解と日本の国際分業パターン―中間財貿易を中心に―」『JAFTAB』第 48 号，2011 年,「アジア太平洋の貿易構造と TPP」馬田啓一・浦田秀次郎・木村福成編著『日本の TPP 戦略―課題と展望―』文眞堂，2012 年等．

羽田　翔（はねだ　しょう）

日本大学大学院経済学研究科博士後期課程．日本大学経済学部ティーチング・アシスタント．2010 年日本大学大学院経済学研究科博士前期課程修了．主要業績に "Empirical Analysis of the Determinants of the Location of Japanese Firms in Vietnam," JAFTAB resrech paper, 2012, forthcoming 等．

グローバル貿易の針路をよむ

2012年7月26日　第1版第1刷発行　　　　　　　　　　　　　　検印省略

訳　者	本　多　光　雄
	井　尻　直　彦
	前　野　高　章
	羽　田　　　翔

発行者　前　野　　　弘

発行所　東京都新宿区早稲田鶴巻町533
　　　　株式会社　文　眞　堂
　　　　電話　03（3202）8480
　　　　FAX　03（3203）2638
　　　　http://www.bunshin-do.co.jp
　　　　郵便番号(162-0041)振替00120-2-96437

印刷・モリモト印刷　　製本・イマキ製本所
© 2012
定価はカバー裏に表示してあります
ISBN978-4-8309-4765-0　C3033